Thomas Bartelborth
Erklären

Grundthemen Philosophie

Herausgegeben von
Dieter Birnbacher
Pirmin Stekeler-Weithofer
Holm Tetens

Walter de Gruyter · Berlin · New York

Thomas Bartelborth

Erklären

Walter de Gruyter · Berlin · New York

∞ Gedruckt auf säurefreiem Papier,
das die US-ANSI-Norm über Haltbarkeit erfüllt.

ISBN 978-3-11-019433-3

Bibliografische Information der Deutschen Bibliothek

Die Deutsche Bibliothek verzeichnet diese Publikation in der Deutschen Nationalbibliographie; detaillierte bibliografische Daten sind im Internet über http://dnb.ddb.de abrufbar

© Copyright 2007 by Walter de Gruyter GmbH & Co. KG, D-10785 Berlin

Dieses Werk einschließlich aller seiner Teile ist urheberrechtlich geschützt. Jede Verwertung außerhalb der engen Grenzen des Urheberrechtsgesetzes ist ohne Zustimmung des Verlages unzulässig und strafbar. Das gilt insbesondere für Vervielfältigungen, Übersetzungen, Mikroverfilmungen und die Einspeicherung und Verarbeitung in elektronischen Systemen.

Printed in Germany

Umschlaggestaltung: +malsy, kommunikation und gestaltung, Willich

Satzherstellung: Fotosatz-Service Köhler GmbH, Würzburg

Druck und buchbinderische Verarbeitung: Druckhaus Thomas Müntzer, Bad Langensalza

Vorwort

Das Buch bietet eine gut lesbare Einführung in die moderne wissenschaftstheoretische Debatte über das wissenschaftliche Erklären. Zwei Ziele waren dabei unter einen Hut zu bringen, die eigentlich in unterschiedliche Richtungen weisen. Zum Ersten sollte die Debatte gut verständlich dargestellt werden, so dass auch wissenschaftstheoretische Laien sie nachvollziehen können. Zum anderen sollte möglichst „up to date" über die tatsächlichen Diskussionen und Schwierigkeiten berichtet werden und für einen eigenen Vorschlag argumentiert werden. Leider wird die entsprechende Debatte in der Wissenschaftstheorie an einigen Stellen recht technisch (oft aus guten Gründen). Diese Debatten habe ich nach Möglichkeit aus dem Buch herausgehalten, aber an solchen Stellen zumindest versucht, intuitiv zu erklären, worum es in diesen Diskussionen geht. Meine Devise ist: Nur so kompliziert sein, wie unbedingt erforderlich ist, um eine Darstellung der Probleme zu entwickeln, jedoch nicht übervereinfachen, weil sonst viele spannenden Fragen unter den Tisch fallen würden. Doch das Schwergewicht lag dabei auf einer intuitiven Darstellung. Inwieweit mir dieser Spagat gelungen ist, muss der Leser beurteilen. Insbesondere bin ich nicht auf solche Diskussionen und Gebiete ausführlicher eingegangen, die ich selbst für klar erkennbare Irrwege halte. Dem Leser all diese Sackgassen zu zeigen und jeweils dafür zu argumentieren, dass es sich um solche handelt, hätte den Rahmen des Buches gesprengt.

Es gibt allerdings Abschnitte, die trotz ihrer informellen Darstellung recht schwierig geworden sind, wie etwa die um die pragmatischen Aspekte von Erklärungen. Da sie wichtig sind, wollte ich die dort angesiedelten Fragen nicht ganz beiseite lassen, da sie jedoch etwas abseits der Kernfragen liegen, habe ich Ihnen nicht so viel Raum gegeben, sie ganz behutsam einzuführen. Dafür bitte ich den Leser um Verständnis. Um hier tiefer einzudringen, wird er die betreffenden Stellen eventuell langsam oder sogar mehrfach lesen und sich danach der Spezialliteratur zuwenden müssen.

Um die Verständlichkeit zu erhöhen und als wichtiges Anschauungsmaterial dafür, welche Informationen uns Erklärungen bieten, habe ich mich immer um Beispiele aus unterschiedlichen Bereichen bemüht. Das bleibt dann allerdings bei Erklärungsskizzen, denn bei einer ausführlichen Darstellung von Erklärungen aus der Wissenschaft würden wir unser Projekt schnell in den Details dieser Fälle aus den Augen verlieren.

Meine Auffassung vom Erklären hat sich seit meinem letzten Buch dazu in wesentlichen Aspekten verändert. Während ich 1996 noch darauf gesetzt habe, dass Erklären hauptsächlich ein Systematisieren und Vereinheitlichen ist, das sich auf einer modelltheoretischen Ebene präzise rekonstruieren lässt, werden in diesem Band auch die metaphysischen Aspekte des Erklärens berücksichtigt. Erklärungen im Alltag und in den Wissenschaften stützen sich auf unsere grundlegenden metaphysischen Vorstellungen darüber, wie die Welt funktioniert. Alle Versuche der logischen Empiristen, das Wesentliche am Erklären zu beschreiben, ohne darauf Bezug zu nehmen, betrachte ich als gescheitert. Ihre ursprüngliche Befürchtung, hier würden metaphysische Modelle der Welt zum Zug kommen, scheint sich zu bewahrheiten. Meine Konzeption besagt nun: Das Erklären eines Ereignisses ist der Nachweis, dass das Ereignis eine echte *Instanz* eines *invarianten* (nomischen) Musters mit möglichst hoher Vereinheitlichungskraft ist. Das klingt harmloser, als es ist. Was damit genau gemeint ist, wird das Buch genauer erläutern. Die Erklärungs*stärke* bemisst sich allerdings weiterhin an der Vereinheitlichungsleistung des invarianten Musters. Sie ist ein wichtiger Indikator dafür, wie grundlegend das Muster ist.

Ich möchte allen Diskussionspartnern und Mitarbeitern der letzten Jahre an dieser Stelle danken (insbesondere Oliver Scholz, Mark Siebel und Daniel Schoch), sowie der DFG, die mein Projekt „Erklärungskohärenz" so nachdrücklich unterstützt hat, und nicht zuletzt möchte ich den Herausgebern der Reihe für ihre wertvollen Hinweise danken. Ohne diese Beiträge wäre das Buch nicht zustande gekommen. Außerdem möchte ich meiner Ehefrau für ihre Geduld und die Durchsicht des Buches danken.

Thomas Bartelborth   Leipzig, 4. Februar 2007

Inhalt

Vorwort V

I. Einleitung 1
   I.1 Wozu Erklären? 1
   I.2 Der Schluss auf die beste Erklärung 5
   I.3 Formen des Erklärens 10
   I.4 Einige Erklärungsschemata und erste Fragen ... 13
   I.5 Verstehen 19

II. Erklären anhand von Gesetzen 21
   II.1 Vertrautheit 21
   II.2 Das Erklären anhand von Gesetzen 23
   II.3 Naturgesetze (empiristischer Ansatz) 26
   II.4 Probleme der Gesetzeserklärungen 28
   II.5 Unvollständige Erklärungen 28
   II.6 Statistische Erklärungen I 30
   II.7 Zur Pragmatik des Erklärens 35

III. Die Metaphysik des Erklärens 42
   III.1 Naturgesetze, Modalität und Dispositionen ... 42
   III.2 Dispositionen 53
   III.3 Naturgesetze: Die Wahrmacher 60
   III.4 Spezielle Dispositionen: Propensitäten 72
   III.5 Nomische Muster und Invarianz 83
   III.6 Natürliche Arten 94
   III.7 Statistische Erklärungen II 96

IV. Kausales Erklären 101
   IV.1 Singuläre Erklärungen 101
   IV.2 Kausalitätskonzeptionen 103
   IV.3 Nichtkausale Erklärungen? 112
   IV.4 Kausale Mechanismen 118

V. Erklären in den Sozialwissenschaften 132
   V.1 Mikrofundierung, Gesetze und Kausalität 133
   V.2 Interpretieren und Erklären 140
   V.3 Spezielle Erklärungsmuster in den Sozialwissenschaften 148
   V.4 Funktionalistische Erklärungen 154

V.5 Erklärungsansätze und Fortschritte auf der Mikroebene 167
V.6 Die Überlagerung von Mustern 172

VI. Vereinheitlichendes Erklären. 180
VI.1 Nomische-Instanzen-Erklärung 182
VI.2 Dimensionen der Vereinheitlichung 188
VI.3 Formale Vereinheitlichung 194
VI.4 Unterschiede und Vergleiche zur Konkurrenz 198

VII. Fazit 200

Anmerkungen. 202

Literatur 204

Sachregister 210

Namenregister 214

I. Einleitung

I.1 Wozu Erklären?

Schon Kinder fragen danach, warum etwas in ihrer Umgebung passiert oder warum es so ist, wie es ist. Diese Fragen verfolgen uns unser ganzes Leben, und diese Neugier ist auch der Motor für die Wissenschaft. Sie drängt uns, möglichst alle Ereignisse in unserer Umwelt zu erklären. In diesem Buch wird es darum gehen, warum Erklärungen (die Ergebnisse des Erklärens) so wichtig sind und was eine gute Erklärung ausmacht. Aber zunächst zu der Ausgangsbehauptung, dass wir alle nach Erklärungen suchen. Das fängt bereits im Alltag an. Geradezu automatisch erklären wir das Verhalten anderer Menschen. Sehen wir eine ältere Frau schnell auf eine Straßenbahn zugehen, die gerade angehalten hat, so nehmen wir an, sie ginge deshalb so schnell, weil sie die Bahn noch erreichen möchte, um mitzufahren. Wir schreiben Menschen bestimmte Motive zu, aus denen heraus sie handeln, wenn wir verstehen wollen, warum sie etwas tun. Das ist ein typisches Erklärungsschema, mit dem wir üblicherweise die Handlungen unserer Mitmenschen erklären. Das Schwierige dabei ist vor allem das „Erraten" ihrer Motive, also etwa ihrer Wünsche und Überzeugungen.

Wir erklären natürlich ebenso andere Geschehnisse unserer Umwelt. Warum ist Peter mit seinem Auto aus der Kurve geflogen? Er ist zu schnell gefahren. Warum hat Franz die Masern? Er hat sich bei Inge angesteckt. Wir alle kennen viele solcher Erklärungen bzw. Erklärungsskizzen. Früher haben die Menschen zum Teil ganz andere Erklärungsansätze für das Wetter oder Krankheiten verfolgt als wir. Sie haben darin z. B. das Wirken der Götter gesehen, die Blitze und Donner geschickt haben, wenn sie erzürnt waren. Damit haben sie ihre personalen Erklärungen einfach auf die Natur ausgedehnt. Wichtig ist dabei, dass auch sie schon nach Erklärungen gesucht haben, selbst wenn sie zum Teil aufgrund anderen Hintergrundwissens zu anderen Erklärungen gelangt sind als wir. Heute wissen wir, dass Blitze eine elektrische Entladung darstellen, bei der die Luft ionisiert wird und dann als Leiter dient. Meist suchen wir nach natürlichen Erklärungen und bemühen keine Götter mehr.

Aber Wetterphänomene sind letztlich so komplex, dass wir uns selbst heute noch nicht wirklich zutrauen, sie detailliert zu erklären. Wir würden vielmehr auf die Experten verweisen. Die Suche nach Erklärungen ist jedoch nicht nur eine Frage akademischen Interesses und reinen Wissensdurstes. Vielmehr steckt dahinter ebenfalls das Motiv, in bestimmte Entwicklungen eingreifen zu können. Typischerweise fragen wir bei Unfällen nach den Ursachen. Wie konnte es zu diesem Flugzeugabsturz kommen? Dann geht es nicht nur darum, zu verstehen, was passiert ist, sondern außerdem darum, in Zukunft ähnlichen Unglücken vorzubeugen. War es etwa ein Defekt im Triebwerk, der letztlich für den Absturz verantwortlich war, so erhoffen wir uns von diesem Wissen Hinweise, wie wir die Triebwerke dieser Flugzeuge verbessern können, um solche Vorfälle zu vermeiden. Allerdings werden die Angehörigen der Opfer eines Absturzes darüber hinaus für ihr Seelenheil nach einer Erklärung suchen, die sie den Vorfall besser verstehen lässt. Sie möchten in erster Linie einfach nur begreifen, was da passiert ist.

Die praktische Komponente des Erklärens kennen wir unter anderem von der Ursachensuche bei Krankheiten. Unsere Erklärungen können zur Heilung oder Vermeidung von Epidemien beitragen. Der Londoner Arzt John Snow suchte Mitte des 19. Jhs. während einer Choleraepidemie nach den Ursachen dieser Epidemie. Er wollte herausfinden, wieso so viele Menschen davon betroffen waren und starben. Als er die grundlegenden Zusammenhänge verstand, dass nämlich die Menschen irgendeinen Erreger vor allem mit verunreinigtem Wasser aufnahmen, dieser sich in den Menschen vervielfachte und schließlich wieder ausgeschieden wurde, um so erneut das Wasser in der Stadt zu verunreinigen, kamen ihm erste Ideen zur Verhinderung oder Eindämmung solcher Epidemien. Es ging vor allem um sauberes Trinkwasser für die Menschen. Diese Vorschläge konnten später erfolgreich eingesetzt werden. Zunächst schienen Snows Ideen allerdings noch zu revolutionär zu sein, so dass man an der Miasma-Theorie (schlechte Luft verursacht Cholera) festhielt. Die große Erklärungskraft seiner neuen Theorie überzeugte allerdings schon bald seine größten Kritiker (vgl. Snow 1855, Bartelborth 2005).

Und selbst Wunderheiler oder Astrologen erkennen normalerweise an, dass wir genauer wissen möchten, wie sich ihre erhofften Erfolge erklären lassen. Was ist der kausale Mechanismus, der dazu führt, dass die Stellung der Gestirne (insbesondere der Planeten) bei der Geburt eines Menschen seinen Charakter und sein Geschick bestimmt oder wenigstens Einfluss darauf hat? Astrologen greifen unter anderem auf Gravitationskräfte zurück oder berufen sich auf noch unbekannte Kräfte, Felder (wie neuerdings die morphogenetischen Felder von Rupert Sheldrake) oder bestimmte Strahlen oder anderes. Jedenfalls zeigen sie häufig ein gewisses Verständnis für unseren Wunsch nach Erklärungen und versuchen, welche zu produzieren, die zumindest auf den ersten Blick unseren Alltagsanforderungen oder sogar wissenschaftlichen An-

I.1 Wozu Erklären?

forderungen an Erklärungen genügen könnten. Werden sie allerdings unter Druck gesetzt, eine tatsächlich akzeptable Erklärung zu liefern, flüchten sie sich schnell in andere Gefilde wie in der Debatte von Kanitscheider und Niehenke 1991:

> Wenn ein Kind geboren wird, so die Überzeugung der Astrologen, dann erfolgt die Geburt „eingebettet" in solche kosmischen Rhythmen. Sie erfolgt also nicht zu jedem beliebigen Zeitpunkt, sondern die Geburt erfolgt dann, wenn die Konstellationen „passend" sind. (Niehenke 1991)

Doch selbst diese Formulierung verlangt nach einer kausalen Beeinflussung, nämlich der Geburtszeit durch die Gestirne. Das wird dann wieder in Analogie mit dem Einfluss der Gezeiten beschrieben, also letztlich auf die Gravitation zurückgeführt. Der genauere Mechanismus wird von Niehenke so beschrieben:

> Forschungen der Universitäts-Frauenklinik München haben gezeigt, dass es der Fötus selbst ist, der den Geburtsvorgang durch die Ausschüttung eines Hormons einleitet. Es ist durchaus einleuchtend, dass Föten für „kosmische Reizsituationen" sensibel sind, ähnlich wie die Austern es sind. Austern sind sensibel für die Stellung des Mondes (das macht auch Sinn für sie); es ist anzunehmen, dass Organismen auch für andere kosmische Auslösereize sensibel sind, und zwar spezifisch (nicht nur nach Gattung, sondern auch individuell unterschiedlich). Der Fötus wird also wahrscheinlich durch bestimmte (zu seiner Natur „passende") kosmische Auslösereize stimuliert, den Geburtsvorgang einzuleiten, sofern die Geburt zu diesem Zeitpunkt biologisch möglich ist, denn sicher wirken die kosmischen Auslösereize mit anderen Auslösern des Geburtsvorgangs zusammen.

Mit dieser Theorie der Auslösereize haben wir einen typischen Erklärungsversuch vor uns, der sich auf bestimmte Fakten bezieht. Psychologen haben gezeigt, dass wir unseren Drang nach Erklärungen sogar dort anwenden, wo eigentlich keine zu finden sind. Wir erklären zum Beispiel bestimmte Treffer eines Basketballspieler damit, dass er einen besonderen „Lauf" oder eine „glückliche Hand" („hot hand") in dem Spiel hatte, obwohl statistische Auswertungen ergaben, dass seine Trefferbilanz keine solchen Besonderheiten über die üblichen Zufallsschwankungen hinaus aufwiesen. Doch wir sind schnell dabei, überall Muster in unserer Welt zu „erkennen", die sich für uns übersichtlicher und verständlicher machen. Die es vielleicht sogar gestatten, sie zu manipulieren. Der Psychologe Thomas Gilovich kam jedenfalls zu dem Schluss:

> To live, it seems, is to explain, to justify, and to find coherence among diverse outcomes, characteristics, and causes. With practice we have learned to perform these tasks quickly and effectively. (Gilovich 1991: 22)

Besonders deutlich wird unser Bestreben, alles erklären zu wollen, in den Fällen, wo uns Dinge zunächst ganz unerklärlich erscheinen. Denken wir nur an Zaubertricks. Hier staunen wir zunächst und wüssten nur zu gerne, wie sie funktionieren. So hat etwa David Copperfield die Freiheitsstatue vor unseren Augen verschwinden lassen. Sie verschwindet kurz hinter einem Vorhang und ist ganz verschwunden, wenn der sich wieder öffnet. Wie kann das gehen?

Erfährt man allerdings die Auflösung, wird es manchmal eher banal. In diesem Fall wurde einfach sehr langsam, ruckelfrei und leise die Bühne mit Hilfe von Elektromotoren etwas gedreht, während der Vorhang geschlossen war, so dass die Freiheitsstatue hinterher nicht mehr im Blickfeld lag. Unser Interesse an der Sache erlahmt dann schnell. Das kennen wir schon von Babys. Psychologen testen bei Babys, ob sie mit bestimmten Phänomenen vertraut sind oder sie ihnen seltsam erscheinen, dadurch, dass sie beobachten, ob sich das Baby noch für die Sache interessiert oder sich einfach anderen Dingen zuwendet. Unsere angeborene Neugier scheint schon Babys nach Dingen Ausschau halten zu lassen, die sie überraschen und ihnen unvertraut erscheinen.

Sogar im ganz persönlichen Bereich nehmen Erklärungen eine wesentliche Rolle ein. Verlässt uns unser Partner, ohne dass wir genau wüssten warum, erwarten wir von ihm zumindest eine Erklärung dafür. Dabei geht es dann zusätzlich sicher um eine Form von moralischer Rechtfertigung und ähnliche Fragen wie Schuldzuweisungen, aber nichts desto weniger steht der Versuch, die Sache zu verstehen, indem wir die Motive unseres Ex-Partners kennen lernen, im Vordergrund unserer Bemühungen.

Wissenschaftstheoretiker sehen dabei eine Kontinuität zwischen alltäglichen Erklärungs- und Schlussweisen und ihren wissenschaftlichen Formen. Kurz: Wissenschaftler sind auch nur Menschen. Sie versuchen unsere üblichen Vorgehensweisen zu präzisieren (z. B. mit statistischen Mitteln) oder zu verbessern. Unsere Grundüberzeugungen darüber, wie wir Hypothesen beurteilen sollten und was eine gute Erklärung ist, stammen indes bereits aus unserem Alltag. Hier haben sich unsere Methoden zunächst zu bewähren. Wir bewerten dort ihre Erfolgsbilanz. Für die präzisierten Methoden ist die Erfolgsbilanz bei ihrem Einsatz in der Wissenschaft allerdings noch einmal neu zu analysieren.

Was macht das Erklären so wichtig für uns, dass es unser ganzes Leben durchsetzt? Die Motive, die Welt verstehen und manipulieren zu wollen, hatte ich bereits erwähnt. Aber es gibt noch einen weiteren guten Grund: Erklärungen sind oft unser bester Wegweiser zur Wahrheit. Sie bieten Indikatoren dafür, dass eine unserer Annahmen oder Theorien über die Welt stimmt. Wir entwickeln diese Theorien häufig erst im Hinblick auf ihre Erklärungsleistung. Paul Thagard erzählte dazu ungefähr folgende Geschichte: Er saß im Flugzeug in der ersten Klasse und beobachtete eine Gruppe schlecht gekleideter junger Männer, die sich auffällig benahmen und Alkohol tranken, und fragte sich, wie die sich die erste Klasse leisten können. Eine Erklärung, die ihm spontan einfiel, besagt, dass es sich wohl um eine Pop- bzw. Rockband handeln müsse. Das ist ganz typisch. Wir stoßen auf ein Phänomen, das nicht gut in unser Hintergrundwissen passt, und fragen uns dann sofort, ob es nicht eine Hypothese gibt, die es erklären kann. Jedenfalls reagieren insbesondere Wissenschaftler so. Finden wir schließlich eine überzeugende Erklärung anhand bestimmter Annahmen, so spricht das für diese Annahmen. Also im Falle von Thagards Beispiel sprechen seine Beobachtungen dafür, dass es sich tatsächlich um eine Band gehandelt haben mag, weil diese Annahme die Beobachtungen gemäß seinem Hintergrundwissen am besten erklären kann. Man spricht hier vom *Schluss auf die beste Erklärung* oder kürzer von *Abduktion*.

Bevor ich mich kurz diesem Schlussverfahren zuwende, möchte ich mich dem Erklären noch von einer anderen Seite nähern. Erklärungen werden allgemein als ein zentrales Ziel der wissenschaftlichen Forschung betrachtet. Die eine maßgebliche Frage der Wissenschaftstheorie war immer, wie sich Theorien begründen lassen und wie gut diese Begründungen sind. Die andere war, was uns diese Theorien über die Welt mitteilen oder mitteilen sollen. Welche Informationen geben sie uns, beziehungsweise was sagen sie uns darüber, wie die Welt beschaffen ist? Eine Antwort auf diese Fragen ist zunächst eine Antwort auf die Frage nach der Art und den Gütekriterien von Erklärungen. Das ist nebenbei die Grundlage für weitergehende (metaphysische) Fragen nach der Begründung einer realistischen oder instrumentalistischen Deutung wissenschaftlicher Theorien, die in den letzten Jahrzehnten viel Aufmerksamkeit auf sich gezogen haben.

I.2 Der Schluss auf die beste Erklärung

Meines Erachtens lassen sich alle wichtigen Begründungen in den empirischen Wissenschaften am besten als solche Abduktionen verstehen (vgl. Bartelborth 1996, 2001, 2004). Das fängt bei den einfachen *konservativen Induktionsschlüssen* bzw. einfachen *Extrapolationen* an, in denen jemand schließt, dass eine bestimmte Entwicklung oder ein bisheriges Muster sich fortsetzen wird:

> (IS1) Bisher hatten alle Kirschen einen Kern, also haben alle Kirschen einen Kern.

So sollten wir eigentlich nur dann schließen, wenn es sich dabei um ein grundlegendes Muster handelt, das zu Erklärungszwecken dienen kann. Tatsächlich scheint es sich bei den Kirschen um eine natürliche Art zu handeln, eine Menge von Objekten, die sich in bestimmten wesentlichen Eigenschaften (kausal) recht ähnlich verhalten, und das in Frage stehende Muster scheint eine genuine Eigenschaft der Kirschen zu beschreiben. Insofern wäre eine allererste Erklärung auf die Frage, warum alle meine bisher untersuchten Kirschen einen Kern aufwiesen, gegeben durch:

(1) Alle Kirschen enthalten einen Kern.

Anders sieht das schon aus für:

(2) Alle Kirschen enthalten einen Wurm.

Auf die Frage, warum alle meine bisherigen Kirschen einen Wurm aufwiesen, wären die besten Erklärungen nicht in (2), sondern in anderen Umständen zu suchen. Etwa darin, dass ich sie nur vom Boden aufgelesen und nicht vom Baum gepflückt habe. Hinsichtlich der neuen Eigenschaft „Wurm enthalten" bilden die Kirschen keine homogene Menge, und die Eigenschaft zeigt daher kein erklärungsrelevantes Muster. Dann sollten wir auch den Schluss vermeiden: Alle bisherigen Kirschen enthielten einen Wurm, also haben alle Kirschen einen Wurm. Wir benötigen für solche einfachen Induktionsschlüsse eigentlich schon erklärungsrelevantes Hintergrundwissen. Die Frage ist: Was erklärt mir, dass meine bisherigen Kirschen eine bestimmte Eigenschaft haben? Haben sie die, weil Kirschen tatsächlich allgemein so beschaffen sind oder weil ich eine ganz bestimmte Auswahl erwischt habe? Nur im ersten Fall ist die konservative Induktion statthaft. Ohne entsprechendes Hintergrundwissen sollte ich daher keinen derartigen Schluss vollziehen. Genau genommen sind wir in den Induktionsschlüssen vom Typ (IS1) auf einen Schluss auf die beste Erklärung mit seiner typischen Abhängigkeit von unserem Hintergrundwissen angewiesen.

Ehe ich mich kurz komplexeren Schlussweisen zuwenden kann, möchte ich die Struktur eines Schlusses auf die beste Erklärung etwas genauer beschreiben. Sehr deutlich wird sie in der Arbeit eines Detektivs, der z. B. einen Mordfall aufklären möchte. Er hat im Zusammenhang mit einer Leiche (Fritz) eine Reihe von Indizien wie Fußspuren, Messer mit Blut und Fingerabdrücken, Stichwunde in der Leiche etc. Er sucht nun nach einer Hypothese der Form:

(H1) X hat Fritz ermordet.

die zusammen mit einigen Hilfsannahmen möglichst alle Indizien gut erklären kann. Die Fingerabdrücke auf dem Messer sind etwa von X und das passt wiederum gut in die Stichwunde. Also hat X vermutlich den Fritz mit dem Messer erstochen. Wenn er sorgfältig vorgehen will und X nicht vorschnell verurteilt, muss er allerdings auch berücksichtigen, wer sonst noch für die Tat in Frage kommt. Eventuell gibt es einen Y, der die Indizien genauso gut oder sogar besser erklären hilft.

(H2) Y hat Fritz ermordet.

I.2 Der Schluss auf die beste Erklärung

Eventuell berichten Zeugen, dass das fragliche Messer immer im Besitz von Y war, und er dieses dem X nur gezeigt und dazu in die Hand gedrückt hat. Y hat es dabei mit Handschuhen angefasst. Das war den Zeugen natürlich aufgefallen. Y hatte ein gutes Motiv, Fritz umzubringen, denn er erbt Einiges und hat gerade Geldsorgen, während X unseren Fritz sehr gern mochte. Je nach unserem weiteren Hintergrundwissen steht einmal (H1) und einmal (H2) im Mittelpunkt unserer Erklärungen für die bekannten Fakten und entsprechend wird dann X oder Y angeklagt werden. Die Arbeit des Detektivs kann als eine Suche nach der besten Erklärung betrachtet werden. Sie weist schon die typischen Merkmale eines Schlusses auf die beste Erklärung auf.

Systematisch sollte er so vorgehen, dass er zunächst eine Liste aller tatsächlich Verdächtigen aufstellt. Die sollte natürlich nicht alle enthalten, die an dem Tag in Deutschland waren. Das wäre kaum hilfreich. Sie sollte viel kleiner sein. Er wird also anhand seines Hintergrundwissens die wirklich Verdächtigen auswählen. Etwa diejenigen, die ein Motiv und die Gelegenheit hatten, sich also zum Tatzeitpunkt in der Nähe des Tatortes aufgehalten haben können. Diese ersten Kandidaten wird er anschließend sorgfältiger daraufhin betrachten, wie gut sie zu den gefundenen Spuren passen, bzw. wie gut sich Spuren mit einer entsprechenden Hypothese erklären lassen.

Grob gesprochen sollte auch ein Wissenschaftler diese beiden Schritte vollziehen. Für bestimmte Phänomene, die er beobachtet, wird er nach Erklärungen suchen und dazu eine Liste der möglichen Erklärungshypothesen aufstellen. Dazu wird er nur die betrachten, die im Lichte unseres Hintergrundwissens nicht allzu absurd erscheinen. Dann wird er prüfen, welche die tatsächlich beste Erklärung darstellt. Um hier zu einer Entscheidung zu kommen, muss er eventuell weitere Experimente anstellen, um neue Daten einzubeziehen, die im Idealfall nur von einer der Hypothesen erklärt werden können. Für die Entstehung von Magengeschwüren gab es Anfang der 80ziger Jahre zwei Erklärungshypothesen:

(M1) Übersäuerung des Magens vor allem infolge von Stress verursacht die Magengeschwüre.

(M2) Ein Bakterium verursacht die Magengeschwüre.

Medikamente gegen Übersäuerung halfen tatsächlich gegen das Auftreten von Magengeschwüren, aber eine nachhaltige Heilung war nur durch die Eradikation des Bakteriums aus dem Magen mit Hilfe von Antibiotika zu erzielen. Das war ein spezielles Indiz, das die Vertreter von (M2) für sich verbuchen konnten, was sie gezielt durch ein entsprechendes Experiment gesucht hatten (vgl. Thagard 1999). Mit (M1) ließ es sich jedenfalls nicht mehr erklären.

Wir haben damit die typischen Merkmale von Schlüssen auf die beste Erklärung beisammen: Es ist ein zweistufiges Verfahren (Auswahl der ersten Liste, Vergleich der Erklärungen), bei dem unserem Hintergrundwissen auf jeder Stufe eine wichtige Rolle zufällt und die Hypothese ausgewählt wird, die die beste Erklärung aller Daten liefert. Schematisch:

(IS2) Daten + Hintergrundwissen + Hypothesenliste ⇒ beste Erklärungshypothese

Das ist schon etwas aufwendiger als unser Schema für die konservative Induktion und zeigt vor allem, wie unser Hintergrundwissen in den Schluss eingeht (vgl. Bartelborth 1999a, 2004).

Dazu noch ein makabres Beispiel: Es springt jemand vom Hochhaus und murmelt nach jedem Stockwerk, das er passiert: „Na bitte, es ist doch alles prima gelaufen." Leider sagt uns unser Hintergrundwissen, dass hier eine Extrapolation aus den bisherigen Flugerfahrungen unangebracht ist. Unsere beste Erklärung sieht vielmehr so aus, dass solche Abstürze eine kurze Zeit gut laufen, schließlich jedoch böse enden. Wir müssen eben immer nach alternativen Erklärungshypothesen Ausschau halten und fragen, welche davon im Lichte unseres Hintergrundwissens insgesamt die besten Erklärungen liefert. Sie ist dann unser bester Tipp.

Deduktiv-hypothetische Theorienbestätigung (DH). Wir finden das DH-Schlussverfahren in vielen wissenschaftlichen Methoden wieder. Wie es funktioniert, kann ich hier nur andeuten. Konservative Extrapolationen sind nur ein sehr einfaches Beispiel für Schlussverfahren. Viele Wissenschaftler sehen das komplexere deduktiv-hypothetische Begründungsverfahren als wesentliches Merkmal wissenschaftlichen Arbeitens an. Dabei stellt man eine Theorie T als eine Arbeitshypothese auf und zieht aus ihr und weiteren Hilfsannahmen H deduktive Schlussfolgerungen d über beobachtbare Ereignisse. Treffen die ein, ist die Theorie dadurch gestützt, treten sie hingegen nicht ein, so ist die Theorie geschwächt oder sogar widerlegt (falsifiziert).

Nehmen wir als Theorie die Hypothese Keplers, dass unsere Planeten auf Ellipsenbahnen nach bestimmten Regeln (u. a. Flächenkonstanz der Bewegung) um unsere Sonne laufen. Zusätzlich benötigen wir noch Annahmen darüber, wo sich bestimmte Planeten jeweils befinden, um damit voraussagen zu können, wo wir sie zu einer bestimmten Zeit am Himmel werden beobachten können. Oder wann wir eine Sonnenfinsternis erhalten werden. Treten diese Voraussagen dann ein, spricht das für die keplersche Theorie. Oder Ökonomen behaupten einen Zusammenhang zwischen dem Ölpreis und dem Wirtschaftswachstum. Je höher der Ölpreis, umso schlechter ist das Wirtschaftswachstum. Steigt

I.2 Der Schluss auf die beste Erklärung

der Ölpreis und das Wirtschaftswachstum verringert sich anschließend, so spricht das für die ökonomische Hypothese.

Doch die bloße Deduktion aus einer Theorie zusammen mit Hilfsannahmen ist zu wenig, um einer Theorie tatsächlich eine Stützung zu verleihen. Im Falle des Ölpreisanstiegs geht es eigentlich darum, ob der Anstieg tatsächlich die *Ursache* der Verringerung des Wirtschaftswachstums war, bzw. ob der Anstieg die Verringerung *erklärt*. Nur wenn unsere kleine ökonomische Hypothese die Beobachtung erklärt, kann diese als Evidenz für die Hypothese betrachtet werden. Ein bloß zufälliges Zusammentreffen von Ölpreisanstieg und nachfolgender Verringerung des Wirtschaftswachstums hilft uns nicht für die Beurteilung unserer Hypothese. Auch bei der keplerschen Bewegung könnte es eine andere Theorie der Planetenbewegung geben (etwa eine, bei der die Erde im Mittelpunkt der Bewegung steht), die die Voraussagen genauso gut abzuleiten gestattet. (Zumal wir mit geeigneten Hilfsannahmen H aus T jedes Datum d herleiten können: Wähle dazu H = T → d.) Das Betrachten der konkurrierenden Hypothesen wäre schon eine wichtige Ergänzung zum deduktiv-hypothetischen Verfahren. Doch es können im Rahmen der deduktiv-hypothetischen Theoriebestätigung keine relevanten Unterschiede zwischen den Hypothesen mehr auftreten. Der Schluss auf die beste Erklärung kann solche hingegen aufzeigen, solange die Erklärungen durch die Theorien unterschiedlich gut sind. Er beschreibt die begründenden Zusammenhänge zwischen Theorien und Daten besser.

Gänzlich versagt das deduktiv-hypothetische Verfahren im Falle statistischer Theorien. Nehmen wir einen recht extremen Fall: Wir werfen 10-mal mit einem Würfel und erhalten 9-mal eine 6. Wir erwägen zwei Hypothesen. H1: „Der Würfel ist fair." und H2: „Der Würfel ist so getürkt, dass die 6 sehr viel wahrscheinlicher ist als die anderen Zahlen." (Genau genommen müsste man den Vorgang des Werfens noch mit einbeziehen.) Keine sinnvolle Hilfsannahme wird zusammen mit unseren Hypothesen das beobachtete Resultat ableiten. Aber es scheint unbestreitbar, dass H2 das Resultat viel besser erklärt, als H1 das kann. Unser Datum sollte also ein Indiz für H2 und gegen H1 darstellen. Und so würden wir es im Normalfall wohl auch deuten.

Ein in den Sozialwissenschaften und der Medizin weitverbreitetes Verfahren der Hypothesenbestätigung sind die sogenannten *Signifikanztests*. Da wir dort oft nur von statistischen Hypothesen ausgehen dürfen, sind wir auf spezielle Verfahren angewiesen. Die haben aber ebenfalls zahlreiche Probleme und sollten besser als Teile von Abduktionen betrachtet werden (vgl. Bartelborth 2004). Das soll eine zugegebenen recht abgekürzte Begründung dafür sein, dass in der Wissenschaft der Schluss auf die beste Erklärung ein zentrales Instrument der Theorienbegründung darstellt. Der Schluss beruht wiederum darauf, dass wir möglichst klar sagen können, wann eine Erklärung besser ist als eine andere. Dazu müssen wir mehr darüber wissen, was bedeutsam für unser Erklären ist.

Fazit: Das Erklären ist ein zentraler Bestandteil unseres Lebens und Verstehens unserer Umwelt und Voraussetzung für ein Eingreifen in sie. Wir produzieren Erklärungen oft schon automatisch und empfinden jedenfalls eine gewisse Beunruhigung, wenn wir mit Ereignissen konfrontiert werden, die uns unerklärlich erscheinen. Wissenschaftstheoretiker sehen hier eine deutliche Kontinuität zwischen alltäglichen Zielen und Vorgehensweisen und wissenschaftlichen Aktivitäten. Es ist deshalb kein Zufall, dass auch für die Wissenschaft das Erklären ein zentrales Ziel darstellt. Wie wichtig es für unsere Erkenntnis im Allgemeinen ist, belegt der aufgezeigte Zusammenhang zum Begründen unserer Behauptungen. Tatsächlich lassen sich Schlussweisen im Alltag und in der Wissenschaft am besten als Schlüsse auf die beste Erklärung rekonstruieren. Wir stellen verschiedene Hypothesen auf und vergleichen ihre Erklärungskraft. Die Hypothese, die unsere Daten am besten erklärt, wird dann unser Favorit. Das ist das typische wissenschaftliche Vorgehen, auch wenn ich hier nur eine grobe Skizze davon geben konnte und natürlich noch viele Feinheiten zu diskutieren wären. Jedenfalls ergibt sich das Bild, dass das Erklären im Zentrum unserer kognitiven Erkenntnis steht. Etwas pathetisch und in Anspielung auf eine humesche Metapher könnte man sagen: Erklärungen sind der Zement, der unsere Überzeugungen über die Welt zusammenfügt zu einem komplexeren Bild. Meine Aufgabe wird nun sein, das Erklären genauer zu beschreiben und Kriterien für die Güte von Erklärungen anzugeben.

I.3 Formen des Erklärens

Zunächst müssen wir noch etwas begriffliche Aufräumarbeit leisten. Man spricht in vielen Kontexten vom Erklären und den Produkten des Erklärens: den Erklärungen. Doch diese Arbeit soll nicht all diese Fälle abdecken, sondern wird sich ganz bestimmten Formen des Erklärens zuwenden. Mein Plan ist, dass es hier darum gehen soll, die Redeweisen weiter zu verfolgen, in denen es darum geht, dass ein Ereignis oder eine Tatsache oder eine bestimmte Eigenschaft von (empirischen) Dingen bzw. Systemen erklärt wird. Demgegenüber sollen Fragen nach der Erklärung eines Begriffs (also der Angabe der Bedeutung eines Begriffs) oder dem Erklären eines Kunstwerks (oder der Bedeutung eines Kunstwerks) und Ähnliches außen vor bleiben. Wenn man zu viel in einen

I.3 Formen des Erklärens

Topf wirft, lässt sich über die Dinge darin nicht mehr allzu viel sagen. Deshalb müssen wir hier einen sinnvollen Schnitt ziehen. Sehr grob kann man sagen: Es geht um das Erklären von Ereignissen in der Welt und nicht um die Erläuterung von Bedeutungen unserer Repräsentationen der Welt. Das ist ein anderes Thema.

Manchmal fragt man: Warum hast du dich nicht an unsere Verabredung gehalten? Kannst du mir das mal erklären? Dann geht es mehr um die moralische Rechtfertigung einer Handlung. Das ist ebenfalls nicht mein Thema. Erklärungen im hier gemeinten Sinne sollen vielmehr dazu dienen, zu verstehen, warum etwas passiert ist. Sie sind oft Antworten auf Warum-Fragen und sollten idealerweise zu einem *Verstehen* bestimmter Geschehnisse führen.

Mit „Erklären" sprechen wir dabei oft über den Vorgang, eine Erklärung abzugeben. Das Erklären kann etwa in einer schriftlichen Stellungnahme oder in einer mündlichen Äußerung erfolgen. Wir erwarten von der dabei genannten Erklärung (dem Resultat bzw. Produkt des Vorgangs des Erklärens), dass sie verstehen lässt, warum etwas geschah. Dabei sind zusätzlich gewisse Aspekte des Kontextes zu berücksichtigen. Je nachdem, wem wir die Erklärung geben, müssen wir unterschiedliche Dinge anführen, so dass er sie verstehen kann. Der Arzt erklärt den Eltern, warum ihr Junge einen rötlichen runden Ausschlag, grippeartige Symptome und einige weitere Beschwerden hat: Er wurde von einer Zecke gebissen. Haben die Eltern das nötige Hintergrundwissen, genügt das schon als Erklärung. Sie wissen etwa, dass Zecken sehr häufig mit Borrelien infiziert sind, diese dann übertragen, und die eventuell folgende Borreliose entsprechende Symptome hervorruft. Verfügen sie allerdings nicht über das erforderliche Hintergrundwissen, sollte die Erklärung des Arztes ausführlicher ausfallen. Je nach Vorwissen der Eltern ist eine bestimmte Antwort des Arztes also eine gute oder eine nicht so gute Erklärung. Mir wird es nicht so sehr um diese pragmatischen Aspekte des Erklärens gehen, sondern vielmehr um die Frage, was eine möglichst vollständige Erklärung als gute Erklärung auszeichnet. Welche Fakten müssen angegeben werden, damit man sagen kann, sie würden etwas erklären?

Man kann diese Unterscheidung noch etwas anders charakterisieren. Es geht um die subjektiven und die objektiven Aspekte des Erklärens. Wenn man sagt, X hat Y etwas *gut* erklärt, so meint man damit oft die subjektiven Aspekte. Er ist auf das Vorwissen von Y und dessen kognitive Leistungsfähigkeit eingegangen. Er hat z. B. anschauliche Vergleiche herangezogen, die Y besonders eingängig erscheinen. Wir fragen daneben aber auch: Ist das die richtige Erklärung? Beinhaltet diese Erklärung schon alle relevanten Faktoren? Das richtet sich meist auf die objektiven Aspekte von Erklärungen, und um die wird es hier primär gehen.

Wenn also ein Ökonom behauptet, es wären die hohen Tarifabschlüsse, die zu weiteren Entlassungen in einigen Betrieben geführt hätten, so verbindet er damit die Behauptung, dass er einen *wesentlichen Faktor* benannt hat, der tatsächlich daran beteiligt war, dass es zu weiteren Entlassungen kam. Es waren nicht etwa die Konsumzurückhaltung der Konsumenten oder die Qualitätsverschlechterungen der Produkte die kausal verantwortlichen Tatsachen, sondern hauptsächlich die hohen Tarifabschlüsse. Wir werden später genauer sehen, welche Art von Behauptung man mit solchen Kausalaussagen aufstellt. Aber es wird hoffentlich schon deutlich, inwiefern diese Aussage objektiven Inhalt besitzt. Sie behauptet nämlich etwas über die Objekte in unserer Welt und ihre objektiven Zusammenhänge; hier über Märkte, Firmen und die Entscheidungen ihrer Geschäftsführer bzw. Vorstände. Diese Behauptungen sind wahr oder falsch unabhängig davon, ob der Adressat der Erklärung das als gute Erklärung *empfindet* oder nicht.

Es wird indes nicht nur in den Natur- bzw. Sozialwissenschaften erklärt, sondern zum Beispiel auch in der Philosophie. Wir werden das im Verlauf dieses Buches gelegentlich wieder sehen, dass philosophische Theorien bestimmte Phänomene oder Aspekte erklären oder zumindest weiter explizieren sollen. Je besser ihnen das gelingt, umso besser sind sie.

In der Philosophie des Geistes möchte man etwa erklären, wie unsere beiden Konzeptionen vom Menschen zusammenpassen. Einerseits wissen wir, dass Menschen Komplexe aus Zellen sind, die chemisch und elektrisch aufeinander einwirken, wofür die Physik und Chemie die Gesetze ermitteln, nach denen sich das ganze Geschehen auch im Menschen richtet. Andererseits sind Menschen für uns ebenso intelligente Wesen, die zumindest in einigen Fällen ihre Handlungen aus bestimmten Motiven heraus vollziehen und anhand von rationalen Planungen geschickt ihre Ziele zu verwirklichen trachten. In beiden Beschreibungen scheinen bestimmte Verhaltensweisen von Menschen auf vollkommen unterschiedliche Art und Weise und mit ganz anderen Gesetzen erklärt zu werden. Doch wie passt das zusammen? Das soll uns eine Theorie in der Philosophie des Geistes bitteschön erklären. Eine recht einfache und leider nicht sehr erfolgreiche Theorie besagt, dass jedes Motiv oder jeder andere intentionale Zustand eines Menschen im Sinne der intentionalen Beschreibung schlicht *identisch* mit einem bestimmten materiellen Gehirnzustand im Sinne der materiellen Beschreibung sei (Typ-Identitätstheorie).

Der könnte etwa so beschrieben werden: Die Neuronen x, y, ... sind auf bestimmte Weise aktiviert. Das könnte z. B. identisch mit dem Wunsch sein, seiner Frau ein schönes Geschenk zu machen. Eine etwas erfolgreichere Theorie besagt, dass die intentionalen Beschreibungen gerade funktionale Beschreibungen des Zusammenspiels der materiellen Basis abgeben (vgl. Beckermann 1999: Kap. 6). Im Hintergrund lauert als Gegenmodell immer die Vorstellung des Dualismus, wonach wir aus einem Körper und einer Seele bestehen, die vollkommen unterschiedliche Substanzen darstellen. Das kann bestimmte Aspekte des Leib-Seele-Problems gut erklären, erzeugt an anderer Stelle allerdings Erklärungsanomalien, nämlich wenn es um die (offensichtlich stattfindende) gegenseitige Beeinflussung der beiden Substanzen geht. Wie soll das funktionieren und was wird etwa aus dem Impulserhaltungssatz für die materielle Welt? Descartes hatte dafür zwar interessante Antworten anzubieten, aber heute würden wir die wohl nicht mehr akzeptieren.

Diese Debatte möchte ich hier nicht weiter verfolgen. Sie belegt immerhin, dass es gewisse Ähnlichkeiten philosophischer Erklärungen zu den Erklärungen in den empirischen Disziplinen gibt und dass selbst in der Philosophie die Erklärungsleistung einer Position ein wichtiges Indiz für ihre Qualität darstellt. Das betont noch einmal die Bedeutung des Erklärens für unser Verstehen.

I.4 Einige Erklärungsschemata und erste Fragen

Für viele Wissenschaften entdecken wir typische Erklärungsschemata. Auf sie hinzuweisen erlaubt es uns, einen ersten Überblick über unsere Beispielmenge zu erhalten. Zumindest möchte ich einige nennen, um die Beispielvielfalt zu erhöhen. Ein typisches Feld von Erklärungen finden wir in der Physik. Hier werden etwa die Bewegungen der Planeten erklärt und allgemeiner die Bewegung von Teilchen unter der Einwirkung von Kräften, das Zusammenspiel und die Dynamik elektromagnetischer Felder, der Aufbau von Atomen und Molekülen, optische und thermodynamische Phänomene. Dabei finden wir oft grundlegende Gleichungen wie etwa Newtons zweites Axiom (kurz: $f = ma$), die die Weiterentwicklung des Systems beschreiben, wenn wir die auftretenden Kräfte etwa mit Hilfe anderer Gesetze bestimmen können, wie dem Gravitationsgesetz, dem hookeschen Gesetz, Reibungsgesetzen etc. Diese Gesetze erlauben viele sehr präzise Vorhersagen und das manchmal über Jahrhunderte hinweg, wie bei den Planetenbewegungen. Sobald wir allerdings etwas komplexere physikalische Systeme beschreiben, wie etwa einen Laser oder das ganze Klimasystem, sieht die Sache schon wieder ganz anders aus. Wir müssen mehr Hilfsannahmen einsetzen und größere Unschärfen bzw. Approximationen zulassen und uns oft mit statistischen Aussagen begnügen. Wir alle kennen das vom Wetter. Die Atmosphäre und die Einwirkungen durch Sonnenstrahlung und Wasser auf sie sind ein so komplexes System, dass hier nur noch statistische Modelle brauchbare Aussagen für die nächsten

Tage gestatten, jedoch keine zuverlässigen Vorhersagen, die über eine Woche hinausgehen.

Die Vorhersagekraft ist oft bereits ein erster wichtiger Indikator für die Erklärungsstärke. Popper hat sich über die Psychoanalyse beschwert, sie sei so gestaltet, dass sie alles erklären könnte, was immer passieren würde. Dann erklärt sie nach Popper eigentlich nichts, weil sie nichts ausschließen und somit nichts vorhersagen kann. Erkennt der Patient einer entsprechenden Psychotherapie eine bestimmte Deutung der Herkunft seiner Neurosen an (etwa, dass sie auf psychosexuelle Traumatisierungen zurückzuführen seien aufgrund sexuellen Missbrauchs – oder später bei Freud auf Triebkonflikte), wird das als klarer Erfolg der Theorie betrachtet. Findet sich beim Patienten dagegen eine Abwehrhaltung, ist das genauso ein Erfolg der Theorie, denn dieses Verhalten lässt sich als Verdrängung erklären, die ebenfalls in der Psychoanalyse eine große Bedeutung besitzt.

Selbst wenn Popper die Beliebigkeit der Psychoanalyse wohl übertreibt (vgl. Grünbaum 1988), so ist sein Punkt beachtenswert, dass eine Theorie nur dann empirischen Gehalt besitzt (uns etwas Interessantes über die Welt sagen kann), wenn sie bestimmte Entwicklungen ausschließt und somit Vorhersagekraft aufweist. Eine Wettervorhersage der Art: „Morgen regnet es oder es regnet nicht", ist gehaltsleer, und Theorien, die so gestaltet sind, dass sie nur solche Vorhersagen erlauben, sind es ebenso. Sie können nichts erklären, weil sie uns nicht erklären können, warum eine bestimmte Entwicklung eingetreten ist und nicht eine völlig andere. Dazu haben sie nichts beizusteuern. Eine Erklärung muss erläutern, wie bestimmte Umstände dazu geführt haben, dass ganz bestimmte Ereignisse X aufgetreten sind und andere nicht. Können aber nach der Theorie für dieselben Umstände noch alle anderen Entwicklungen als Folge auftreten, was sagt uns die Theorie dann effektiv über das Auftreten von X? Popper hat hier eine wichtige Problematik angesprochen, die er unter dem Stichwort zusammenfasst, dass Theorien *falsifizierbar* sein müssen, um überhaupt als empirische Theorien gelten zu können. Das ist eine ständige Herausforderung für Theorien in den Sozialwissenschaften und ebenso in der Biologie. Können wir etwa evolutionäre Anpassungsprozesse immer nur nachträglich beschreiben und nie vorhersagen, bekommen wir Schwierigkeiten mit der popperischen Forderung.

Das kennen wir aus dem Alltag. So erklärte derselbe „Börsenexperte" in demselben Interview, dass der DAX zuletzt vor allem gefallen war, weil durch einen *Ölpreisanstieg* die Unkosten vieler Firmen gestiegen seien und dadurch ihre Gewinne geschmälert würden, während die gegenwärtigen Kursverluste des DAX auf *fallende Ölpreise* zurückführen seien, weil diese die Gewinne der großen Ölfirmen reduzieren würden. Solche reinen Post-hoc-Erklärungen bieten keine überprüfbaren

I.4 Einige Erklärungsschemata und erste Fragen

Vorhersagen und nähren den Verdacht, dass hier keine echten Erklärungen vorliegen, sondern nachträgliche Plausibilisierungen, deren empirischer Gehalt leer zu sein scheint.

Wettertheorien können zunächst zwar keine sicheren Vorhersagen treffen und können somit nicht im strikten Sinne falsifiziert werden, aber sie implizieren Wahrscheinlichkeitsaussagen für die nähere Zukunft und sind daher zumindest „statistisch falsifizierbar". Popper würde sich damit zufriedengeben und spricht von „praktischer Falsifikation". Allerdings müssen wir für die komplexen Systeme davon ausgehen, dass man zwar mit Hilfe der Grundgleichungen Modelle entwickeln kann, aber hier die Grundgleichungen eine undurchsichtige Rolle spielen. Wissenschaftstheoretikerinnen wie Nancy Cartwright (1983) bezweifeln daher unser Bild der Physik. Für sie gelten die Grundgleichungen nur in wenigen speziellen Laborsituationen, aber nicht im „richtigen Leben". Denken wir an das galileische Fallgesetz, nach dem jeder Körper mit $v = gt$ zu Boden fällt, wobei v die Fallgeschwindigkeit und t die verstrichene Zeit darstellt und g eine Konstante ist, die die Fallbeschleunigung angibt ($g = 9{,}81 \, m/s^2$). Das heißt, der Körper wird proportional zur Zeit, die er fällt, schneller. Doch kein Körper in unserer Umwelt hält sich genau daran. Denken wir an Blätter, die vom Baum fallen, wird das offensichtlich. Aber auch andere Körper werden durch den Luftwiderstand irgendwann nicht weiter beschleunigt. Ist das Fallgesetz somit falsch? Dahinter steht das Gravitationsgesetz. Ist das ebenfalls falsch oder nur auf wenige Fälle anwendbar? Für Cartwright „lügen" die Gesetze, und wir finden als „ehrlichere" Aussagen nur noch phänomenologische Generalisierungen mit einem kleineren Anwendungsbereich etwa für Körper mit einer bestimmten Form und Masse, die dann wieder bestimmte Fallgesetze erfüllen, in denen der Luftwiderstand und eventuell weitere Randbedingungen für diesen Typ von Körper tatsächlich bereits berücksichtigt wurden. Alle Modelle in der Physik wären in diesem Fall eher Stückwerk und ähnlich zusammengesetzt wie unsere Klimamodelle. Ich werde im Abschnitt über Naturgesetze auf diese Problematik zurückkommen und für eine andere Ansicht eintreten. Wir erkennen aber bereits hier, dass Erklärungen selbst in der Physik nicht immer so einfach und unproblematisch sind, wie es gerne dargestellt wird.

Ein zentrales Erklärungsmodell in der Biologie finden wir in den evolutionären Erklärungen. Danach wird ein Merkmal einer Tierart wie zum Beispiel längere Hälse als andere Tiere bei den Giraffen durch bestimmte Vorteile erklärt, die dieses Merkmal gegenüber kürzeren Hälsen für das Überleben und die Fortpflanzung bietet. Man erreicht damit etwa Nahrung, die höher angesiedelt ist, und kann herannahende Feinde schneller erkennen. Unter den Vorfahren der Giraffen wird es eine gewisse Variation der Halslängen gegeben haben, die sich durch genetische Variation, etwa aufgrund von Mutation, eingestellt hat. Die Tiere mit den längeren Hälsen konnten die Vorteile dieser Hälse realisieren und hatten daher mehr Nachkommen als die mit den kürzeren Hälsen. So hat sich langsam das Merkmal „längerer Hals" in der Population durchgesetzt. Wir kommen in der Debatte um funktionalistische Erklärungen in den Sozialwissenschaften auf solche Erklärungsmuster zurück.

Mediziner erklären Krankheiten zum Beispiel anhand der Infektion mit Bakterien, Viren, Prionen oder dem Eindringen von Parasiten in den Körper, dem Fehlen bestimmter essentieller Stoffe (Vitamine, Mineralien, Spurenelemente, Fettsäuren) in der Nahrung oder dem Aufnehmen von Giften mit der Nahrung sowie genetischen Defekten oder „Abnutzungserscheinungen" oder psychosomatischen Effekten oder Überreaktionen des Immunsystems. So werden die unterschiedlichen Symptome des Skorbuts wie Zahnfleischbluten, schlechte Wundheilung und Muskelschwund auf einen Mangel an Vitamin C zurückgeführt. Die Krankheit war im Mittelalter unter Seefahrern gefürchtet und dort die Todesursache Nummer eins. Ohne Vitamin C kann der Körper nur mangelhaftes Kollagen bilden, das seiner Funktion als wesentliches Strukturprotein dann nicht richtig nachkommen kann. Bestimmte Gewebe des Körpers können so nicht richtig gebildet werden und ihre stützende und zusammenhaltende Funktion nicht erfüllen. Sogar der Mechanismus auf der molekularen Ebene lässt sich inzwischen einigermaßen erklären. Die Erklärungen für Infektionskrankheiten sind da schon etwas komplexer, da sie genau genommen zumindest die Wirkungen unseres Immunsystems mit einbeziehen müssen.

Einen großen Bereich von Erscheinungen decken die Sozialwissenschaften ab, also unter anderem die Psychologie, die Ökonomie, die Soziologie, die Anthropologie, die Politikwissenschaft, die Pädagogik, die Geschichtswissenschaft und die Linguistik. In einigen Gebieten suchen wir dringend nach Erklärungen, weil wir in bestimmte Entwicklungen eingreifen möchten. So sucht etwa die Politik nach Rezepten gegen Arbeitslosigkeit, Inflation, Kriminalität, Ausländerfeindlichkeit, zu geringe Steuereinnahmen, schlechte Schulleistungen etc. und erhofft sich dazu begründete Ratschläge aus den Sozialwissenschaften. Typischerweise wäre eine möglichst genaue Erklärung, was zu dem betreffenden Phänomen geführt hat, bzw. welche Faktoren es beeinflussen, der Ausgangspunkt solcher Ratschläge.

Sind etwa schlecht bezahlte Jobs oder sogar Arbeitslosigkeit jeweils verbunden mit niedrigem sozialen Ansehen, die zu einem geringen Selbstwertgefühl führen, wichtige Voraussetzungen für ausländerfeindliche Einstellungen und Handlungen unter Jugendlichen, so liefert das Hinweise für die Politik und die Sozialarbeit, wo sie ansetzen können. Die müssen leider nicht immer sogleich praktikabel sein. Die Ratlosigkeit der Politik, wie besser bezahlte Arbeitsplätze zu erreichen seien,

I.4 Einige Erklärungsschemata und erste Fragen

belegt das. Aber eventuell ergeben sich andere Ansatzpunkte in der Kausalkette. Vielleicht lässt sich der Status und das Selbstwertgefühl der Jugendlichen ohne bessere Arbeitsplätze stärken. Dazu sind wir darauf angewiesen, dass die Sozialwissenschaften gewisse stabile Zusammenhänge zwischen bestimmten Eigenschaften aufdecken. Die benötigen wir für Erklärungen, hier z. B. zwischen einer Anerkennung gewisser Leistungen im Alltag und dem Selbstwertgefühl von Jugendlichen. Was dabei mit „stabil" gemeint ist, dazu später mehr.

Wie sehen nun die Erklärungsschemata in den unterschiedlichen Sozialwissenschaften aus? Eine grundlegende Disziplin finden wir in der Psychologie, die das individuelle Verhalten von Menschen erklären möchte. Als eigenständige Disziplin hat sie sich Anfang des 19. Jahrhunderts aus der Philosophie herausgelöst und zu einem sehr umfangreichen Gebiet entwickelt. Ich kann hier nur kurz an einige grundlegende Erklärungsansätze erinnern. Berühmt ist Freuds Theorie der *Psychoanalyse*, die unbewusste psychische Vorgänge postulierte und eine spezielle Struktur für unser mentales Geschehen einführte, das sich durch das Zusammenspiel von Es, Ich und Über-Ich beschreiben lässt. Insbesondere im Bereich der Therapie war dieser Ansatz sehr einflussreich, wobei therapeutische Erfolge z. B. erklärt wurden als ein Ins-Bewusstsein-Bringen von Triebkonflikten, die im Bereich des gänzlich unbewussten Es lagen und durch das Bewusstmachen vom Ich nun erstmals beeinflusst werden können.

Unter anderem als Gegenreaktion auf die z.T. spekulativen und nicht immer an einer empirischen Überprüfung interessierten Theorien der Freudianer entwickelte sich der *methodologische Behaviorismus* (John B. Watson und Burrhus F. Skinner), der ganz auf Hypothesen über innere kognitive Prozesse verzichtete, weil diese ihm als unbeobachtbar und damit unwissenschaftlich erschienen. Er setzte allein auf die Aufdeckung von Zusammenhängen zwischen äußeren Reizen und beobachtbarem Verhalten. Hier sollten die stabilen und erklärungsrelevanten Generalisierungen angesiedelt sein. Lernprozesse, die zu bestimmten Verhaltensmustern führten, wurden als Prozesse der Verstärkung dieses Verhaltens durch wiederholte Belohnung beschrieben (vgl. „operantes Konditionieren"). Das Verhalten wurde schließlich als Ergebnis solcher Lernprozesse erklärt.

Dieser Erklärungsansatz hat seine Erfolge bei einfachen Verhaltensweisen (speziell bei Tieren), versagt aber beim Menschen in den Bereichen, in denen er z. B. komplexere Abwägungen vorzunehmen hat und dazu Pläne entwickelt. Man denke nur an die unterschiedlichen Handlungen, die wir im Rahmen einer Urlaubsreise vollziehen. Dabei mag es bestimmte wiederkehrende Elemente geben (wie Luftdruck der Reifen vor Antritt der Fahrt prüfen), aber ebenso neue Elemente, wenn wir z. B. das erste Mal zelten möchten.

Jedenfalls setzen die meisten neueren Ansätze im Rahmen der *Kognitionswissenschaft* (oder der kognitiven Psychologie) wieder darauf, dass wir Hypothesen über innere kognitive Vorgänge entwickeln müssen, um menschliche Handlungen verstehen zu können. Besonders einflussreich war dabei die Analogie zum Funktionieren von Computern. Danach sind Menschen primär informationsverarbeitende Systeme, die ihre Wahrnehmungen auf bestimmte Weise intern repräsentieren und mit diesen Repräsentationen weitere Auswertungsschritte durchführen. Bestimmte Verhaltensweisen können dann durch spezifische Elemente dieses Prozesses erklärt werden. So beobachten wir, dass Menschen mit Geld, das sie finden oder gewinnen, viel freigiebiger sind, als mit Geld, für das sie (hart) arbeiten mussten. Psychologen sprechen davon, dass wir über eine Form mentaler Buchführung (*„mental accounting"*) verfügen, bei der die Gelder auf unterschiedliche „Konten" verbucht werden, wodurch sie intern eine unterschiedliche Gewichtung erfahren, die schließlich zu dem unterschiedlichen Umgang mit diesen Geldern führt (vgl. Russo & Schoemaker 1989). Oder sie erklären den Umgang von Menschen untereinander damit, dass ihre Repräsentationen anderer Menschen durch bestimmte *Stereotypen* (vom Lehrer, Türken, etc.) beeinflusst werden (vgl. Kunda 2000). Hier werden typischerweise Hypothesen über spezifische Charakteristika unserer Repräsentationen unserer Umwelt herangezogen, um bestimmte Handlungsweisen zu erklären.

Andere Sozialwissenschaften (wie z.B. die Mikroökonomie oder die Geschichtswissenschaft) verwenden auf der individuellen Ebene gerne das Modell aus unserer *Alltagspsychologie*, wonach wir bestimmte Ziele auf rationale Weise verfolgen. Manche versuchen diesen Ansatz im Rahmen der rationalen Entscheidungs- oder der Spieltheorie zu präzisieren. Andere Ansätze liegen auf der Makroebene und erklären bestimmte soziale Normen oder Institutionen anhand ihrer Funktion für die Gesellschaft oder deuten sie als Instrumente im Konflikt zwischen bestimmten Klassen. Hier sind sehr viele unterschiedliche Ansätze zu finden (vgl. Turner 1998).

Diese Beispiele können nur oberflächliche Hinweise auf das große Spektrum von Erklärungstypen sein, das wir in den Wissenschaften finden. Eine Erklärungstheorie sollte für klare Fälle von guten Erklärungen (speziell in den Wissenschaften) zu dem Ergebnis kommen, dass es sich um gute Erklärungen handelt und für Fälle von schlechten oder nur vermeintlichen Erklärungen aufdecken, woran diese scheitern. In Einzelfällen kann die Theorie auch scheinbar gute Erklärungen als doch nicht so gute entlarven, muss dann allerdings überzeugende Gründe dafür beibringen. Hier sind sicherlich die Begründungslasten höher als an anderer Stelle. Dabei können wir uns auf allgemeine, etwa erkenntnistheoretische Prinzipien berufen oder auf andere innere Zusammenhänge wie die des Erklärens zum Verstehen.

I.5 Verstehen

Es gibt ein enges Verhältnis von Erklären und Verstehen. Typischerweise erklären wir jemandem etwas, damit er es dann (besser) versteht. Der Arzt erklärt seinem Patienten, wie es zu seinen Herzproblemen bereits in jüngeren Jahren gekommen ist. Das viele fette Essen gepaart mit zu wenig Bewegung hat zu einer Arteriosklerose beigetragen, bei der sich cholesterinhaltige Lipoproteine geringer Dichte (LDL) an beschädigten Stellen der Arterieninnenwand ansammeln, oxidiert werden und es dabei zu einer Entzündung und Verengung der Arterien kommt, der sogenannten Arterienverkalkung. Das führt zu einer verminderten Durchblutung und eventuell zu Herz- und Hirninfarkten. Dieses bessere Verständnis seiner Erkrankung soll natürlich unter anderem praktische Konsequenzen haben. Das spezielle Wissen um die Ursachen ist wiederum auch *Orientierungswissen* für den Patienten. Trotzdem ist der entscheidende Zwischenschritt zunächst ein besseres Verstehen, das der Arzt mit seinen Erklärungen erreichen möchte. Dies wird daher immer einen Ansatzpunkt für die Entwicklung der Erklärungstheorie darstellen. Erklärungen sollen unser *Verstehen* von etwas befördern. Bleibt zu fragen, was man mit „Verstehen" meint.

Darunter fällt Vieles und vor allem recht Unterschiedliches. So werden wir in II.1 die Idee kennen lernen, dass ein Verstehen eines Vorgangs vor allem in einer Zurückführung dieses Vorgangs auf vertraute Prozesse bestehen könnte. Der Arzt greift in unserem Beispiel auf viele bekannte Motive und Analogien zurück, um sich verständlich zu machen. Etwa die anschauliche Vorstellung, dass Anlagerungen in einem Schlauch diesen zunehmend verstopfen können. Das ist ein typisches Verfahren, unser Verständnis zu befördern.

Ich werde mich hier überwiegend mit unserem Vorverständnis davon, was mit Verstehen gemeint ist, zufriedengeben und nur relativ wenig zu einer weitergehenden Explikation von Verstehen sagen. Meine allgemeine Vorstellung dazu ist, dass man etwas versteht, in dem man es in geeigneter Weise in sein *Hintergrundwissen einbettet* und zwar so, dass sich dabei ein möglichst kohärentes Gesamtbild ergibt (vgl. Bartelborth 2001, 2002a).

Manchmal wird das Verstehen sogar in einen Gegensatz zum Erklären gebracht. Man behauptet etwa, dass in den Naturwissenschaften erklärt wird und man demgegenüber in den Sozialwissenschaften etwas *versteht*. Das bezieht sich darauf, dass wir es in den Sozialwissenschaften oft mit Dingen zu tun haben, die einen *Sinn* bzw. eine *Bedeutung* besitzen (Handlungen, Motive, Regeln, Institutionen) und dass eine typische Erkenntnisform der Sozialwissenschaften gerade zum Ziel hat, diesen Sinn zu erkennen (so wie man den Sinn eines Textes zu verstehen versucht). Außerdem geht es vielleicht darum, ein ganz bestimmtes Objekt

(Werk) in seinem *einzigartigen* (historischen) Kontext zu verstehen oder zu interpretieren, und dabei stützen wir uns anders als in den Naturwissenschaften nicht auf Naturgesetze. So können wir uns eventuell in andere Personen *hineinversetzen* und so ihre Handlungsweisen verstehen, selbst wenn wir über keine psychologische Theorie verfügen, die ihre Handlungen erklären könnte.[1]

Doch für das Personenverstehen gibt es ebenso Explikationen, die eng gebunden sind an das *Erklären von Handlungen*, wobei Verstehen als eine bestimmte Form von Erklärungskohärenz rekonstruiert wird (vgl. Bartelborth & Scholz 2002). Diese Entwicklungen gehören hier nicht zum Programm und werden deshalb in diesem Buch nicht weiter verfolgt.

II. Erklären anhand von Gesetzen

Bevor ich zum klassischen Erklärungsmodell von Hempel komme, dem *deduktiv-nomologischen Erklärungsansatz*, das praktisch den Ausgangspunkt aller Debatten zum wissenschaftlichen Erklären ausmacht, möchte ich noch einen naheliegenden Aspekt von Erklärungen erörtern. Es geht um die Frage, inwieweit Erklärungen uns dadurch zum Verstehen verhelfen, dass sie bestimmte Vorgänge, z. B. in analogischer Form, auf uns vertraute Vorgänge zurückführen.

II.1 Vertrautheit

Eine nachvollziehbare Idee besagt, dass eine Erklärung eine *Zurückführung von etwas Neuem auf etwas Vertrautes* sei. Wir kennen das aus Alltagserklärungen, aber genauso aus wissenschaftlichen Beispielen. Typisch ist das für Analogieerklärungen. Wir erklären etwa das Verhalten eines Tieres mit menschlichen Begriffen: Der Hund freut sich auf den Spaziergang. Er glaubt, dass es jetzt Futter gibt usw. Menschliche Verhaltensweisen scheinen uns schon vertraut zu sein und wir führen tierische gern auf dieselben Erklärungsschemata zurück: in unserem Beispiel eine bestimmte Aufregung und Aufmerksamkeit für bestimmte Dinge auf zugrunde liegende Erwartungen. Oder wir erklären, warum ein Mensch besonders wütend wurde, anhand mechanischer Modelle: Das brachte das Fass zum Überlaufen. Er musste mal Dampf ablassen. Auch für Freud spielten solche Analogien eine große Rolle. Wir glauben, das Verhalten der Menschen besser zu verstehen, indem wir uns sein Gefühlsleben wie ein Fass oder ein Druckgefäß vorstellen, das irgendwann voll bzw. an den Grenzen seiner Aufnahmefähigkeit ist, und bei dem es bei Überschreiten dieser Grenzen zu einer heftigen Reaktion kommt.

Bestimmte Lichterscheinungen oder Schallphänomene erklären wir als Wellenphänomene, bei denen es zu einer Überlagerung von Wellen kommt, so dass sie sich an bestimmten Stellen verstärken und an anderen auslöschen. Das kennen wir von Wasserwellen. Bohr versuchte die innere Struktur des Atoms zu verstehen, indem er Atome als kleine Planetensysteme beschrieb, in denen die Elektronen wie Planeten einen Kern umkreisen. Für Darwin war die natürliche Auslese analog der Züchtung zu verstehen, nur dass hierbei die Natur selbst der Züchter war. Sie lässt nur bestimmte Entwürfe überleben und sich weitervermehren. So wird langsam eine Auswahl bestimmter Arten und Merkmale getroffen.

Doch diese Erklärungskonzeption trifft nur auf einen kleinen Teil unserer Erklärungen zu. Insbesondere in der Wissenschaft gehen wir oft anders vor. Mediziner erklären Krankheiten mit Hilfe von Bakterien, Viren oder sogar Prionen oder als Mangel an bestimmten Stoffen wie Vitaminen oder Mineralien. Hierbei werden für bereits vertraute Phänomene wie Erkältungen nun recht ungewöhnliche Objekte wie Viren eingeführt, die sich mit Hilfe wenig vertraut erscheinender Mechanismen im Körper vermehren. Viren sind unsichtbar kleine, aber trotzdem komplexe Strukturen, bestehend aus Nukleinsäure-Sequenzen in einer Proteinkapsel, die sie vor dem Immunsystem tarnen soll. Sie dringen in die Zellen ihrer Wirtstiere ein und reproduzieren ihre DNS oder RNS dort mit Hilfe der Ribosomen und vermehren sich auf diese Weise. Wenn man diese Mechanismen weiter ausbuchstabiert und zudem die Interaktionen mit unserem Immunsystem ausführt, wird schnell klar, dass uns diese molekularbiologischen Prozesse ganz unvertraut erscheinen.[2]

Psychologen sprechen davon, dass wir kognitive Dissonanzen (Inkohärenzen in unserem Überzeugungs- bzw. Wunschsystem) zu vermeiden versuchen und deshalb unsere Überzeugungen bzw. Bewertungen (nachträglich) verändern, um zum Beispiel weiterhin die Überzeugung stützen zu können, dass eine bestimmte unserer Entscheidungen sinnvoll war. Schon hier bewegen wir uns weg von unserer Alltagspsychologie und erklären anhand von theoretischen Entitäten wie kognitiven Dissonanzen. Solche Dinge sind uns keineswegs besonders vertraut. Sie wurden oft erst zu Erklärungszwecken neu eingeführt. Im Atommodell bemühen wir schließlich elektromagnetische Felder und quantenmechanische Orbitale, um das Verhalten von Atomen verstehen zu können. Das sind ausgesprochen seltsame Entitäten. Die Orbitale beschreiben eine Art von „Verschmierung" der Elektronen über einen bestimmten Raum-Bereich. Etwas Entsprechendes kennen wir jedenfalls nicht aus der klassischen Makrowelt. Von einer Rückführung auf Vertrautes kann wohl keine Rede mehr sein. Sie scheint also nicht zwingend erforderlich zu sein für eine gute Erklärung, obwohl sie sicher hilfreich und vor allem didaktisch bedeutsam ist.

Doch wir erklären in den genannten Fällen, indem wir neue Theorien erfinden, die bestimmte (eventuell unbeobachtbare) Muster bzw. Eigenschaften in unserer Welt postulieren, von denen unsere Phänomene eine Instanz darstellen. Die Erklärung verlangt hier nur eine „Geschichte", wie bestimmte Dinge funktionieren, anhand einer plausiblen Theorie darüber. Diese Theorie muss selbst nicht unbedingt anschaulich sein und von Analogien gestützt werden. Unsere erklärungsstärksten Theorien sind sogar sehr abstrakt und bedienen sich eher unanschaulicher mathematischer Modelle. In der Quantenmechanik werden Zustände eines Systems durch Vektoren in einem komplexwertigen, unendlich-dimensionalen Hilbertraum dargestellt und die messbaren Größen durch selbstadjungierte lineare Operatoren auf diesem Raum.

Wir müssen in diesen Beispielen unser Modell der Welt zunächst grundlegend erweitern, ehe wir den Phänomenen einen Platz darin zuweisen können. Eine Zurückführung auf Vertrautes ginge dagegen davon aus, dass es uns immer gelingen müsste, das Explanandum-Phänomen in das bereits vorhandene Modell ohne große Änderungen einzubeziehen. Das macht die sicher viel zu optimistische Annahme, wir verfügten in unserer Alltagserfahrung bereits über ein im Wesentlichen vollständiges Modell aller Vorgänge in unserer Welt, mit dem wir inzwischen schon gut vertraut wären.

II.2 Das Erklären anhand von Gesetzen

Die klassische Auffassung vom Erklären besagt, dass ein zu erklärendes Ereignis E (Explanandum-Ereignis) zu erwarten war aufgrund gewisser Vorbedingungen, die gegeben waren, und bestimmter Naturgesetze. Und zwar war E sogar in höchstem Maße zu erwarten, es ist nämlich deduktiv abzuleiten aus den Gesetzen $G_1,..., G_r$ und den Vorbedingungen $A_1,..., A_n$ (zusammen das Explanans). Als Schema:

(DN)   Gesetze: $G_1, ..., G_r$
        Randbedingungen: $A_1, ..., A_n$
        _____
        Explanandum: E

Dieses strikte *deduktiv-nomologische Schema*, das vor allem von Carl Gustav Hempel ausgearbeitet wurde, aber auch schon viele Vorläufer kannte (von Aristoteles über John Stuart Mill bis hin zu Karl Popper), sollte zumindest *wissenschaftliche Erklärungen* charakterisieren. Diese sollen sich danach auf wissenschaftlich zu ermittelnde *Naturgesetze* berufen. Vorbild waren meist Erklärungen aus dem Bereich der Physik. Die Idee ist anhand der schon erwähnten Beispiele aus der Physik gut nachvollziehbar, und wir können mit dem DN-Schema etliche Erklärungen gut rekonstruieren. Wie gut die klassische DN-Konzeption das wissenschaftliche Erklären tatsächlich einfangen kann, ist ausführlich diskutiert worden. Das möchte ich nicht im Detail nachzeichnen, denn damit ließe sich leicht das ganze Buch füllen und diese Debatten finden sich bereits an anderer Stelle (vgl. Hempel/Oppenheim 1948; Hempel

1965; Schurz 1983, 1995). Daher beschränke ich mich darauf, die Hauptprobleme kurz zu schildern sowie die wichtigsten Erwiderungen zu erwähnen. Die Diskussion verlagert sich inzwischen hin zu anderen Ansätzen, weil die Defizite des DN-Schemas doch zu schwerwiegend erscheinen. Den neuen Ansätzen wird daher auch in diesem Buch mehr Raum gegeben als dem klassischen Ansatz.

Es sollen übrigens mit dem DN-Schema nicht nur einzelne Ereignisse (bzw. Aspekte davon), sondern ebenfalls die Gesetze selbst erklärt werden. Wir konzentrieren uns hier zunächst auf die Einzelereignisse.

> (EK 1) Wenn wir etwa erklären wollen, warum der Mond zu einer bestimmten Zeit t_1 an einer bestimmten Stelle x aufgetaucht ist, so beschreiben die *Randbedingungen* die Orte und Bewegungsrichtungen der Sonne, des Mondes und der relevanten Planeten (also vor allem der Erde) zu einem bestimmten früheren Zeitpunkt t_0. Die *Gesetze* der Mechanik und das *Gravitationsgesetz* sagen uns dann, wieso der Mond zu einem späteren Zeitpunkt t_1 am Ort x aufgetaucht ist. Das lässt sich aus den Stellungen der beteiligten Körper, ihren Anziehungskräften und den Bewegungsgesetzen ableiten (was für ein Dreikörpersystem mathematisch schon nicht so ganz einfach ist, weshalb wir uns hier nicht mit der zugehörigen Mathematik abmühen). Man könnte sagen, die Gesetze beschreiben, welche Kräfte im Spiel sind und wie die dazu führen, dass der Mond einen bestimmten Weg nimmt, der ihn zu t_1 nach x bringt.

Dazu möchte ich einige der Standardbeispiele etwas expliziter angeben, die schließlich Ausgangspunkt für die Konstruktion von Gegenbeispielen wurden. Zunächst erklären wir die Druckzunahme z.B. in einer Luftpumpe, wenn wir den Kolben ein Stück weit hereindrücken, anhand des Boyleschen Gesetzes:

> (EK 2) *Gesetz*: Bei konstanter Temperatur gilt: PV = const (mit Druck P und Volumen V)
> *Randbedingungen*: Bei konstanter Temperatur im Kolben wird das Volumen von 2 l auf 1 l verringert.
>
> *Explanandum Satz*: Der Druck im Kolben verdoppelt sich.

Für komplexere Erklärungen steigt der Aufwand, sie explizit in diese Form zu bringen, natürlich erheblich. Daher begnüge ich mich hier mit relativ einfachen Beispielen, zumal man an ihnen bereits die wesentlichen Aspekte des DN-Schemas diskutieren kann. Das folgende noch einfachere Beispiel stammt von Peter Achinstein (1983) und belegt schon die Probleme:

> (EK 3) *Gesetz*: Jeder Mensch, der ein Pfund Arsen zu sich nimmt, stirbt innerhalb von 24 Stunden.
> *Randbedingungen*: Jones aß ein Pfund Arsen.
>
> *Explanandum Satz*: Jones starb innerhalb von 24 Stunden.

Diese Beispiele genügen dem DN-Schema, aber die Frage ist jeweils, ob sie das Explanandum-Ereignis erklären. Daran können wir zweifeln. Doch dazu später mehr. Zunächst sollen noch zwei Zusatzbedingungen genannt werden. Im DN-Schema wird verlangt, dass das Gesetz tatsächlich für die Deduktion *erforderlich* ist. Sonst würde es keinen Beitrag zu der Erklärung liefern. Außerdem fordert Hempel, dass die Aussagen des Explanans *wahr* sind, denn wir suchen ja nach der tatsächlichen Erklärung und nicht einer bloß fiktiven oder potentiellen. Ist die Wahrheitsbedingung ungeklärt (wie z. B. beim Schluss auf die beste Erklärung), so sprechen wir nur von einer *möglichen Erklärung*. Bevor ich mich der wichtigsten Bedingung des DN-Schemas zuwende, möchte ich schon die ersten Probleme ansprechen.

Betrachten wir etwa statt (EK 2) nun (EK 2*):

(EK 2*) *Gesetz*: Bei konstanter Temperatur gilt: PV = const
(mit Druck P und Volumen V)
Randbedingungen: Bei konstanter Temperatur im Kolben wird der Druck verdoppelt.

Explanandum Satz: Das Volumen im Kolben halbiert sich.

Das Gesetz ist dasselbe und die Ableitbarkeit bleibt in (EK 2*) erhalten. Trotzdem erscheint uns (EK 2*) keine Erklärung zu sein. Wir können zwar den Druckanstieg durch die Volumenverkleinerung erklären, aber nicht eine Volumenänderung analog durch eine Druckveränderung. Noch deutlicher wird das in Fällen mit klarer *Kausalrichtung*. Aus dem Gesetz in (EK 3) zusammen mit der Aussage „Jones ist heute noch lebendig", können wir zwar ableiten, dass er gestern kein Pfund Arsen zu sich genommen hat, aber das ist keine Erklärung dafür, dass er kein Arsen eingenommen hat. Es gibt viele weitere Fälle von *Asymmetrien der Erklärungsbeziehung*. Anhand der Höhe eines Turmes und der Stellung der Sonne (dem Winkel ihrer Strahlen relativ zur Erdoberfläche) können wir die Länge seines Schattens erklären, aber anhand der Länge des Schattens nicht seine Höhe, obwohl diese ebenfalls ableitbar ist. Ableitbarkeit ist oft eine relativ symmetrische Beziehung, das Erklären aber nicht. Dieses Phänomen weist schon darauf hin, dass das DN-Schema keine hinreichenden Bedingungen für Erklärungen liefert. Eventuell sind sie aber immerhin notwendige Anforderungen an Erklärungen.

Achinstein (1983) hat leider noch einen schlimmeren Einwand anzubieten. Im Beispiel (EK 3) kann es passieren, dass Jones kurz nach der Einnahme des Arsens von einem Bus überfahren wird und dabei stirbt. Dann gilt zwar die Ableitung in (EK 3) weiterhin, aber sie gibt uns nicht die richtige Erklärung für das Ableben von Jones. Man spricht hier von „Preemption" (*Zuvorkommen*: Der Tod durch den Lastwagen *kam* dem Ableben von Jones durch das Gift *zuvor*).

Hierzu gibt es unterschiedliche Vorschläge, wie das DN-Schema verstärkt werden könnte, die wir später wieder aufgreifen werden. Dazu sind etwa zu nennen:

1. Die jeweilige Erklärung ist Bestandteil eines möglichst *umfassenden Systems* von Erklärungen, das insgesamt am besten abschneidet gegenüber anderen Systemen.
2. Das Gesetz in der Erklärung muss hier tatsächlich *instantiiert* oder *exemplifiziert* sein.
3. Die Erklärung muss vor allem die *wahren Ursachen* des Explanandums angeben.

Fazit: Das DN-Schema kann viele Erklärungen in den Wissenschaften tatsächlich rekonstruieren, aber es ist sicher noch zu schwach, um als eine hinreichende Charakterisierung von Erklärungen gelten zu können. Die Probleme der Asymmetrie und Achinsteins Preemption-Beispiel sprechen dagegen.

II.3 Naturgesetze (empiristischer Ansatz)

Es waren vor allem die (logischen) Empiristen, die das DN-Schema sehr begrüßt haben. Bis dahin hatten Erklärungen für sie immer den Geruch unseriöser Metaphysik. Statt einfach nur die beobachtbaren Regelmäßigkeiten zu beschreiben, suchte man in Erklärungen nach den hinter den Erscheinungen stehenden Ursachen und Prinzipien, die unseren Sinnen nicht zugänglich sind. Das waren für Empiristen wie Rudolf Carnap Spekulationen, die man aus der Wissenschaft heraushalten sollte:

> Im 19. Jahrhundert vertraten einige deutsche Physiker, z. B. Gustav Kirchhoff und Ernst Mach, die Meinung, dass die Naturwissenschaft nicht „Warum?" fragen sollte, sondern „Wie?". Damit meinten sie, dass die Wissenschaft nicht nach einem unbekannten metaphysischen Agens Ausschau halten, sondern die Ereignisse mit Hilfe von Gesetzen beschreiben sollte (Carnap 1968: Teil I.1)

Andererseits finden wir als wichtige Elemente in der Wissenschaft Erklärungen. Hier gerieten die Empiristen in Konflikt mit ihrer dezidierten Wissenschaftsfreundlichkeit (/-gläubigkeit). Deshalb wurde das DN-Schema so begrüßt. Es führt Erklärungen auf „harmlose" logisch präzisierbare Dinge zurück. Das wichtigste Element des DN-Schemas, die Forderung nach Gesetzen, bereitete aber von Anfang an gewisse Probleme.

Hempel, Carnap und andere Empiristen hofften, die Gesetze weitgehend anhand ihrer logischen Form charakterisieren zu können. Gesetze sind im Wesentlichen universelle Konditionalsätze (vgl. Hempel 1977: 8 ff.), etwa der Art: „Wenn Gase bei konstant gehaltenem Druck erhitzt werden, dehnen sie sich aus." Oder: „Alle Metalle, die erhitzt

II.3 Naturgesetze (empiristischer Ansatz)

werden, dehnen sich aus." Die logische Form $\forall x\ (Ex \to Dx)$ (für alle x gilt: Wenn sie E sind [erhitzt werden], sind sie auch D [dehnen sie sich aus].) ist dabei gut sichtbar. Doch schon Hempel erkannte natürlich, dass nicht jede derartige Konditionalaussage ein Gesetz beschreibt. (*) „*Alle Birnen in diesem Korb sind süß*" hat zwar dieselbe logische Gestalt, beschreibt aber kein Naturgesetz. Es müssen weitere Anforderungen hinzukommen. Hinzu kommt für Hempel (1977: 10 ff.), dass die Aussage *wesentlich* generelle Form haben muss. Das heißt, sie darf nicht aus logischen Gründen auf eine endliche Anzahl von Einzelfällen eingeschränkt sein und muss potentiell unendlich viele Instanzen haben bzw. sollte nicht mit einer endlichen Konjunktion von Einzelfällen logisch äquivalent sein. Das wird von (*) nicht erfüllt. Außerdem sollten gesetzesartige Aussagen (nomische Aussagen) keine Bezugnahme auf einen speziellen Gegenstand (*dieser* Korb) oder Raum-Zeit-Punkt enthalten. Sie sind *universell*, in dem Sinn, dass sie zu allen Zeiten und an allen Orten und für alle Objekte gelten.

Doch selbst diese Forderungen können nicht immer zwischen akzidentellen Allaussagen und echten Gesetzen unterscheiden. Andererseits verlangen sie schon recht viel von Gesetzen, was man nicht in allen Disziplinen einlösen kann. Dazu später mehr. Die Aussage „*Alle Goldklumpen sind kleiner als 1000 kg*", mag zwar wahr sein und die weiteren Hempelschen Forderungen erfüllen, ist aber deshalb noch kein Gesetz. Wir müssen über Hempel hinausgehen, wenn wir eine akzeptable Charakterisierung von Gesetzen erhalten wollen.

Hempel verallgemeinert den Gesetzesbegriff noch auf statistische Gesetze, die etwa die Form: $p(G,H) = 0{,}8$ haben (Bedeutet: Alle x, die H sind, sind mit Wahrscheinlichkeit 0,8 ebenfalls G.). Die Problematik, zwischen echten Gesetzen und zufällig wahren statistischen Aussagen zu unterscheiden, verschärft sich dann allerdings noch weiter. Insbesondere stellen statistische Gesetze keine universellen Zusammenhänge mehr dar. Hempel hat in seinen ursprünglichen Arbeiten den Gesetzesbegriff noch für relativ unproblematisch gehalten und damit die folgenden Schwierigkeiten wohl bei weitem unterschätzt. Neuere Positionen dazu, die etwa Gesetze anhand von Stabilität unter kontrafaktischen Interventionen oder als Beschreibung bestimmter genuiner Dispositionen charakterisieren, verlassen damit jedenfalls eindeutig den empiristischen Rahmen. Sie stutzen sich auf Modalitäten oder spezielle ontologische Hypothesen, die einem Empiristen die Schweißperlen auf die Stirn treiben dürften. Sie zeigen bereits, dass der empiristische Versuch, den Erklärungsbegriff mit Hilfe des DN-Schemas auf empiristisch harmlose Konzepte zu reduzieren, nicht gelungen ist, denn die Metaphysik kehrt über den Gesetzesbegriff in das DN-Schema zurück.

II.4 Probleme der Gesetzeserklärungen

Die Probleme des DN-Schemas sind zahlreich und wurden in der Erklärungsdebatte ausführlich diskutiert. In diesen Debatten konnte man vieles über Erklärungen lernen, weshalb ich wenigstens kurz auf diese Überlegungen eingehen möchte. In (II.2) hatten wir gesehen, dass nicht jede Deduktion aus Gesetzen bereits eine Erklärung darstellt. Aber das ließ noch die Möglichkeit offen, dass das DN-Schema zumindest wichtige notwendige Anforderungen an Erklärungen formuliert. Dabei ist an erster Stelle die Forderung nach Gesetzen zu nennen.

Doch wie essentiell sind Naturgesetze wirklich für wissenschaftliche Erklärungen? Tatsächlich stoßen wir im Alltag und in der Wissenschaft auf eine ganze Reihe von Erklärungen, die auf den ersten Blick ohne Gesetze auskommen (vgl. Scriven 1959a/b). Hempel (1977: 170 ff.) geht selbst auf solche Fälle ein. Er untersucht etwa die Erklärung des Historikers Gottlob, wie es zur Sitte des Ablassverkaufs kam. Zusammengefasst stellt Gottlob diese Institution als eine Maßnahme der Päpste im Kampf gegen den Islam und knappe Kassen dar: Während den mohammedanischen Kriegern zugesagt war, dass sie nach einem Tod in der Schlacht in den Himmel gelangen würden, mussten die Kreuzritter ewige Verdammnis befürchten, wenn sie nicht regelmäßig Buße für ihre Sünden taten. Um sie hier zu entlasten, versprach Johannes VIII. im Jahr 877 den Kreuzrittern für den Fall ihres Ablebens in der Schlacht die Absolution ihrer Sünden. Dieser Kreuzablass wurde daraufhin auf die ausgedehnt, die zwar nicht an den Kreuzzügen teilnehmen konnten, aber sie mit Geld unterstützten. Auch nach einem Abflauen der Kreuzzüge wollte die Kirche diese zusätzliche Möglichkeit der Geldschöpfung nicht aufgeben. Da die Gläubigen ebenfalls sehr an der Sitte des käuflichen Sündenerlasses interessiert waren – war dieser Weg für viele doch erfreulicher, als die unangenehmen kirchlichen Bußstrafen auf sich zu nehmen, ganz zu schweigen vom drohenden Fegefeuer nach dem Tode –, kam es letztlich zu einer weiteren Verbreitung des Ablasses.

II.5 Unvollständige Erklärungen

Hempel (1977: 172) gesteht hier zu – und das ist offensichtlich –, dass diese Schilderung das Verständnis eines geschichtlichen Phänomens durchaus erweitern kann und eine Form von Erklärung dafür bietet, obwohl sie nicht dem DN-Schema genügt. Zunächst sind solche *genetischen Erklärungen* Schilderungen, wie in einer Abfolge von Zuständen jeweils einer zum nächsten führt (was man ebenso für physikalische

II.5 Unvollständige Erklärungen

Prozesse kennt), aber es werden für die Übergänge keine Gesetze bemüht, sondern nur dargestellt, dass der Übergang verständlich und plausibel ist. Hempel gibt eine Reihe von Möglichkeiten an, wie derartige Beispiele mit seinem DN-Schema zu harmonisieren sein könnten. Die erste ist die der *elliptischen Erklärung* (Hempel 1977: 128). Man verzichtet in einigen Fällen darauf, explizit bestimmte Gesetze anzugeben, über die wir im Prinzip verfügen und die in der elliptischen Formulierung der Erklärung implizit mitgedacht werden. Dieser Ausweg scheint uns jedoch in vielen Fällen, wie dem Hempelschen Beispiel, für eine genetische Erklärung nicht offen zu stehen, weil wir nicht über entsprechende historische Gesetze verfügen, um die wir die Einzelerklärungen der genetischen Erklärung so ergänzen könnten, dass jeweils deduktiv-nomologische Erklärungen entstünden.

Allerdings, so wendet der Historiker Clayton Roberts (1996) ein, erfordert das DN-Schema nicht unbedingt Makrogesetze für diese genetischen Erklärungen. Auf der Mikroebene der Handlungen einzelner Individuen finden sich dagegen wieder entsprechende psychologische Gesetze, auf die wir in unseren Erklärungen angewiesen sind, damit die Geschichten der Geschichte einen Zusammenhang haben.

Die zweite Rückzugsmöglichkeit sucht Hempel (1977: 128 ff.) in der *partiellen Erklärung*. Zur Erläuterung dieses Konzepts gibt uns Hempel ein Beispiel für eine Erklärung Freuds aus seiner *Psychopathologie des Alltagslebens*, in der Freud schildert, wieso es seiner Theorie nach zu dem Fehler kam, dass er inmitten seiner geschäftlichen Aufzeichnungen mit Daten des Septembers eine mit dem Datum „Donnerstag, den 20. Oktober" notiert hat. Freud schreibt dazu:

> Es ist nicht schwierig, diese Antizipation aufzuklären und zwar als Ausdruck eines Wunsches. Ich bin wenige Tage vorher frisch von der Ferienreise zurückgekehrt und fühle mich bereit für ausgiebige ärztliche Beschäftigung, aber die Anzahl der Patienten ist noch gering. Bei meiner Ankunft fand ich einen Brief von einer Kranken vor, die sich für den 20. Oktober ankündigte. Als ich die gleiche Tageszahl im September niederschrieb, kann ich wohl gedacht haben: Die X. sollte doch schon da sein; wie schade um den vollen Monat! und in diesem Gedanken rückte ich das Datum vor.

Zunächst ist diese Erklärung *elliptisch*, weil kein Gesetz genannt wird, obwohl eine Art von Gesetz Freud dabei vorschwebt, das Hempel so beschreibt:

> Wenn jemand einen starken, vielleicht auch unterbewussten Wunsch hat und einen Schreib-, Sprech-, oder Erinnerungsfehler begeht, dann nimmt dieser Fehler eine Gestalt an, in der der Wunsch ausgedrückt und eventuell symbolisch erfüllt wird. (Hempel 1977: 129)

Doch darüber hinaus kann das Gesetz nach Hempel nicht erklären, warum der Fehler zu einer *bestimmten Zeit* auftrat oder warum er gerade *diese Gestalt* annimmt und nicht eine der vielen anderen Möglichkeiten. Damit ist die Freudsche Erklärung nur *partiell*, denn sie erklärt eigentlich weniger als das konkrete Ereignis, zu dessen Erklärung Freud sich aufgemacht hatte. Da jede Erklärung eines bestimmten Ereignisses wohl nicht alle Aspekte dieses Ereignisses abzuleiten vermag, vertritt Hempel (1977: 136 ff.) die Ansicht, dass wir nicht für ein konkretes Ereignis in allen seinen Aspekten und Einzelheiten eine Erklärung verlangen dürfen, sondern nur für die *Aspekte eines Ereignisses*, die im Explanandum-Satz beschrieben sind. Damit ist aber nicht gemeint, wogegen sich Hempel (1977: 139) explizit wendet, dass ein bestimmter *Typ* von Ereignis erklärt wird, sondern nur dass *bestimmte Aspekte eines konkreten Einzelereignisses* in einer wissenschaftlichen Erklärung erklärt werden.

II.6 Statistische Erklärungen I

Doch der Fall der partiellen Erklärung liegt für historische Erklärungen wie dem oben beschriebenen Beispiel nicht vor, denn es wurden keine impliziten wissenschaftlichen Gesetze mitgedacht, die zumindest bestimmte Aspekte der mittelalterlichen Ablasspraxis deduktiv erklären, und selbst im Fall der Freudschen Erklärung müsste man das Gesetz vermutlich vorsichtiger formulieren, was Hempel (1977: 173) schließlich zu seinem dritten und gewichtigsten Ausweg führt. Hempel spricht davon, wir hätten in diesen *Fällen implizite statistische Gesetze*, die uns die Erklärungen liefern, und ergänzt das DN-Schema für Erklärungen um die *induktiv-statistischen Erklärungen* (Hempel 1977: 60 ff.), die von ihrer Gestalt her dem DN-Schema sehr nahe kommen. Freud würde vermutlich nicht behaupten wollen, dass die unterbewussten Wünsche *immer* zu Fehlleistungen führen müssen, sondern nur, dass sie es häufig oder mit einer gewissen Wahrscheinlichkeit tun. Das IS-Schema erhält somit die Gestalt:

Induktiv-Statistische Erklärung (IS-Schema)

$W(G/H) > p$

Ha

Ga (mit Wahrscheinlichkeit > p)

Dabei soll $W(G/H) > p$ bedeuten, dass die Wahrscheinlichkeit für das Vorliegen von G bei Vorliegen von H größer als p ist, und p sollte nach Hempel nahe bei 1 liegen. (Formuliert als Allsatz: Wenn etwas die Eigenschaft H hat, dann hat es mit Wahrscheinlichkeit p die Eigenschaft G.)

II.6 Statistische Erklärungen I

Der Schluss darauf, dass ein a die Eigenschaft G hat, wenn es die Eigenschaft H aufweist, ist dann natürlich nur noch mit der Wahrscheinlichkeit p zu ziehen.

Dieses dritte Ausweichmanöver ist jedoch ebenfalls nicht unproblematisch. Zunächst ist es strenggenommen schon eine wesentliche Aufweichung des DN-Schemas, weil man die Forderung nach logischer Gültigkeit für den Schluss aufgegeben hat. Aber darüber hinaus ist das IS-Schema für Erklärungen mit einer Reihe von Problemen behaftet, die ich nur skizzieren kann, da die statistischen Erklärungen hier lediglich am Rande behandelt werden sollen.

Ein Problem, das Hempel selbst lange beschäftigt hat und das heute noch virulent ist, ist das der *Erklärungsmehrdeutigkeit* von IS-Erklärungen. Danach ist das, was in einer solchen Erklärung erklärt werden kann, stark abhängig davon, auf welche Informationen man sich jeweils stützt. Hempel (1977: 76 ff.) erläutert das Problem an folgendem Beispiel. Beziehe ich mich darauf, dass die Streptokokkeninfektion von Herrn Müller mit Penicillin behandelt wird, kann ich seine Genesung dadurch probabilistisch erklären, dass ein sehr hoher Prozentsatz der Streptokokkenerkrankten durch Penicillin geheilt wird. Hat Herr Müller aber das Pech, von einem penicillinresistenten Streptokokkenstamm heimgesucht zu werden, bei dem die Heilungschancen durch Penicillin minimal sind, wirft diese zusätzliche Information den bisherigen inferentiellen Zusammenhang über den Haufen. Das Explanans von IS-Erklärungen ist *nicht stabil unter zusätzlichen Informationen* und spricht für unterschiedliche Explananda, je nachdem wie viele Informationen wir jeweils berücksichtigen. Der einzige Ausweg aus diesem Problem, der in nicht willkürlicher Weise einen bestimmten Informationsstand vorschreibt, scheint Hempels Forderung (1977: 76 ff.) *nach maximaler Spezifizierung* im Explanans zu sein, wonach alle zur Verfügung stehenden Informationen zu berücksichtigen sind. Damit sind IS-Erklärungen allerdings immer in einer Form auf den jeweiligen Informationsstand zu relativieren, wie das für DN-Erklärungen nicht der Fall ist.

Noch problematischer ist für das IS-Modell jedoch ein Aspekt, auf den Salmon schon Anfang der 70er Jahre aufmerksam gemacht hat. Es wird zwar gefordert, dass die statistischen Gesetze hohe Wahrscheinlichkeiten für das Explanandum aussagen, aber nicht, dass sie die Wahrscheinlichkeit des Explanandums überhaupt erhöhen. So sind statistische „Erklärungen" der folgenden Form durch das IS-Schema gedeckt:

(G) Menschen, die erkältet sind, erholen sich mit hoher Wahrscheinlichkeit innerhalb von 14 Tagen, wenn sie Vitamin C nehmen.
(A) Franz war erkältet und nahm Vitamin C.
(E) Franz erholte sich von seiner Erkältung in 14 Tagen. (s. Salmon 1984: 30)

Dieses Beispiel hat zwar die Form einer IS-Erklärung, aber ob es sich dabei tatsächlich um eine Erklärung handelt, ist von Gegebenheiten abhängig, die überhaupt nicht angesprochen werden, nämlich davon, ob die Gabe von Vitamin C tatsächlich *Einfluss* auf die Dauer der Erkältung hat. Sollte das nicht der Fall sein und fast jeder erholt sich mit hoher Wahrscheinlichkeit nach 14 Tagen von einer Erkältung, können wir in diesem Beispiel nicht von einer *Erklärung* der Genesung von Franz sprechen. Wir müssten zusätzlich fordern, dass die eingesetzte gesetzesartige Aussage für das Explanandum *relevant* ist, d.h. die Wahrscheinlichkeit des Explanandum-Ereignisses erhöht.

Für Salmons Erklärungsmodell der *statistischen Relevanz* (SR-Modell) ist daher gerade diese Forderung die entscheidende, während die Hempelsche der hohen Wahrscheinlichkeit, die das IS-Schema der deduktiv-nomologischen Erklärung angleichen sollte, nach Salmon überflüssig wird. Das trifft bestimmte Teile unserer Erklärungspraxis besser als der Hempelsche Ansatz, denn typischerweise erklären wir einen Lungenkrebs z.B. durch das vorgängige Rauchverhalten des Erkrankten, selbst wenn die Erkrankung nicht mit 95%-iger Wahrscheinlichkeit, sondern nur mit relativ geringen Werten auftritt. Auf weitere Einzelheiten des SR-Ansatzes von Salmon möchte ich hier nicht eingehen (s. Salmon 1984: 36 ff., 1998: 62 ff.), aber bemerkenswert ist ein Vergleich Salmons (1984: 45) zwischen IS-Konzeption und SR-Konzeption, in dem er noch einmal die grundlegenden Ideen der beiden Erklärungsstrategien zusammenfasst:

> IS-model: an explanation is an *argument* that renders the explanandum *highly probable*.
> SR-model: an explanation is an *assembly of facts statistically relevant* to the explanandum, regardless of the degree of probability that results.

Für die momentane Diskussion ist vor allem bedeutsam, dass das Salmonsche SR-Erklärungskonzept eine Verbesserung gegenüber dem Hempelschen Vorschlag der IS-Erklärung darstellt und dabei gerade *ohne Gesetze* auskommt und sich außerdem noch weiter von der Vorstellung einer Erklärung als Deduktion des Explanandums entfernt hat, als es schon für das IS-Schema der Fall ist. Damit ist der dritte Ausweg Hempels aus dem Vorwurf, dass sein DN-Modell der Erklärung viele tatsächliche Erklärungen nicht angemessen beschreibt, der auf statistische Erklärungen hinauslief, letztlich in einen Vorschlag für statistische Erklärungen gemündet, der auf keine Gesetze im Hempelschen Sinn mehr angewiesen ist. Auf die Ausgangsfrage, ob Gesetze für Erklärungen immer notwendig sind, müssen wir an dieser Stelle daher mit einem „Nein" antworten.

Außerdem ist ebenfalls fraglich, wie weit das IS-Schema trägt, denn in vielen Fällen, wie den beiden obigen Beispielen aus der Geschichts-

II.6 Statistische Erklärungen I

wissenschaft und der Psychologie, aber ebenso in der Evolutionstheorie oder den Sozialwissenschaften, verfügen wir nicht über statistische Gesetze, in denen wir Wahrscheinlichkeiten nennen oder begründet abschätzen könnten. Wie hoch ist denn bitte schön die Wahrscheinlichkeit, dass eine Organisation vom Typus der Kirche in Situationen des entsprechenden Typs so etwas wie den Ablass von den direkt Betroffenen auf weitere Bevölkerungskreise ausdehnt? Schon wenn man versucht, eine gesetzesartige Aussage entsprechenden Inhalts zu formulieren, die sich nicht nur auf konkrete Individuen bzw. Institutionen zu einem historischen Zeitpunkt bezieht, gerät man in ernste Schwierigkeiten, die aber nicht kleiner werden, wenn man auch noch Wahrscheinlichkeiten für derartige Vorgänge abschätzen möchte. Es gibt nur wenige Anhaltspunkte, in diesen Fällen guter Hoffnung zu sein, entsprechende statistische Gesetze zu finden. Aber selbst wenn Schurz (1983: 128) mit seinem Optimismus Recht haben sollte, dass die methodologischen Besonderheiten der Geschichtswissenschaft es zwar erschweren, historische Gesetze zu gewinnen, das aber keineswegs prinzipiell unmöglich ist, und wir daher in diesem Zweig der Wissenschaften hoffen dürften, Gesetze zu finden, mit denen sich DN-Erklärungen erstellen lassen, bleibt die offene Frage doch: Sind die angegebenen Erklärungen in den Geschichtswissenschaften, solange wir keine Gesetze angeben können, *überhaupt keine Erklärungen* oder nur nicht so gute Erklärungen, wie wir sie mit historischen Gesetzen hätten? Da das DN-Schema inzwischen umstritten ist, kann es aufgrund seiner eigenen epistemischen Stellung kaum als guter Grund dafür dienen, die Vermutung zurückzuweisen, dass bereits jetzt (schwache) Erklärungen vorliegen.

Das entspricht darüber hinaus besser unserer Vorstellung, wonach Erklärungen gradueller Abstufungen fähig sind, nach der nicht alle Erklärungen gleich gut sind. Die Allgemeine Relativitätstheorie liefert bessere Erklärungen der Planetenbewegungen als die newtonsche Theorie und die wiederum bessere Erklärungen als die keplersche Theorie usw. Jeder kann sicher eine Reihe von Beispielen aus dem Alltag für bessere und schlechtere Erklärungen geben. Trotzdem liefern all diese Theorien (approximative) Erklärungen und zumindest die newtonsche Theorie gibt selbst heute noch aktuelle Erklärungen, die für die meisten mechanischen Phänomene Geltung haben. Für solche Einschätzungen und Abstufungen gibt das DN-Schema freilich keine Anhaltspunkte, denn es kennt nur das Vorliegen von Gesetzen und das Bestehen einer deduktiven Beziehung zwischen Explanans und Explanandum oder das Nichtvorliegen.

Ceteris-paribus-Gesetze. Insgesamt hat sich in der Debatte um Erklärungen in den Sozialwissenschaften gezeigt, dass wir häufig nicht im starken Sinn von Gesetzen sprechen können. Man versucht sich dann damit zu behelfen, dass man von *Ceteris-paribus-Gesetzen* spricht, aber die Kritiker wie Earman et al. (2002) oder Woodward (2002b) verweisen zu Recht darauf, dass hier der Gesetzesbegriff schon stark aufgeweicht wird und schnell inhaltsleere Gesetze drohen, weshalb wir den Gesetzesbegriff hier lieber vermeiden sollten. Das Problem besteht zunächst schon darin, wie wir CP-Gesetze verstehen können: „CP [$\forall$x (Ex $\rightarrow$ Dx)]" soll natürlich nicht heißen: Es gilt $\forall$x (Ex $\rightarrow$ Dx), außer wenn es gerade einmal nicht gilt. Positiv wurde deshalb z. B. die sogenannte „Completer"-Lesart entwickelt, die ungefähr lautet: Es gibt eine Eigenschaft (einen Completer) C (die wir nur leider bisher nicht genau bestimmen können), so dass $\forall$x (Ex & Cx $\rightarrow$ Dx) wahr ist und ein Gesetz darstellt. Bei Hausmann (1992: Kap. 8) wurde die Existenz von solchen Completern jeweils noch auf bestimmte *Kontexte* relativiert. Doch selbst damit kann nicht sichergestellt werden, dass die CP-Gesetze überhaupt einen empirischen Gehalt besitzen (vgl. auch Schurz 2001).

Woodward (2000) schlägt deshalb im Rahmen seiner kausalen Erklärungstheorie vor, lieber von *invarianten Generalisierungen* statt von Gesetzen zu sprechen. Diese Generalisierungen weisen die Eigenschaft auf, *invariant* (stabil) zu sein gegenüber *bestimmten* aktiven Veränderungen der Randbedingungen (Interventionen), bzw. gestatten es, bestimmte kontrafaktische Vorhersagen darüber abzuleiten, was passieren würde, wenn wir einige Randbedingungen ändern würden, aber das betrifft nicht alle möglichen Veränderungen. Schurz (2002) gibt eine ausführliche logische Analyse der unterschiedlichen Lesarten von CP-Gesetzen und spricht gerne von „normischen Gesetzen" (Normalfallgesetzen) und Systemgesetzen, die auf bestimmte Systeme beschränkt sind. Wir werden auf die Idee einer begrenzten Invarianz im Hinblick auf Erklärungen in den Sozialwissenschaften wieder zurückkommen.

Fazit: Zunächst haben wir gesehen, dass das DN-Schema keine hinreichenden Bedingungen für eine erfolgreiche Erklärung formulieren kann. Phänomene wie die Asymmetrie, Preemption und die Irrelevanzproblematik sprechen dagegen. Aber Gesetze im strengen Sinne scheinen noch nicht einmal zwingend notwendig zu sein für Erklärungen. Wir finden intuitive Erklärungen schon dort, wo jedenfalls nicht ohne weiteres Gesetze erkennbar sind. Das betrifft unter anderem die Geschichtswissenschaft, aber auch andere Sozialwissenschaften, vielleicht die Biologie und einige weitere Disziplinen. Trotzdem möchten wir Theorien aus diesen Bereichen nicht ihre Erklärungskraft völlig absprechen. Hempel und die anderen Proponenten des DN-Modells führen zwar einige geschickte Rückzugsgefechte über elliptische Erklärungen und partielle bis hin zu statistischen, aber selbst der Schritt zu statistischen Gesetzen führt uns in neue Schwierigkeiten und löst noch nicht einmal das ursprüngliche Problem zufriedenstellend, denn echte statistische Gesetze scheinen in unseren Beispielen ebenfalls nicht zu finden zu sein. Es bleibt der Ausweg, zu sogenannten Ceteris-paribus-Klauseln zu greifen; doch auch der ist recht problematisch und höhlt den Gesetzesbegriff so weit aus, dass wir wohl lieber zugunsten des schwächeren Konzepts der invarianten Generalisierungen (im Sinne von Woodward) auf ihn verzichten sollten.

Für die statistischen Erklärungen finden wir außerdem dieselben Probleme wie für die deterministischen. Insbesondere garantiert eine Wahrscheinlichkeitserhöhung noch nicht, dass wir einen erklärungsrelevanten Faktor aufgedeckt haben. Das Vorliegen gelber Finger erhöht zwar deutlich die Wahrscheinlichkeit für einen Lungenkrebs (gegenüber den Menschen ohne gelbe Finger), ist aber keine Ursache für den Lungenkrebs und sollte daher nicht in entsprechenden SR-Erklärungen auftauchen. Die Ursache ist die dahinterstehende gemeinsame Ursache, nämlich das Rauchen, das sowohl die gelben Finger wie auch den Lungenkrebs verursacht hat und auch erklären kann. Die statistische Relevanz kann also ebenfalls nicht sicherstellen, dass kausal relevante Zusammenhänge vorliegen, ähnlich wie die Ableitbarkeit das in Achinsteins Beispiel nicht leisten konnte.

Lässt sich die Gesetzesforderung für Erklärungen dann vielleicht ganz durch geeignete pragmatische Anforderungen ersetzen (oder zumindest vervollständigen)? Das war immer wieder ein Weg, den Empiristen ausprobiert haben, der jedoch letztlich auch nicht alle Probleme ausräumen kann. Trotzdem finden sich in diesem Bereich wichtige Einsichten zum Erklären, die hilfreiche Ergänzungen unserer Konzeption darstellen. Denen werden wir uns nun zuwenden.

II.7 Zur Pragmatik des Erklärens

Erklärungen sind häufig Antworten auf Warum-Fragen. Der *interrogative Ansatz* stellt das ins Zentrum seiner Überlegungen und entwickelt eine Erklärungstheorie vor allem als Theorie der (guten) Antworten auf Warum-Fragen. Am Anfang stand die recht einflussreiche Theorie von Bas van Fraassen, die er unter anderem in *The Scientific Image* (1980: Kap. 5) entwickelt hat. Sie ist eine rein pragmatische Theorie der Erklärung, die sich inzwischen in unterschiedliche Richtungen weiterentwickelt hat bis hin etwa zu Halonen/Hintikka (2005), einer interrogativen Weiterentwicklung des DN-Schemas. Der interrogative Ansatz hat letztlich keine neuen Antworten auf die grundsätzlichen Fragen anzubieten, ob wir für eine gute Erklärung vor allem auf Gesetze angewiesen sind oder ob es wichtiger ist, die tatsächlichen Ursachen anzugeben, aber er kann uns helfen zu verstehen, wie in dem Prozess des Erklärens unser Augenmerk auf ganz bestimmte Aspekte der Erklärung (z. B. bestimmte Ursachen des Explanandums) gerichtet wird. Der ganze Bereich von pragmatischen Aspekten der Erklärung wird von den klassischen Ansätzen dagegen oft ausgeklammert, obwohl ihm in der Praxis des Erklärens eine große Bedeutung zukommt. Dazu möchte ich auf einige neuere Entwicklungen zumindest kurz eingehen.

In unseren Erklärungen nennen wir typischerweise nicht alle Randbedingungen und Gesetze. Hempel sprach davon, dass Erklärungen oft *elliptisch* sind. Viele Faktoren bzw. Ursachen eines Ereignisses erscheinen uns als geradezu irrelevant und jedenfalls nicht erklärungsrelevant. Die Ermittler des Luftfahrtbundesamtes, die ein Flugzeugunglück aufklären möchten, suchen normalerweise nur nach ganz bestimmten Ursachen des Absturzes. Sie geben sich kaum mit Hinweisen auf das Gravitationsgesetz und das hohe Gewicht des Flugzeugs zufrieden, das sicher wesentlich dazu beigetragen hat, dass es unsanft vom Himmel fiel. Wenn sie also fragen: „Warum ist dieses Flugzeug abgestürzt?", so haben sie dabei eine ganz bestimmte Frage im Sinn. Die lässt sich durch eine entsprechende Betonung schon etwas deutlicher machen: Warum ist *dieses* Flugzeug abgestürzt? Das Gravitationsgesetz gilt genauso für die anderen Flugzeuge. Daran sind sie nicht interessiert. Man kann versuchen, eine solche Frage durch eine sogenannte *Kontrastklasse* zu präzisieren. Sie möchten wissen, warum dieses Flugzeug zu diesem Zeitpunkt abgestürzt ist, statt der anderen Flugzeuge derselben Bauart oder statt zu einem früheren Zeitpunkt.

Für Lipton (1991) sind alle Erklärungen letztlich *kontrastiv*. Sie erklären nicht ein Ereignis X per se, sondern sie erklären, warum X und nicht Y (oder: *warum X statt Y*) eingetreten ist. Diese Analyse hat für Lipton, der eine kausale Erklärungstheorie vertritt, wonach das Erklären eines Ereignisses vor allem in der Angabe einer Ursache besteht, eine wichtige Funktion. Wir können so nämlich verstehen, warum nur bestimmte Ursachen erklären und andere nicht. Von den vielen Ursachen aus der längeren Ursachenkette eines Ereignisses X sind es nur ganz wenige, die X erklären können und die daher für uns relevant sind. Aber wieso ist das so und welche Faktoren sind gemeint? Für alle Ereignisse gilt, dass der Urknall eine Ursache ist und sogar eine umfassende, und trotzdem wird der Hinweis auf den Urknall in den meisten Fällen kaum Erklärungskraft besitzen. Zum Beispiel nicht für unsere Absturz-Ermittler. Sie sollten jedenfalls nicht in ihren Abschlussbericht schreiben: Ursache des Absturzes war der Urknall.

Doch wie funktionieren die Kontraste? Ein viel diskutiertes Beispiel geht ungefähr so:

Warum flog Tom am Montag nach Hamburg?

II.7 Zur Pragmatik des Erklärens

Damit können wiederum unterschiedliche Fragen gemeint sein:

(1) Warum flog *Tom* am Montag nach Hamburg? (und nicht Franz oder Sabine)
(2) Warum *flog* Tom am Montag nach Hamburg? (anstatt den Zug zu nehmen)
(3) Warum flog Tom *am Montag* nach Hamburg? (und nicht am Dienstag oder Mittwoch)

Wonach fragen diese kontrastiven Fragen genau? Was wäre also jeweils eine gute Antwort? Offensichtlich ergeben sich unterschiedliche Fragen, je nach Betonung. Auf (1) könnte die Antwort etwa lauten: Tom ist der Geschäftsführer, und nur er konnte die Verhandlungen in Hamburg für seine Firma leiten (und eben nicht Franz oder Sabine, die über keine entsprechenden Kompetenzen verfügen).

David Lewis (1986) schlug vor, die Frage

(*) „Warum P statt Q?"

als *Frage nach Unterschieden in den kausalen Vorgeschichten* von P und Q zu verstehen. P wäre hier: Tom flog nach Hamburg. Q etwa: Franz flog nach Hamburg. Da Q nicht tatsächlich stattgefunden hat, können wir allerdings nur die Vorgeschichte eines möglichen Q betrachten, hätte es denn tatsächlich stattgefunden (d. h. in der Sprache der möglichen Welten: wir betrachten die nächstgelegene mögliche Welt, in der Q tatsächlich auftrat und untersuchen die dortige Vorgeschichte von Q.) Für eine Erklärung von P suchen wir dann nach solchen Ursachen von P, die keine Ursachen von Q gewesen wären, wäre Q aufgetreten. Für Frage (1) ist das, dass Tom Geschäftsführer der Firma ist. Das wäre jedenfalls im Normalfall keine Ursache dafür gewesen, dass Franz nach Hamburg gegangen wäre, wenn er nach Hamburg geflogen wäre. Damit hätten wir die Ursachen ausgezeichnet, die auf Frage (1) eine gute Antwort geben und so eine gute Erklärung bieten.

Doch leider weist die Analyse von Lewis eine ganze Reihe von Schwächen auf (vgl. Bird 2005). So könnte es z. B. sein, dass Tom sich überlegt, Franz anzuweisen, ihn nach Hamburg zu begleiten. Das könnte er nur, weil er der Geschäftsführer ist. In der nächsten möglichen Welt, in der Franz nach Hamburg flöge, wäre also Toms-Geschäftsführer-Sein doch eine Ursache für Franzens Flug nach Hamburg. Und damit würde es dann nicht mehr als die gesuchte Differenz und Ursache herhalten können. Lewis' Ansatz würde in diesem Fall eine gute kontrastive Erklärung verwerfen (nämlich, dass Tom der Geschäftsführer der Firma ist und er deshalb nach Hamburg flog etc.). Lewis verlangt an dieser Stelle also zu viel von den relevanten Ursachen. Man hat zwar den Eindruck, dass Toms-Geschäftsführer-Sein in diesem Beispiel eine Ursache für Franzens Flug nach Hamburg wäre, aber nicht in derselben (der gemeinten) Weise, wie sie es ist, für Toms Flug nach Hamburg. Das gilt es jedoch genauer zu beleuchten in unserer Analyse von Erklärungen, während es in der Analyse von Lewis nicht erfasst wird. Er nimmt wichtige Differenzierungen nicht vor.

Lipton (1991: 42) hat noch eine andere Schwäche aufgedeckt. Nehmen wir an, in Hamburg wäre nur die Anwesenheit eines (beliebigen) Mitgliedes der Geschäftsführung erforderlich, wozu auch Franz gehört. Wie beantworten wir dann (1)? Zu sagen, Tom flog, weil er ein Mitglied der Geschäftsführung sei, kann nicht überzeugen, weil das ebenso auf Franz zutrifft. Aber Lewis' Ansatz erlaubt diese Antwort, denn Toms-Mitgliedschaft-in-der-Geschäftsführung wäre keine Ursache für Franz gewesen, nach Hamburg zu fliegen. Lewis' Ansatz ist hier zu liberal, weil er zu feine Differenzierungen trifft. Statt nur von Mitgliedschaft-in-der-Geschäftsführung zu sprechen, betrachtet er die jeweiligen Mitgliedschaften der unterschiedlichen Personen.

Man könnte also als Ausweg erlauben, dass es nicht Toms spezielle Eigenschaft war, die hier als Ursache auftritt, sondern allgemein das Mitglied-der-Geschäftsführung-Sein (der Typ von Eigenschaft). Dies verstärkt jedoch wieder die Problematik des ersten Typs von Schwierigkeiten, abgesehen von anderen intuitiven Problemen mit diesem Vorschlag.[3]

Lipton (1991) wollte das verbessern und zugleich ohne Modalitäten auskommen. Dazu schlug er seine *Differenzbedingung* („difference condition") vor.

> (DC) „to explain why P rather than Q we must cite a causal difference between P and not-Q, consisting of a cause of P and the absence of a corresponding event in the history of not-Q" (Lipton 1991: 43).

Mit (DC) scheint Lipton nicht mehr auf kontrafaktische Ereignisse Q angewiesen zu sein, weil er sich stattdessen auf nicht-Q bezieht, und er kann damit die beiden zuletzt genannten Problemfälle lösen. Im letzten Beispiel wäre ein *entsprechendes* (*korrespondierendes*) Ereignis Franzens-Mitglied-der-Geschäftsführung-Sein. Da das vorliegt, können wir nicht Toms-Mitglied-der-Geschäftsführung-Sein als die relevante Differenz ansehen. Im ersten Fall ist wiederum das zu Tom-ist-Geschäftsführer korrespondierende Ereignis Franz-ist-Geschäftsführer, das eben gerade nicht der Fall ist, so dass wir eine relevante Differenz gefunden haben (vgl. Bird 2005).

Leider hat Liptons Vorschlag (1991: 44) einige Schwächen, angefangen bei der schwierigen Frage, was jeweils *korrespondierende* Ereignisse sind („Roughly speaking, a corresponding event is something that would bear the same relation to Q as the cause of P bears to P") oder inwiefern nicht-Q überhaupt als Ereignis aufgefasst werden kann, dessen Vorgeschichte wir sinnvoll untersuchen können. Aber besonders für *inkompatible Kontraste* (in denen P und Q nicht beide zugleich

II.7 Zur Pragmatik des Erklärens

auftreten können), die Lipton selbst diskutiert, werden die Schwierigkeiten deutlich.

(4) Warum ging Tom ins Theater und nicht ins Kino?

Da Tom nicht beides zugleich tun kann, handelt es sich um einen inkompatiblen Kontrast. Das Problem ist hierbei, dass alle Ereignisse in der Vorgeschichte von P ebenfalls Ereignisse in der Vorgeschichte von nicht-Q sind. Wo ist also die gesuchte Differenz? Hier bringt Lipton wiederum die korrespondierenden Ereignisse ins Spiel. Wir können seine Erläuterung etwa so verstehen:

(KOR) E korrespondiert mit E', wenn E' in derselben Beziehung zu Q steht wie E zu P.

Da allerdings Q nicht aufgetreten ist, gerät Lipton nun doch wieder in die Verlegenheit, sich auf Modalitäten stützen zu müssen. Genauer müsste er sagen, dass E' in derselben Beziehung zu Q stünde, wenn Q aufgetreten wäre.

Nehmen wir an, Tom glaubte, dass die Bestuhlung im Theater besonders bequem sei. Wenn ihm das wichtig ist und er nichts Entsprechendes über das Kino glaubt, wäre das eine Erklärung zu (4). Ein korrespondierendes Element wäre nun ein E', das dieselben Auswirkungen auf seine Wahl des Kinos gehabt hätte, hätte er sich für das Kino entschieden. Durch die korrespondierenden Ereignisse bringt Lipton so wieder kontrafaktische Behauptungen ins Spiel. Auch die Vagheit von (KOR) wird deutlich. Ist sein Glaube an eine größere Beinfreiheit im Kino, wenn sie für Tom ebenso wichtig ist, ein korrespondierendes Ereignis? Oder der bessere Service im Kino? Diese und viele weitere Ereignisse können eine ähnliche kausale Rolle für Tom im Kino übernehmen wie die gute Bestuhlung im Falle seines Theaterbesuchs. Übrigens können solche Ereignisse (oder Tatsachen bzw. Eigenschaften) auch zusammen auftreten. Dabei können sie einzeln kausal schwächer sein als die Bequemlichkeit, sie zusammen aber überwiegen. Hier ist noch viel Spielraum für Explikationen und gefährliche Beispiele.

Jedenfalls können wir Liptons Ansatz nun mit Bird (2005: 101) zusammenfassen:

Lipton's account becomes: for E to be the explanation of why P rather than Q, E must be an event in the causal history of P such that had Q occurred, and an event E* stood in the causal relation to Q that E stands in to P, then E* is not to be found in the causal history of not-Q.

Weitere Beispiele von Bird (2005) zeigen, dass wir die Bedingung (DC) etwas aufweichen müssen, weil es manchmal keine entsprechenden Ereignisse E* zu E gibt. Wir müssen dann nur die *Abwesenheit* solcher korrespondierender Ereignisse verlangen. Wir können daher Birds Bedingung wie folgt formulieren:

> **(BDC)** Wir suchen für unsere Erklärungen nach solchen Ereignissen E, für die es in der Vorgeschichte von nicht-Q keine Gegenstücke gibt, wobei die Gegenstücke gerade solche Ereignisse wären, die eine ähnliche kausale Rolle in der Herbeiführung von Q einnehmen könnten, wäre Q eingetreten.

Die ganze Analyse zeigt, wie uns pragmatische Aspekte einer Warum-Frage auf bestimmte kausale Faktoren und damit ganz bestimmte Erklärungen hinweisen können. Allerdings belegt sie auch, wie problematisch kausale Erklärungen sind. Der Slogan „Eine Erklärung eines Ereignisses ist die Angabe seiner Ursache", wird sofort komplexer, wenn wir ihn auszubuchstabieren versuchen.

Bird weist zudem auf eine grundsätzlichere Schwachstelle hin. Manchmal fragt eine kontrastive Warum-Frage (insbesondere in der Wissenschaft) nicht einfach nach einem Unterschied in den Vorgeschichten, sondern nach einem Gesetz.

> **(WG)** Warum reagiert ein Klumpen Lithium heftig, wenn er ins Wasser gegeben wird, aber nicht ein Klumpen Bor?

Hier bestünde die richtige Antwort normalerweise im Hinweis auf bestimmte Gesetze der Chemie. Damit hat der kausale Ansatz erhebliche Schwierigkeiten. Jedenfalls ist der einfache Slogan nicht mehr aufrecht zu erhalten, weil es hier in der Erklärung nicht um einzelne Ereignisse aus der Vorgeschichte geht. Bird vertritt deshalb selbst den *nomischen-Instanzen-Ansatz* (NI-Ansatz), nach dem eine Erklärung die *Instanz* eines Gesetzes ist. Doch dazu später mehr.

Noch ein anderes Problem ergibt sich aus *negativen* oder *gegenwirkenden* Faktoren. Auf (4) könnte die Antwort lauten: Im Kino ist Tom der Ton meist zu laut eingestellt. Dann müsste die (BDC) das so analysieren, dass es in der Vorgeschichte des Theaterbesuchs ein Ereignis E gäbe (hier nämlich: nicht so lauten Ton zu besitzen), der für das Kino fehlt. Das scheint die Zusammenhänge etwas auf den Kopf zu stellen. Wir sollten vielmehr sagen, es gibt für das Kino einen negativen Faktor, der für das Theater völlig fehlt. Humphreys (1989) hat versucht, negative Faktoren für die einfachen kausalen Erklärungen ohne Kontraste zu berücksichtigen (für ihn haben Erklärungen daher die Struktur: weil X, *trotz* Y). (BDC) wäre jedenfalls noch um derartige Möglichkeiten zu ergänzen.

Fazit: Diese kurzen Abstecher in die komplexen Gefilde der pragmatischen Aspekte von Erklärungen mögen an dieser Stelle genügen. Sie stellen sicher wichtige Ergänzungen jeder Theorie der objektiven Erklärungen dar, grundlegender ist aber die Frage, welche Beziehungen

II.7 Zur Pragmatik des Erklärens

überhaupt erklärend sind. Erst daran kann die Frage anknüpfen, welche davon den Fragesteller in einer bestimmten Situation interessieren. Er wird sich im Normalfall nicht mit einer bloß geschickt auf ihn zugeschnittenen Scheinerklärung zufriedengeben, sondern nach einer Erklärung verlangen, die einige tatsächlich relevante Faktoren benennt. Das heißt, die pragmatischen Aspekte des Erklärens können die Frage nach den objektiven Gütekriterien allein nicht erschöpfend beantworten. Sie geben bloß Hinweise darauf, an welchen dieser Faktoren ein Fragesteller interessiert ist und welche für die gestellte Frage nicht von Belang sind.

Die zur Zeit beste Antwort auf diese Frage finden wir in dem Vorschlag von Bird, wonach ein Faktor X dann die beste Erklärung für P statt Q bietet, wenn (1) X das P (mit-) verursacht und (2) in der nächstmöglichen Welt, in der Q stattfindet, es einen korrespondierenden Faktor (oder ein Ereignis) X' gibt, das dort die kausale Rolle für Q übernimmt, die X in der aktuellen Welt für P spielt und (3) X' in der aktuellen Welt nicht vorliegt. Damit hat sich das ursprünglich empiristisch motivierte Unternehmen, die pragmatischen Aspekte des Erklärens besser zu verstehen, selbst zu einer wenig empiristischen Explikation entwickelt. Sie macht wiederum deutlich, welch komplizierte modale Intuitionen in unseren Umgang mit Erklärungen einfließen.

III. Die Metaphysik des Erklärens

Für einige Vertreter des interrogativen Erklärungsansatzes war eine Motivation, die Schwächen des DN-Schemas auszubügeln, ohne sich deswegen gleich in die Gefilde metaphysischer Modellbildung zu begeben. Doch in diesem Punkt waren die pragmatischen Erklärungsansätze kaum erfolgreich (und zu guter Letzt wohl auch nicht so ganz unmetaphysisch, wenn wir an den Gesetzesbegriff und die erforderlichen Kontraste sowie ihre modalen Aspekte denken s. o.). Die wesentlichen Gegenbeispiele wie die der *Erklärungsasymmetrie* bleiben selbst bei der Berücksichtigung pragmatischer Erklärungsaspekte bestehen (vgl. Bartelborth 1996: 320 ff.), und auch die Fälle von *Preemption* lassen sich so nicht beseitigen. Dem DN-Schema fehlt vor allem eine Antwort auf die Frage, wie die Bedingungen im Explanans mit dem Explanandum zusammenhängen. Die bloße Ableitbarkeit gibt darauf keine Antwort. Die Preemption-Beispiele verdeutlichen das in geradezu schmerzhafter Weise. Man könnte fragen: Was ist die tatsächliche (objektive) Relevanz des Explanans für das Explanandum (vgl. Hitchcock 2005)? Vor allem Fälle von irrelevanter Ableitung weisen auf das Problem hin.

Wir kommen an diesen Stellen nicht darum herum, letztlich die *Instantiierung* von Gesetzen bzw. von Eigenschaften oder Relationen zu verlangen, die für einen Empiristen eindeutig als metaphysisch und damit suspekt einzustufen ist. Die Befürchtung der Empiristen, Erklärungen könnten etwas Metaphysisches sein, wird sich somit letztlich bewahrheiten. Es gibt inzwischen aber selbst in der analytischen Philosophie (also eigentlich einer Hüterin der empiristischen Ideen) umfangreiche konstruktive Debatten um diese metaphysischen Bestandteile. Denen kann ich hier nur ein Stück weit nachgehen. Dazu werde ich oft eine einfache (metaphysische) Position skizzieren und zudem einige Hinweise auf weitergehende Debatten geben.

III.1 Naturgesetze, Modalität und Dispositionen

Zunächst bleibt noch eine bessere Explikation des Gesetzesbegriffs zu leisten, die schließlich selbst nicht metaphysikfrei sein wird. Wenn wir unter Gesetzen nicht viel mehr verstehen als eine *Regularität*, so erfüllt sogar die folgende Ableitung das DN-Schema:

III.1 Naturgesetze, Modalität und Dispositionen 43

Gesetz: Alle (Männer), die die Pille nehmen, werden nicht schwanger.
Randbedingung: Franz nahm die Pille.
Also: Franz wurde nicht schwanger.

Eine Ableitung des Explanandums (hier: Franz wurde nicht schwanger.) ist zwar gegeben, aber eben keine Erklärung, sondern es liegt ein typischer Fall von Irrelevanz vor. Die Einnahme der Pille ist für Franz wohl kaum der entscheidende Faktor für das Explanandum. Ein Problem dieser Pseudoerklärung ist, dass das angebliche Gesetz kein echtes Naturgesetz ist, jedenfalls nicht für den Bereich der Männer. Sie werden bekanntlich auch ohne Pille nicht schwanger.

Zu einer Erklärung gehört, dass ganz bestimmte objektive Beziehungen zwischen dem Explanans und dem Explanandum bestehen. Die müssen wir konkret angeben, wenn wir verstehen wollen, was eine Erklärung ausmacht. Vertreter eines Kausalitätsansatzes würden etwa verlangen, dass wir genauer charakterisieren, wie die Bedingungen im Explanans das Explanandum (kausal) *hervorgebracht* haben. Demnach müssen wir im Explanans die tatsächlichen Ursachen für das Ereignis im Explanandum angeben. Das ist in unserem Beispiel offensichtlich nicht geschehen.

Oder wir müssen verlangen, dass die im Explanans genannten Bedingungen einen wesentlichen Unterschied für das Auftreten des Explanandums darstellen, der sich etwa in einer *kontrafaktischen Abhängigkeit* zwischen Explanans und Explanandum äußert. Die Pille wäre somit nur dann zu Erklärungszwecken geeignet, wenn ihr Weglassen tatsächlich zu einer Schwangerschaft *hätte führen können*. Die Beziehung der kontrafaktischen Abhängigkeit scheint in vielen Ansätzen (von kausalen über die interrogativen bis zu den naturgesetzlichen) ein zentrales Element darzustellen. Außerdem erscheint uns diese Beziehung intuitiv als eine Mindestanforderung dafür, dass das Explanans relevant für das Explanandum ist.

Solche modalen Zusammenhänge und kontrafaktischen Behauptungen sind allerdings schon nicht mehr direkt durch Beobachtungen zu entscheiden. Der Empirist Quine äußerte sogar Zweifel, ob sie überhaupt *wahrheitswertfähig* sind, und weiß das mit einem simplen Beispiel zu untermauern. Welcher von den folgenden beiden Sätzen hätte denn eher Anspruch darauf, wahr zu sein?

1) Wenn Bizet und Verdi Landsleute gewesen waren, dann waren sie Franzosen gewesen.
2) Wenn Bizet und Verdi Landsleute gewesen wären, dann wären sie Italiener gewesen.

Dabei scheint es sich nicht um eine Tatsachenfrage zu handeln, wodurch solche irrealen Konditionalsätze weiter ins Zwielicht geraten. Doch wenn wir unser Erklärungskonzept aufhellen wollen, müssen wir auch seine metaphysischen Bestandteile in den Blick nehmen. Für die Wahrheit der in Erklärungen auftretenden kontrafaktischen Abhängigkeiten können wir anhand zugrunde liegender *Dispositionen* (bzw. *nomischer Muster*) argumentieren, die im Falle von (1) und (2) in Quines Beispiel eben nicht vorliegen. Es gibt hier keinen gesetzesartigen Zusammenhang, der festlegt, ob die beiden Musiker eher Franzosen oder Italiener gewesen wären. Wir werden auf die komplexe Logik der kontrafaktischen Konditionale im Zusammenhang mit den kausalen Erklärungen genauer eingehen.

Nun möchte ich damit beginnen, unsere intuitive Konzeption von Erklärung recht allgemein, aber noch in Anknüpfung an Hempel und die eben angeführten Zusammenhänge, zu beschreiben und dabei speziell unsere metaphysischen Verpflichtungen aufdecken. Ein großer Teil der bisherigen Erklärungsdebatte wurde dadurch geprägt (oder sogar behindert), dass man versuchte, sich mit empiristischen Tricks um diese Verpflichtungen zu drücken. Das hat zu dem hartnäckigen Festhalten an dem DN-Schema geführt, obwohl es von Anfang an klar erkennbare Defizite aufwies.

Wie erklären wir ein Ereignis E? Wir zeigen, wie sich das Verhalten der beteiligten Objekte oder eines Systems aus ihren grundlegenden Eigenschaften unter den gegebenen Umständen ergibt. Zu den grundlegenden Eigenschaften gehören typischerweise nicht die kurzfristigen relationalen Eigenschaften (wie: dass ich gerade neben Franz stehe), sondern eher die Eigenschaften, die intrinsisch für die Objekte oder das System sind und die eine gewisse Stabilität gegenüber Veränderungen der Umwelt aufweisen; man könnte sagen: die Eigenschaften, die einen gesetzesartigen Charakter haben (ich spreche lieber von *nomischen Mustern* im Zusammenhang mit diesen Eigenschaften, doch dazu später mehr). Ein Beispiel für ein solches System wäre das Sonnensystem mit seinen Planeten, der Sonne, Monden und Asteroiden, das regiert wird von der Gravitationskraft. Sie sorgt dafür, dass die Körper auf ganz bestimmten Bahnen um die Sonne laufen. Auf diese Gravitationskraft würden wir uns typischerweise in Erklärungen der speziellen Bahnen der Planeten stützen.

Eine Erklärung von E zeigt demnach auf, dass das Auftreten von E eine *Instanz* eines stabilen (meist kausalen) *nomischen Musters* (Gesetz oder Generalisierung) ist, dessen Randbedingungen im vorliegenden Fall erfüllt sind, und das bei Vorliegen dieser Randbedingungen E „hervorbringt". Wenn wir erklären möchten, warum ein bestimmtes Teilchen e' von einem anderen Teilchen e wegbeschleunigt wird, so können wir uns etwa darauf beziehen, dass beide Teilchen (etwa Elektronen) eine negative Ladung besitzen und diese wiederum die Disposition aufweist, andere negative Ladungen abzustoßen.

III.1 Naturgesetze, Modalität und Dispositionen

Das ist der einfache Fall. E kann aber auch erklärt werden durch einen Komplex solcher stabilen Muster, die zusammen beschreiben, wie es zu E kam. Hier kann man etwa von komplexeren *kausalen Mechanismen* sprechen. Die Muster (oder gesetzesartigen Generalisierungen) beschreiben im Normalfall genuine (dispositionale) Eigenschaften bestimmter Objekte oder Systeme. Zu den intrinsischen Eigenschaften von Glas gehört seine Zerbrechlichkeit. Mit ihrer Hilfe können wir erklären, wieso es zerbrochen ist, als es von einem schweren Stein getroffen wurde. Genuine Eigenschaften eines Objekts oder Systems sind entweder grundlegende physikalische Eigenschaften dieser Systeme oder supervenieren darauf. Die Zerbrechlichkeit des Glases beruht z. B. auf den Eigenschaften der enthaltenen Moleküle in einer speziellen Kristallgitterstruktur.

Die geforderte Stabilität des Musters lässt sich am besten durch die von Woodward (2003) und anderen charakterisierte *Invarianz* dieser Muster gegenüber sogenannten *Interventionen* beschreiben. Die *Erklärungsstärke* bemisst sich dabei an der vereinheitlichenden Kraft der eingesetzten Muster. Je stabiler und invarianter sie sind, umso besser ist die Erklärung. Die Idee ist dabei, dass die Erklärung sich auf eine grundlegendere Disposition stützt, wenn diese stabiler ist; eine, die in unserer Welt mehr Phänomenen zugrunde liegt (s. Kap. VI). Im besten Fall, in dem wir es mit einem Muster zu tun haben, das unter allen Änderungen stabil bleibt, das demnach keine Ausnahmen aufweist, liegt ein Naturgesetz im klassischen Sinne vor. Die Stabilität wird mit Hilfe spezieller kontrafaktischer Veränderungen beschrieben, aber besonders wichtig sind dabei vor allem die, die in *unserer* Welt *möglich* sind.

Im Rahmen der semantischen Auffassung von Theorien lässt sich diese Idee formal präzisieren, und statt von Instanzen spreche ich dort von *Einbettungen* und der *Einbettungstheorie der Erklärung* (vgl. Bartelborth 2002b). Je vereinheitlichender und gehaltreicher diese Einbettung ist, desto besser ist die Erklärung. Allerdings wird dadurch der metaphysische Aspekt des Instanzseins noch nicht abgedeckt.

Überhaupt sind alle empiristischen Versuche, die materiale Redeweise zu vermeiden und ganz durch eine (logische) Analyse der Wissenschaftssprache und der logischen Zusammenhänge zwischen Explanansaussagen und Explanandumsatz zu ersetzen, meines Erachtens gescheitert. Zunächst sollten wir unsere intuitiven Vorstellungen vom Erklären genauer verstehen. Dann lässt sich besser erkennen, welche dieser Vorstellungen nun mit Hilfe formaler Hilfsmittel zu präzisieren sind. Für mich ist es vor allem die genannte Erklärungsstärke. Das Wesen des Erklärens liegt in dem *Zurückführen* auf die zugrunde liegenden Eigenschaften (etwa im kausalen Sinn oder dem der Instanzen), doch wenn wir die Erklärungsstärken zweier Erklärungen miteinander vergleichen wollen, sind wir auf weitergehende Präzisierungen angewiesen, ähnlich wie sie die Empiristen unternommen haben. Man muss sich nur darüber im Klaren sein, dass Letzteres nicht die ganze Geschichte des Erklärens ist.

Doch bevor ich die einzelnen Bestimmungsstücke dieser Idee weiter ausführe, möchte ich die Idee an einem Beispiel (von Reichenbach) erläutern.

(1) Es gibt keinen stabilen Goldklumpen von 1000 kg.
(2) Es gibt keinen stabilen Klumpen Uran-235 von 1000 kg.

Die Aussage (1) formuliert eine kontingenterweise (vermutlich) wahre Behauptung, die aber nicht zu Erklärungszwecken herangezogen werden kann und die auch keine interessanten kontrafaktischen Konsequenzen abzuleiten gestattet. Wir können also nicht anhand von (1) erklären oder vorhersagen, warum ein bestimmter Klumpen Gold ein geringeres Gewicht als 1000 kg haben wird. Wir können ebenso wenig schließen, dass ein großer Klumpen Metall, den wir zusammensetzen, sobald er mehr wiegen würde als 1000 kg, kein Gold mehr sein kann. Es ist keine spezielle Eigenschaft des Goldes, die (1) wahr macht, sondern nur die *Eigenschaft von Menschen*, dass sie bisher keinen guten Grund hatten, einen solchen Klumpen herzustellen.

Das ist ganz anders im zweiten Fall. Uran-235 hat eine kritische Masse von ca. 50 kg. Größere Klumpen dieses Uran-Isotopes sind nicht stabil, sondern enden sofort in einer Kettenreaktion. Insofern hat (2) eine gewisse Erklärungskraft, weil es eine stabile Generalisierung darstellt, hinter der eine intrinsische Eigenschaft der beschriebenen Objekte steht. Sie kann auch auf gewisse kontrafaktische Fragen antworten. Das ist ein wichtiges Indiz für das Vorliegen einer Erklärung anhand eines nomischen Musters.

Wenn jemand also fragt, was passieren würde, wenn wir versuchen würden, einen 1200 kg schweren Uran-235 Klumpen zu erzeugen, so ist die Antwort (2), dass es solche Klumpen für Uran-235 nicht geben kann, eine erste hilfreiche Einsicht. Allerdings noch keine sehr tiefschürfende. Wir erfahren ja z. B. nichts über den zugrunde liegenden Mechanismus, der das verhindert. Erst die Theorien über die spontane und die induzierte Kernspaltung erklären tiefer, was zu der Gültigkeit von (2) führt, und erklären daneben präziser, warum es uns nicht gelungen ist, einen 1200 kg Klumpen Uran-235 zu erzeugen. Die exakten Ausführungen geben an, ab welcher Masse wir Schwierigkeiten haben werden, einen entsprechenden Klumpen zu erzeugen, nämlich bei den genannten 50 kg.

Uran-235 Atome haben eine sehr geringe spontane Zerfallsquote, so dass geringere Mengen davon stabil wirken; durch den Tunneleffekt tritt der Zerfall jedoch gelegentlich auf und wird quantitativ durch die Halbwertszeit des Urans beschrieben. Die dabei freigesetzten Neu-

III.1 Naturgesetze, Modalität und Dispositionen

tronen können nun wiederum zu Kernspaltungen führen, die bei geeigneten Bedingungen (geeigneter Form und überkritischer Masse) in einer Kettenreaktion münden können. Das alles wird durch die Quantenmechanik präzisiert und erlaubt sogar quantitative Vorhersagen nicht nur für Uran-235, sondern ebenso für die anderen Uran-Isotope und viele andere Stoffe. Erst durch diese Theorien und die sich darauf stützenden Modelle des Atoms erhalten wir eine hohe Vereinheitlichungskraft und eine Vielzahl von informativen Vorhersagen und Erklärungen, die weit über (2) hinausgehen.

Das Beispiel gibt uns wichtige Hinweise, was eine zufällig wahre Regularität (1) von einer nomischen (gesetzesartigen) Regularität (2) unterscheidet. Die nomische Regularität bezieht sich auf (beschreibt eine) grundlegende intrinsische Eigenschaft oder ein Vermögen der Gegenstände (bzw. Systeme), deren Verhalten wir erklären möchten – meist eine Disposition.

Eine solche Disposition ist etwa die *schwere Masse* eines Körpers, die dadurch gekennzeichnet ist, dass andere Körper mit einer bestimmten Kraft angezogen werden, wenn sie sich in einem bestimmten Abstand aufhalten. Während die träge Masse dadurch gekennzeichnet ist, dass sich der Körper in einem bestimmten Ausmaß einer Beschleunigung durch einwirkende Kräfte widersetzt. Wir kennen alle viele Beispiele dafür, wie wir Erklärungen auf diese Eigenschaften stützen können.

Da solche dispositionalen Eigenschaften üblicherweise eine Wenn-dann-Struktur aufweisen oder zumindest in geeigneten Situationen entsprechende kontrafaktische Konditionale implizieren, sind sie die idealen Wahrmacher für Gesetzesaussagen. Handelt es sich dabei zudem um *wesentliche* kausale Eigenschaften bestimmter Objekte wie in unserem Beispiel, so erklärt das darüber hinaus, wieso wir Gesetze als notwendige Zusammenhänge ansehen, aus denen sich kontrafaktische Konditionale ableiten lassen (vgl. Bird 2001, 2002). Es verdeutlicht wiederum den Unterschied zwischen kontingenten und nomischen Regularitäten.

Dispositionale Eigenschaften D (wie elastisch zu sein) können in erster Näherung mit Hilfe eines kontrafaktischen Konditionals beschrieben werden (hier wiedergegeben durch „$\Box\rightarrow$"), das ihre Auslösebedingung (Stimulus) und ihre Manifestation beschreibt:

(DE) $Dx \leftrightarrow (Sx \;\Box\rightarrow\; Mx)$

Das besagt: Ein x hat die Eigenschaft D (elastisch zu sein) genau dann, wenn gilt: Wenn x der Auslösebedingung S ausgesetzt würde (einem Zug), so würde die Manifestation M an x auftreten (x sich ausdehnen). Wenn also ein Objekt die Eigenschaft D hat, so wissen wir, dass dafür die nomische Regularität $\forall x\,(Sx \rightarrow Mx)$ gilt. Ist D eine *wesentliche* Eigenschaft von Objekten eines bestimmten Typs K, so ist sogar ableitbar, dass die Regularität mit Notwendigkeit für Objekte vom Typ K gilt.

Ein Problem stellen nun *probabilistische Gesetze* und die *Überlagerung von Effekten* dar. Sie ergeben keine schönen nomischen Regularitäten mehr, sondern nur noch einigermaßen invariante Generalisierungen. Das Problem haben wir schon angesprochen.

Diese Auffassung der ontologischen Grundlagen der Erklärung zeigt überdies, welche metaphysischen Annahmen wir mit einer Erklärung verbinden: Objekte eines bestimmten Typs – nämlich einer natürlichen Art wie z. B. Kochsalz – haben wesentliche Eigenschaften mit einer konditionalen Struktur, die ihre kausalen Kräfte bzw. Dispositionen darstellen (vgl. Bird 2001, 2005a). Bestimmte Eigenschaften oder Ereignisse dieser Objekte lassen sich dann auf die kausalen Dispositionen zurückführen und so erklären: Das Objekt hat sich in Wasser aufgelöst, weil es Kochsalz ist, und das ist wasserlöslich. Ziel der Wissenschaft ist es, diese grundlegenden Eigenschaften zu ermitteln. Sie wird also weiter klären, warum und wie bestimmte Salze (nämlich die mit polaren Molekülen) sich gut in Wasser lösen, quantitative Aussagen dazu aufstellen, wie schnell das vor sich geht, und weitere Einflussfaktoren (wie die Temperatur) ermitteln. Doch die schönen Funktionalgleichungen, die wir durch statistische Auswertungen erhalten können, sollten nicht darüber hinwegtäuschen, dass wir für eine objektive Erklärung auf die genannten grundlegenden Zusammenhänge, nämlich genuine Eigenschaften der Systeme, angewiesen sind. Das macht gerade den Unterschied aus zwischen einer Gleichung, die reale Ursachen beschreibt, und einer, die bloß zufällige Korrelationen darstellt (vgl. Woodward 2003: Kap. 7). Nur die ersteren erklären und sind für Eingriffe in die Natur zu gebrauchen.

Ein berühmtes Beispiel für die praktische Bedeutung dieser Unterscheidung finden wir in der sogenannten *Phillips-Kurve*, benannt nach dem gleichnamigen englischen Statistiker und Ökonomen in den 50ziger Jahren des letzten Jahrhunderts. Sie wurde lange Zeit für eine Darstellung genuiner Eigenschaften von bestimmten Volkswirtschaften gehalten, die also kausale Zusammenhänge innerhalb von Volkswirtschaften beschreibt und besagt, dass es einen engen (ungefähr umgekehrt proportionalen) kausalen Zusammenhang zwischen Lohnniveau und Beschäftigungsgrad gibt. Da das Lohnniveau wiederum eng mit der Inflation zusammenhängt, glaubte man damit über ein Instrument zur Senkung der Arbeitslosigkeit zu verfügen. Maßnahmen, die zu einer höheren Inflation führen (wie eine bestimmte Geldmarktpolitik), senken demnach die Arbeitslosigkeit. Diese Idee finden wir bis heute immer wieder in der Politik. Berühmt ist dazu der Ausspruch des früheren Bundeskanzlers Helmut Schmidt, ihm seien fünf Prozent Inflation lieber als fünf Prozent Arbeitslosigkeit. Leider deuteten spätere

III.1 Naturgesetze, Modalität und Dispositionen

Daten (vgl. Freedman et al. 1998: 153 u. A59) darauf hin, dass es sich nur um eine zeitweilige Korrelation handelt, der kein entsprechender kausaler Zusammenhang zugrunde liegt. Insbesondere scheint sie nicht invariant gegenüber Eingriffen der Politik zu sein.

Von unseren metaphysischen Annahmen hängt in diesem Fall ab, welche politischen Maßnahmen wir für sinnvoll halten. Glauben wir, dass die Phillips-Kurve nur eine zufällige Korrelation darstellt, gibt es keinen Grund, höhere Inflationsraten zuzulassen. Denken wir hingegen, dass tatsächlich eine entsprechende stabile Disposition von marktwirtschaftlich organisierten Volkswirtschaften dahinter steckt, würde sich damit ein Hebel gegen die Arbeitslosigkeit anbieten. Die metaphysischen Grundlagen, die hinter unseren Theorien stehen, sind also keineswegs nur von akademischem Interesse. Sie entscheiden vielmehr, ob wir mit den Theorien etwas anfangen können, nämlich in unsere Welt eingreifen und Geschehnisse tatsächlich erklären können, oder ob sie nur eventuell witzige, aber eigentlich belanglose Zahlenzusammenhänge darstellen (wo wir vielleicht spannendere in der Kabbala finden würden).

Empiristische Widerstände: Diese klassische Ansicht, wonach eine Erklärung letztlich auf die Dispositionen oder „Vermögen" bestimmter Objekte zurückzuführen ist, deren Vorläufer sich schon bei Aristoteles in seiner Metaphysik finden, stellt eine ontologische Annahme dar, die wir per Schluss auf die beste Erklärung wagen, und gehört für einen Empiristen sicher in die unerwünschte Metaphysik. Den Empiristen waren Erklärungen und Naturgesetze deshalb lange suspekt. Das sollten wir uns ins Gedächtnis rufen, wenn wir verstehen möchten, wieso dieser Weg von der DN-Konzeption zu einer umfassenden Erklärungstheorie, obwohl er sich an der Praxis der Wissenschaften orientiert, solche Widerstände hervorruft.

Erinnern wir uns an Carnaps Darstellung (s. o.):

> Im 19. Jahrhundert vertraten einige deutsche Physiker, z. B. Gustav Kirchhoff und Ernst Mach, die Meinung, dass die Naturwissenschaft nicht „Warum?" fragen sollte, sondern „Wie?". Damit meinten sie, dass die Wissenschaft nicht nach einem unbekannten metaphysischen Agens Ausschau halten, sondern die Ereignisse mit Hilfe von Gesetzen beschreiben sollte. (Carnap 1968, Teil I.1)

Erst als die Logischen Empiristen wie Carnap und Hempel ausführten, dass Erklärungen eine einfache Sache der Herleitung des Explanandums unter Einsatz von Gesetzen sind, und diese sich allein durch ihre logische Form charakterisieren lässt und damit metaphysisch unverdächtig ist, konnten die Erklärungen rehabilitiert werden (Carnap: 1968, Teil I.1).

Das allgemeine Schema für Erklärungen kann nun folgendermaßen geschrieben werden
1. $\forall x\, (Px \rightarrow Qx)$
2. Pa
3. Qa

Die erste Aussage ist ein Universalgesetz, das für jeden Gegenstand gilt. Die zweite Aussage besagt, dass ein bestimmter Gegenstand a die Eigenschaft P hat. Aus diesen beiden Aussagen können wir logisch die dritte Aussage ableiten: der Gegenstand a hat die Eigenschaft Q (Carnap 1968). So gelangen wir schließlich zu unserem DN-Schema.

Carnap macht uns einmal mehr deutlich, was mit dieser Analyse bezweckt wird:

> Wenn wir daran festhalten, dass für die Erklärung einer gegebenen Tatsache der Gebrauch eines wissenschaftlichen Gesetzes wesentlich ist, so wollen wir insbesondere ausschließen, dass man erst ein metaphysisches Agens finden müsste, bevor man eine Tatsache adäquat erklären kann. Im vorwissenschaftlichen Zeitalter gab man natürlich solche Erklärungen. Damals dachte man, dass die Welt von Geistern und Dämonen bewohnt sei, die man zwar nicht direkt beobachten könne, die aber so *handeln*, dass der Regen fällt, der Fluss fließt und der Blitz einschlägt. (Carnap 1968)

Beim DN-Schema können nur noch die (Natur-) Gesetze den Verdacht der Metaphysik erwecken, denn der Name erinnert schließlich daran, dass solche Gesetze für unsere Welt eigentlich von Gott erlassen werden müssten, aber Carnap macht im Rahmen einer Regularitätenanalyse klar, dass sie harmlos sind:

> Wenn man beobachtet, dass eine gewisse Regelmäßigkeit ausnahmslos zu allen Zeiten und an allen Orten gilt, dann kann man sie in der Form eines „Universalgesetzes" ausdrücken. (Carnap 1968)

Doch ein solches empiristisches Vorgehen, das nur auf Regularitäten setzt und somit an der Oberfläche verbleibt, kann den Sinn von Gesetzen und Erklärungen nicht tatsächlich einfangen, das zeigten unsere Überlegungen bereits.

Beispiel Wahrscheinlichkeit: Das gilt auch für andere im Rahmen der Erklärensdebatte eingesetzte Grundbegriffe wie den der *Wahrscheinlichkeit*. Wir hatten bereits gesehen, dass für statistisches Erklären ein Faktor die Wahrscheinlichkeit für das Auftreten eines anderen erhöhen sollte. Doch was ist dabei mit „Wahrscheinlichkeit" gemeint? Empiristen möchten sich natürlich an dieser Stelle wieder nicht auf ein „metaphysisches Agens" wie eine *Propensität* berufen, sondern Wahrscheinlichkeiten ganz auf relative Häufigkeiten zurückführen. Wir suchen jedoch nach den *Eigenschaften* der Objekte oder Systeme, die die Häufigkeit des Auftretens des zweiten Faktors erhöhen. Auch die Debatte

III.1 Naturgesetze, Modalität und Dispositionen

um Wahrscheinlichkeiten belegt wieder, dass wir diese Eigenschaften nicht aus unserer Analyse ausblenden können.

Das Problem haben die Kritiker der Empiristen schon bald erkannt. Für seine *Propensitätenanalyse von Wahrscheinlichkeiten* und gegen empiristische Analysen wie die von Richard von Mises, der den Wahrscheinlichkeitsbegriff anhand von relativen Häufigkeiten (durch die von Miseschen Kollektive) verstehen wollte, hat schon Popper ein einfaches Beispiel entwickelt.[4] Das Beispiel wurde von Humphreys (1989: § 18) weiter ausgebaut: Denken wir uns zunächst eine Reihe R von Münzwürfen mit zwei Münzen M1 (fair) und M2 (unfair, es sei die Wahrscheinlichkeit für Kopf 1/3). Zunächst bestehe R nur aus unendlich vielen Würfen mit M1 und nur einem Wurf mit M2. Die relative Häufigkeit für Kopf in dieser Folge ist 1/2. Trotzdem würden wir das nicht auf den Wurf mit M2 übertragen wollen. Warum nicht?

Wahrscheinlichkeiten sind nicht einfach relative Häufigkeiten in beliebigen Folgen, sondern nur solche in Folgen, in denen *dasselbe Experiment* mit denselben relevanten kausalen Randbedingungen wiederholt wird. Das ist hier offensichtlich nicht der Fall. Es sind die erzeugenden Systeme für die Folgen, die wir betrachten müssen. (Zur Ehrenrettung sei gesagt: Bei von Mises und bei Kolmogorov finden sich bereits explizite, wenn auch dezente Hinweise darauf.) Doch hier droht nun wieder Metaphysik einzufließen, wenn von dem Konstanthalten der relevanten kausalen Faktoren oder den zugrunde liegenden Verwirklichungstendenzen die Rede ist. Es kommt aber noch schlimmer. Humphreys (1989: § 18) hat ein Gedankenexperiment vorgeschlagen, das den Punkt weiter verdeutlicht. Nehmen wir an, wir wiederholen ein bestimmtes Experiment im Hinblick auf ein Merkmal M unendlich oft. Nun unterscheiden wir zwei Fälle:

1. Alle kausal relevanten Faktoren $X_1,..., X_n$ für M werden konstant gehalten. Die resultierende Folge erfüllt alle Anforderungen an eine echte Zufallsfolge und weist die relative Häufigkeit p für M auf.
2. Alle kausal relevanten Faktoren $X_1,..., X_n$ für M werden mit Hilfe eines perfekten Zufallsgenerators für jedes Experiment neu ausgewählt, und auch die neue Folge erfülle alle Anforderungen an eine echte Zufallsfolge und weise dieselbe relative Häufigkeit p für M auf.

Die Frage ist nun: Ist es sinnvoll, dem Merkmal M in einem der einzelnen Experimente die Wahrscheinlichkeit p zuzuordnen? Hier scheint es einen klaren Unterschied zwischen den beiden Fällen zu geben, obwohl die beobachtbaren relativen Häufigkeiten sich als gleich erweisen. Im ersten Fall erscheint die Übertragung auf den Einzelfall sinnvoll und im zweiten nicht. (Man bedenke hier, dass wir für Erklärungen, die sich oft auf Einzelfälle beziehen, auf Einzelfallwahrscheinlichkeiten auch tatsächlich angewiesen sind.) Den Zugang zu solchen Aussagen finden wir jedoch nur, wenn wir substantielle Hypothesen über die erzeugenden Systeme und deren kausale Struktur anstellen. Auf der Oberfläche der relativen Häufigkeiten können wir dafür nicht verbleiben (vgl. Kap. III.4).

Empiristen, die uns das vorschreiben wollen, begeben sich damit der Möglichkeit, Hypothesen über den Ursprung der Beobachtungen anzustellen und damit auch der Möglichkeit, die richtigen Erklärungen von falschen zu unterscheiden, wie in Humphreys Beispiel, bei dem im ersten Fall der Grenzwert der relativen Häufigkeiten durch eine intrinische Eigenschaft des Systems erklärt werden kann, im zweiten Fall dagegen nicht. Im zweiten Fall beruht er auf Eigenschaften des Zufallsgenerators außerhalb des Systems. Unsere Redeweise, dass Erklärungen aufzeigen, dass das Explanandum eine Instanz eines stabilen Musters in unserer Welt ist, ließe sich für einen Empiristen jedenfalls nicht aufrechterhalten, weil die relevanten Muster oder Eigenschaften oft nicht direkt beobachtbar sind. Meine Ontologie von Erklärungen ist in diesem Punkt also eindeutig nicht-empiristisch. Ähnliche Redeweisen finden sich heute vielfach in der Wissenschaftstheorie, so z. B. bei Nancy Cartwright (1989), wenn sie von „capacities" spricht.

Fazit: Um ein Ereignis X zu erklären, müssen wir aufzeigen, dass es eine Instanz eines nomischen Musters ist. Ein solches Muster bzw. eine nomische Generalisierung ist dadurch gekennzeichnet, dass es eine gewisse Stabilität (Invarianz) aufweist. Die ist nicht zufällig gegeben, sondern folgt daraus, dass das Muster eine genuine Eigenschaft dispositionaler Art beschreibt (eines Objekts, aber ebenso eines Systems). Die Invarianz ist ein wichtiger Hinweis darauf, wie grundlegend (vereinheitlichend) das Muster ist und damit darauf, wie gut es erklärt. Dabei ist eine Instanz oder Exemplifizierung mehr als eine Deduktion aus einem Gesetz. Sie besagt, dass das Gesetz hier tatsächlich „wirksam" war. Das kann kausal gemeint sein, aber auch allgemeinerer Art sein. An beiden wichtigen Stellen hat hier eine Abkehr vom DN-Schema stattgefunden. Statt von Gesetzen ist hier von nomischen Mustern die Rede. Die sind zunächst schwächer als Gesetze, was deren Ausnahmslosigkeit und Regularität angeht, andererseits stärker, weil sie direkt mit bestimmten irrealen Konditionalsätzen in Verbindung stehen. Statt der Deduktion wird auch eine eher metaphysisch zu nennende Beziehung verlangt, nämlich die der *Instantiierung*.

III.2 Dispositionen

Einige grundlegende Begriffe dieser Analyse und ihre Zusammenhänge möchte ich wenigstens noch etwas weiter aufklären. Es gibt eine lange Debatte über Dispositionen, die wir hier nicht umfassend nachvollziehen, geschweige denn weiter voran treiben können. Aber wir können uns kurz mit einigen zentralen Fragen der Debatte beschäftigen: Was sind Dispositionen? Sind wir darauf angewiesen oder lassen sie sich auf kategorische Eigenschaften reduzieren? Wie hängen sie mit Naturgesetzen zusammen? Erklärt das den Unterschied von Gesetzen und akzidentellen Aussagen? Können wir den notwendigen Charakter der Gesetze so verstehen?

Ian Thompson (1988) schreibt dazu:

> It is a common belief that modern science does away with those obscure notions of „disposition" and „potentiality", in favour of an analysis of the component structure of the things concerned, and their functional relationships. Science, it is often said, cannot long accept an explanation of an object breaking in terms of just its „fragility", or of an plant seeking light in terms of just its „phototropism". Dispositions, so popular opinion has it, are regarded by the scientist as merely a sign that he has to work harder, to find the underlying structural forms and their relations. Talk of „dispositions", „powers", and „capacities" is somehow not seen as sufficiently *definite* for a hard-nosed scientific explanation. There seems to be something intrinsically unsatisfactory and vague about a property that *may or may not* operate, and in particular it seems uncertain how to describe them rigorously and mathematically.

Nach dieser schönen Darstellung der modernen ablehnenden Haltung zu Dispositionen erläutert er ausführlicher, wieso wir trotzdem heute nicht umhin kommen, Dispositionen zu bemühen, wenn wir auf die Physik schauen, sowohl auf die klassische wie auf die Quantenphysik (vgl. Thompson 1993).

Grundlegende Ontologie: Bevor ich näher auf die Dispositionen eingehe, möchte ich das hier vorausgesetzte relativ einfache Verständnis von Dingen und Eigenschaften skizzieren. Wir unterscheiden gewöhnlich grundsätzlich zwischen Einzeldingen und Eigenschaften. Dabei werden die Eigenschaften meist als Universalien aufgefasst, d. h., sie sind von der Art, dass ein und dieselbe Eigenschaft unterschiedlichen Dingen zukommen kann. Dasselbe Rot kann in zwei unterschiedlichen Kirschen instantiiert oder exemplifiziert sein. Wir können die Eigenschaft Rot daher nicht raumzeitlich identifizieren. Sie ist nicht an einer bestimmten Stelle (das sind nur ihre Instanzen), sondern sie selbst ist eher ein abstrakter Gegenstand, im Unterschied zu einzelnen Objekten, die jeweils an einem ganz bestimmten Ort zu finden sind und keine weiteren Instantiierungen aufweisen.

Diese einfache Ontologie war allerdings immer umstritten. Im Universalienstreit ging es darum, ob es *Universalien* überhaupt gibt und nicht doch nur Einzeldinge. Die Eigenschaft Rot der einen Kirsche wäre dann eine andere als die der anderen Kirsche und beide Male handelte es sich dann um Einzeldinge. Eigenschaften so verstanden werden heute gerne als sogenannte Tropen (engl. „tropes") rekonstruiert. Diese Konzeption hat dann allerdings zu erklären, was man damit meint, dass die beiden Kirschen dieselbe bzw. eine ähnliche Farbe hätten. Wie versteht man, dass sich die beiden Kirschen in puncto Farbe gleichen? Die Auffassung von Eigenschaften als Universalien kommt unserem Alltagsverständnis der Welt in diesem Punkt mehr entgegen und kann einige Phänomene wie die Ähnlichkeiten und Zusammenhänge zwischen den Einzeldingen gut erklären.

Zu den Eigenschaften werden üblicherweise die Relationen gezählt, die Eigenschaften des Zusammenhangs von unterschiedlichen Dingen darstellen. Außerdem können Eigenschaften intrinsisch sein oder auch nicht. Intrinsische Eigenschaften kommen den Dingen allein zu und sind nicht abhängig von den Eigenschaften anderer Objekte. Viele Eigenschaften sind dispositionaler Natur, d. h., sie stellen ein Vermögen der Objekte dar, auf bestimmte Reize in besonderer Wesie zu reagieren.

Aber auch wenn wir uns den *Einzeldingen* zuwenden, stoßen wir auf Probleme, ein einfaches Modell zu erstellen. Einzeldinge sind typischerweise konkret, partikulär und veränderlich, in Raum und Zeit angesiedelt, existieren kontingenterweise. Doch wie schaffen sie es, bestimmte Eigenschaften aufzuweisen, die wiederum anderen Dingen zukommen? Eine Erklärung ist, dass sie nichts anderes sind als Bündel solcher instantiierten Eigenschaften. Sonst (etwa im Haecceitismus) wären wir gezwungen zu behaupten, sie besäßen darüber hinaus ein Substrat (oder eine Substanz), das als Träger der Eigenschaften für ihre Identität grundlegender ist als ihre Eigenschaften. In allen Eigenschaften mögen dann Änderungen stattfinden und trotzdem bleibt etwas dasselbe Ding. Das ist eine durchaus nachvollziehbare Position, aber ich möchte hier keine spezielle ontologische Konzeption von Einzeldingen und ihrer Struktur vertreten. Sie werden hier schlicht als grundlegende ontologische Entitäten mit den genannten Eigenschaften betrachtet.

Schwierig wird es auch für die oft erwähnten *Ereignisse*. Wir können auch sie als grundlegende Entitäten ohne innere Struktur betrachten, die ihre Identität schlicht durch den Ort und die Zeit zu der sie stattfinden gewinnen. Oder wir beschreiben sie etwas feiner individuiert als die Exemplifizierung bestimmter Eigenschaften oder Relationen an bestimmten Einzeldingen (oder Systemen daraus) zu einer bestimmten Zeit bzw. in einem bestimmten Zeitraum. Manchmal wird auch noch das Element der Veränderung bestimmter Eigenschaften hinzugefügt.

III.2 Dispositionen

Da meine Erklärungskonzeption von den Details dieser grundlegenden Ontologien nicht wesentlich abhängt, möchte ich mich nicht auf eine kleinteilig ausgearbeitete Ontologie festlegen, sondern nur auf die allgemeinen Zusammenhänge allerdings mit der Annahme von Universalien, für die es meines Erachtens gute Gründe gibt (vgl. Loux 2002).

Es ist allerdings schon schwierig, genauer zu sagen, was Dispositionen von kategorischen Eigenschaften unterscheidet. In (DE) hatte ich bereits auf den engen Zusammenhang zwischen Dispositionen und bestimmten (kontrafaktischen) Konditionalen hingewiesen:

(DE) $Dx \leftrightarrow (Sx \,\square\!\!\rightarrow Mx)$

Man ist versucht, die Dispositionen über diesen Zusammenhang zu definieren. Doch der wird von einigen Philosophen mit guten Grunden bestritten.[5] Wir würden zunächst sagen, Arsen sei hoch giftig. Gemäß unserer Analyse hieße das: Wer eine entsprechende Menge Arsen (>200 mg) essen würde, der käme dadurch um. Doch der Zusammenhang gilt nur, wenn der Konsument nicht gleichzeitig eines der Gegengifte wie Dimercaprol, Unithiol oder Succimer zu sich genommen hat, die sogar bei größeren Dosierungen von Arsen noch wirksam sind. Nach (DE) müssten wir daher genau genommen sagen, Arsen sei nicht giftig. Doch das trifft die Situation wohl kaum. Es ist weiterhin giftig, nur fand die Manifestation nicht statt, weil ein Gegengift (Antidot) verabreicht wurde. Das ist ein generelles Problem der Analyse (DE). Die Disposition liegt vor, aber es kommt trotzdem nicht zu ihrer Manifestation. Wir benötigen für diese Fälle noch so eine Art *Ceteris-paribus-Bedingung*: Wenn kein „Antidot" vorliegt, so gilt (DE). Hier drohen allerdings die klassischen Schwierigkeiten von CP-Bedingungen, etwa dass die Behauptung inhaltsleer werden könnte.

Außerdem hat Charlie Martin (1994) noch ein anderes Problem aufgeworfen. Er weist darauf hin, dass eine Disposition auch „finkisch" sein könnte. Damit ist gemeint, dass sie zwar an sich besteht, aber es nicht zur Manifestation kommt, weil davor andere interne Prozesse, die durch denselben Stimulus ausgelöst werden, das verhindern.

Bird (2004) schreibt:

> More precisely an object x has a finkish disposition D to yield manifestation M in response to stimulus S when the stimulus S also causes x to lose D before M can occur and in such a way that consequently M does not occur.

Die Beispiele dazu erscheinen recht phantasievoll. Martin erfindet den „Elektro-Finken", der eine elektrische Leitung immer dann für Strom undurchlässig macht, sobald eine Spannung angelegt wird. Diese Leitung ist also im Normalfall ein Leiter, aber es gilt wiederum nicht, was nach (DE) zu erwarten wäre, nämlich, dass in ihr ein Strom fließen würde, wenn man eine Spannung anlegte. Auf jeden Fall scheinen „finkische" Dispositionen einen extremen Ausnahmefall zu bilden, in dem selbst unsere Intuitionen nicht mehr eindeutig sind, ob die entsprechende Disposition tatsächlich vorliegt.

Fara (2006) weist auf Überlegungen hin, nach denen diese Phänomene doch üblicher sind, als man zunächst denkt. Bestimmte Stromleitungen würden finkisch durch (Fehlstrom-) Sicherungen u. ä. Aber das trifft die Sache nicht wirklich. Wenn wir nur an die *intrinsische* Eigenschaft der Leitfähigkeit der Leitung denken, so bleibt die erhalten und manifestiert sich darin, dass ein Strom in jedem Teil des Leiters fließt, sobald man dort eine Spannung anlegt. Echt finkische Leitungen wären so gestaltet, dass sich ihre intrinsischen Eigenschaften genau in dem Moment verändern, in dem jeweils die Auslösebedingungen für die Manifestation auftreten. Kein Teil des Leiters könnte dann Strom führen. Das wären schon recht seltsame Zustände.

Ähnliche Fragen sind für das sogenannte *Maskieren* aufzuwerfen. Dabei wird eine Manifestation, etwa die der Zerbrechlichkeit, dadurch verhindert, dass ein zerbrechlicher Gegenstand *immer* gut verpackt wird. Doch selbst hier könnte man die genuine Zerbrechlichkeit deutlich machen, indem wir die Auslösebedingungen etwas sorgfältiger formulieren. Er wird dann zerbrechen, wenn er mit einer gewissen Geschwindigkeit *direkt* (also ohne dazwischenliegende Dämpfungsschichten) auf einen harten Gegenstand auftrifft.

Auch für das *Vortäuschen von Dispositionen*, bei dem etwa ein Engel oder eine angebrachte Sprengladung dafür sorgt, dass ein eigentlich recht stabiler Gegenstand X bei Stößen zerbricht, bietet eine genaue Betrachtung der intrinsischen Eigenschaften eine Auflösung an. Das Objekt selbst hat jedenfalls nicht die intrinsische Eigenschaft der Zerbrechlichkeit, sondern höchstens das komplexere Objekt bestehend aus X plus Engel/Sprengladung besitzt diese intrinsische Eigenschaft.

Ob alle Dispositionen immer schon intrinsische Eigenschaften sind, ist umstritten, weshalb ich sicherheitshalber diese Forderung einfach hinzufüge, und sie für erklärende Dispositionen verlange. Intrinsisch sind Eigenschaften eines Objekts, die erhalten bleiben, obgleich sich seine Umgebung verändert. Ihre Existenz ist nicht abhängig von der Beschaffenheit anderer Dinge. Man denkt insbesondere an nicht-relationale Eigenschaften, bei denen die Eigenschaft keine Relation zwischen unterschiedlichen Dingen darstellt wie zum Beispiel bei der Eigenschaft „größer als jemand anderes zu sein" (vgl. Weatherson 2005). Trotzdem können die intrinsischen Eigenschaften selbst konditionalen Charakter haben wie etwa wasserlöslich zu sein. Diese dispositionale Eigenschaft liegt unabhängig davon vor, ob nun Wasser anwesend ist oder nicht. Selbst wenn es kein Wasser mehr gäbe, ist ein Stoff weiterhin wasserlöslich, nur dass seine Manifestationsbedingung dann rein kontrafaktisch bleiben wird.

III.2 Dispositionen

Für Bird sind die Probleme nicht stattfindender Manifestation aufgrund von Gegengiften etc. letztlich nicht so gravierend, denn sie spiegeln nur wider, was wir schon für Gesetze kennen: Wir sind auf CP-Bedingungen angewiesen. Er erklärt in seiner Konzeption schließlich auch, wieso das der Fall ist, nämlich, weil es „Gegengifte" geben kann, also Faktoren, die das Auftreten bestimmter Wirkungen verhindern, und weil es im Extremfall sogar zu „finkischen"-Situationen kommen kann. Dann gilt das Gesetz zwar weiterhin, und dennoch zeigen sich nicht die entsprechenden Regularitäten. Wenn wir das berücksichtigen, sind Dispositionen die natürlichen Wahrmacher für Gesetzesaussagen. Sie sind nur nicht einfach mit ihrer Beschreibung durch (DE) zu identifizieren, d. h., sie entziehen sich einer einfachen modallogischen Analyse (vgl. Heil 2005).

Allerdings hat David Lewis 1997 eine Verbesserung von (DE) vorgeschlagen, die Bird (2004) vereinfacht hat. Sie reagiert auf die Probleme „finkischer" Dispositionen.

> (DE+) D ist eine dispositionale Eigenschaft mit typischer Auslösebedingung S und Manifestation M gdw. Dx ↔ (Sx & Bx □→ Mx),[6] wobei Bx besagt, dass x die kausale Basis von D hinreichend lange beibehält.

Wenn also B der Fall ist, würde sich die Manifestation einstellen. Das ist sicher noch nicht das letzte Wort in dieser Sache, mag uns aber als Einblick in die Debatte um die Zusammenhänge von dispositionalen Eigenschaften und den entsprechenden kontrafaktischen Konditionalen zunächst genügen. Außerdem argumentiert Bird, dass auf der Ebene der fundamentalen Eigenschaften, etwa der Physik, diese Probleme nicht mehr auftreten. Im Normalfall haben Dispositionen jedenfalls diese konditionale Struktur. Das ist ein erstes Merkmal, das wir festhalten dürfen. Trotzdem soll es uns ebenso darum gehen, die weiteren Eigenschaften von Dispositionen zu beschreiben, die genauso die Grundlage dieser konditionalen Struktur sind. Sie sind, wie schon erwähnt, nicht einfach auf die konditionale Struktur zu reduzieren.[7]

Ob sich Dispositionen zudem auf nicht-dispositionale (also kategorische) Eigenschaften reduzieren lassen, können wir der weiteren Debatte überlassen. Ich stimme hier allerdings Franklin (1986) und anderen zu, dass das nicht sehr wahrscheinlich ist, weil gerade die grundlegenden physikalischen Eigenschaften dispositionalen Charakter haben. So wird sich vermutlich die Disposition eines Salzes, wasserlöslich zu sein, auf grundlegendere Eigenschaften der molekularen Struktur des Salzes zurückführen lassen, aber dabei erwarten wir nicht, dass diese selbst rein kategorischer Natur sind.

Franklin diskutiert Demokrits Versuch, die Härte von Gegenständen auf die geometrischen Eigenschaften ihrer Atome zurückzuführen. Aber auch das setzt eine gewisse Starrheit der Atome bereits voraus. Sie widersetzen sich äußerem Druck und behalten ihre ursprüngliche Form bei. Das ist wiederum eine dispositionale Eigenschaft, wenn auch eher eine negative. Diese negative Charakterisierung ist nicht sehr befriedigend für einen Dispositionalisten, der behauptet, dass es gerade Dispositionen sind, die für das Funktionieren unserer Welt verantwortlich sind. Allerdings wenn wir auf weitere Eigenschaften der Festkörper zu sprechen kommen, wie Elastizität, verlangt das ebenso aktivere Vermögen von den Atomen und ihrem Zusammenhalt. Heil (2005) argumentiert intuitiv dafür, dass aus kausal trägen Eigenschaften allein keine Vermögen entstehen können. Die trägen Eigenschaften wirken nicht auf andere Dinge und auch nicht auf uns. Man könnte sie nicht einmal wahrnehmen. Dispositionen weisen aber gerade ein entsprechendes Vermögen auf, das ist kennzeichnend für sie. Es bleibt daher ein Rätsel, wie sie auf kausal träge Eigenschaften reduzierbar sein könnten.

Autoren wie John Heil (2003) haben insbesondere versucht, die grundlegenden Eigenschaften von Dispositionen näher zu bestimmen. Dazu können wir darauf zurückgreifen, dass wir Dispositionen recht gut aus unserem Alltag kennen. Sie sind dort schließlich allgegenwärtig und keine neuen und seltsamen Dinge. Zunächst verstehen wir unter einer Disposition eines Objekts ein Vermögen oder eine spezielle Fähigkeit („power", „capacity"), etwas zu bewirken. Ein Siegel hat das Vermögen, einen bestimmten Abdruck im Wachs zu hinterlassen. Das Wachs hat das reziproke Vermögen, entsprechende Eindrücke aufzunehmen und beizubehalten.

John Heils Konzeption umfasst weitere Eigenschaften bzw. Klärungen. Dispositionen sind aktuale (relativ permanente) Eigenschaften von Objekten, nur ihre Manifestationen müssen das nicht sein. Sie sind intrinsische (und basale) Eigenschaften der Objekte und haben nicht etwa relationalen Charakter (und sind außerdem nicht auf kategorische Eigenschaften zu reduzieren). Insbesondere ist ihre Natur nicht erschöpfend beschrieben durch die erwähnten kontrafaktischen Konditionale. Das kausale Vermögen der Dispositionen ist auch kein kontingentes Merkmal der Dispositionen, sondern kommt ihnen wesentlich zu, ist Bestandteil ihrer Natur. Das ist nicht sehr empiristisch gedacht, beschreibt aber unseren Umgang mit Dispositionen und ihre Funktion am besten.

Ein klassisches Beispiel weist allerdings auf gewisse Probleme der Auffassung hin, Dispositionen seien immer intrinsische Eigenschaften. Ein Schlüssel hat etwa die dispositionale Eigenschaft, Johns Wohnungstür zu öffnen. Diese Eigenschaft ist offensichtlich nicht intrinsisch, denn ein Austausch von Johns Schloss kann diese Eigenschaft des Schlüssels verändern, ohne dass wir dazu den Schlüssel verändern müssten. Intrinsisch für den Schlüssel wäre eher die Eigenschaft, *Schlösser* eines ganz bestimmten Typs zu öffnen. Nun müsste man argumentie-

III.2 Dispositionen

ren, dass nur die zweite Eigenschaft eine echte Eigenschaft ist, um die These von immer intrinsischen Dispositionen zu verteidigen. Doch das wirft neue Fragen auf. In dieser Arbeit wird deshalb stets ausdrücklich verlangt, dass es sich bei den betrachteten Dispositionen um intrinsische Eigenschaften handeln soll. Nur die scheinen gut geeignet für das Erklären zu sein. Im Falle des Öffnens von Johns Schloss handelt es sich zwar nicht um eine tiefgehende naturwissenschaftliche Erklärung, aber es lässt sich bereits nachvollziehen, dass die funktionale Eigenschaft des Schlüssels, Schlösser einer bestimmten Art zu öffnen, eine gewisse Erklärungskraft im Hinblick auf die Frage besitzt, wieso er Johns Schloss öffnet, während die Eigenschaft Johns-Schloss-zu-öffnen selbst keine derartige Erklärung bietet. Hier führt die intrinsische Eigenschaft schon zu einer ersten Stufe von Vereinheitlichung, die die relationale Eigenschaft nicht aufweist.

Umgekehrt besitzt jede intrinsische Eigenschaft eines Objekts bestimmte Vermögen und ist daher dispositional. Sonst wäre diese Eigenschaft vollständig kausal inert und ihr Besitz würde keine wahrnehmbaren Unterschiede ausmachen. Wir könnten sie nicht einmal entdecken. Selbst Eigenschaften wie die, sphärisch zu sein (Kugelform zu besitzen), die bei Locke als typische primäre Eigenschaften gelten, besitzen gewisse Vermögen, wie etwa einen runden Abdruck in Lehm zu hinterlassen oder ein bestimmtes Abstrahlungsmuster zu erzeugen bzw. rund auszusehen. Dabei können Dispositionen mit unterschiedlichen Partnern auch *unterschiedliche Manifestationen* zeigen.

Weitere metaphysische Debatten entspinnen sich darüber, was Eigenschaften sind und was eine Instanz oder Exemplifizierung davon ist. Doch das geht über den Rahmen dieses Buches hinaus (vgl. auch Swoyer 2000 und Cartwright 1989) und betrifft bereits unsere grundlegende Konzeption der Welt (vgl. Loux 2002: Kap. 1). Sie ist kein spezifisch wissenschaftstheoretisches Problem. Mein Resümee ist jedenfalls, dass wir die ontologischen Verpflichtungen unserer Vorstellungen und Redeweisen beim Erklären ernster als bisher nehmen müssen, wenn wir verstehen wollen, was eine Erklärung ausmacht. Dabei müssen wir nicht weit über die Annahmen hinausgehen, die bereits in unserem Alltagsmodell der Welt vorkommen. Wir haben nur bestimmte Konzepte von intrinsischen dispositionalen Eigenschaften mit Stabilität zu präzisieren und müssen für probabilistische Dispositionen noch das Konzept der Propensität einführen.

III.3 Naturgesetze: Die Wahrmacher

Was ist bis hier der Stand der Dinge? Die Fälle von Asymmetrie und Preemption belegen, dass das DN-Schema die Zusammenhänge zwischen Explanans und Explanandum noch nicht richtig beschreibt. Das Beispiel des Goldklumpens zeigte, dass auch der Gesetzesbegriff durch den Regularitätenansatz wesentlich unterbestimmt ist. Dem wollen wir uns nun weiter zuwenden.

Man beachte, dass es hier darum gehen soll, was der Fall sein muss, damit eine Gesetzesaussage *wahr* ist. Empiristen lenken unsere Aufmerksamkeit gerne auf die Form von gesetzesartigen Aussagen, sprechen jedoch nicht so gern über die *Wahrmacher* solcher Aussagen. Das soll aber unser Thema sein: Was muss in der Welt vorliegen, wenn ein Naturgesetz gilt (bzw. ein nomisches Muster vorliegt)?

Wir erwarten nach Swoyer (2000) von einer Theorie der Naturgesetze, dass sie die folgenden Phänomene erklären kann:

1. Laws are objective. We don't invent laws, we discover them.
2. Laws have modal force. This shows up when we describe laws (or their implications) using words like „must", „require", „preclude", and „impossible".
3. Laws, unlike accidental generalizations, are confirmed by their instances and underwrite predictions.
4. The line between laws and non-laws is sharp; nomologicality does not come in degrees (this is implicit in the work of many N-relation theorists; Armstrong, 1983, p. 71 notes that his account depends on it).
5. Laws have genuine explanatory power. They play a central role in scientific explanation that accidental generalizations cannot.

Das geht bereits deutlich über rein empiristische Analysen hinaus, stellt aber eine gute Beschreibung unserer üblichen Einschätzungen dar und soll daher zunächst als Leitlinie und Maßstab für die unterschiedlichen Ansätze dienen.

Im Wesentlichen werden dafür drei Ansätze vorgeschlagen:

1. *Regularitäten-Ansatz:* Der Ansatz ist eher negativ zu charakterisieren. Er behauptet vor allem, dass es über die Regularität hinaus nichts gibt, was Gesetze auszeichnet: keine Notwendigkeit, keine Kausalität, keine speziellen Eigenschaften bzw. Universalien etc.
2. *N-Relation:* Die Eigenschaften F und G eines Gesetzes $\forall x\, (Fx \to Gx)$ sind Universalien, die in einer speziellen Beziehung N der notwendigen Verknüpfung stehen $N(F,G)$.
3. *Dispositionen:* Gesetze beschreiben grundlegende Dispositionen, die notwendig mit einem entsprechenden Konditional $Fx \to Gx$ verknüpft sind.

Der *Regularitätenansatz* hat vor allem damit zu kämpfen, dass Gesetze zunächst nicht unbedingt zu einer Regularität führen. Das zeigte das Beispiel des galileischen Fallgesetzes und führte sogar zu der Behauptung, dass Gesetze *lügen* (vgl. Cartwright 1983). Viele Körper in unserer Welt (fallende Blätter etc.) beschleunigen nicht gemäß v = gt [Geschwindigkeit = Gravitationskonstante mal Zeit] in der Nähe der Erdoberfläche. Andererseits denken wir, dass das Gesetz dort trotzdem (approximativ) gilt. Man könnte diesen Aspekt von Gesetzen als Nummer 6 der obigen Liste hinzufügen. Jede Gesetzestheorie sollte in der Lage sein, dieses Phänomen zu erläutern.

Vertreter des Regularitätenansatzes reagierten darauf mit der Behauptung, dass Gesetze eben *Ceteris-paribus-Gesetze* (CP-Gesetze) seien. Das heißt wörtlich zunächst, dass das Gesetz bei sonst gleichen Bedingungen gilt, was indes die Frage aufwirft, was als Vergleichsmaßstab gemeint ist. Intuitiv könnte man es so verstehen, dass das Gesetz im *Normalfall* gilt, d. h. bei gewissen „normalen" Bedingungen. Erst wenn die nicht mehr erfüllt sind, wenn also besondere Bedingungen vorliegen, die nicht mehr vergleichbar denjenigen sind, die bei der Entdeckung des Gesetzes vorlagen, bzw. die man bei der Aufstellung des Gesetzes im Auge hatte, wird nicht mehr erwartet, dass das Gesetz gilt (vgl. Schurz 2001). Im Normalfall heilt Penicillin in der angemessenen Dosierung eine bakterielle Infektion, wenn jedoch ein penicillinresistenter Bakterienstamm vorliegt, gilt das eben nicht mehr. Im Falle von Galileis Fallgesetz tritt die Regularität für Blätter allerdings nur auf, wenn diese im Vakuum fallen. Das wäre hier dann der „Normalfall". Doch das ist kaum als eine plausible Beschreibung der Situation anzusehen.

Das hat eine längere Debatte darüber ausgelöst, ob sich die CP-Bedingung überhaupt sinnvoll explizieren lässt, oder Gesetze damit jeden Gehalt verlieren (vgl. Earman et al. 2002). Ein Gesetz G: $\forall x$ (Fx → Gx) droht als CP(G) tautologischen Charakter anzunehmen. Es besagt salopp ausgedrückt, dass im Normalfall G gilt und wenn es nicht gilt, so wurde eben die CP-Bedingung verletzt. „Penicillinresistenz" ist geradezu dadurch gekennzeichnet, dass die Behandlung mit Penicillin versagt. Noch kürzer zusammengefasst könnte man das Gesetz wie folgt paraphrasieren: Bakterielle Infektionen werden durch Penicillin geheilt oder eben nicht. Im zweiten Fall nennen wir die Bakterien penicillinresistent. Leider hat das Gesetz so keinen empirischen Gehalt mehr. Es stellt keine Behauptung auf und scheint nicht mehr falsifizierbar zu sein.

Einen Ansatz zur Explikation von CP-Gesetzen haben wir schon kurz kennengelernt, nämlich den „Completer"-Ansatz in der Version von Hausman (s. II.7). Danach gibt es je nach Kontext einen „Vervollständiger" C für die Antezedensbedingung des Gesetzes, so dass sich wieder eine wahre Aussage ergibt. Außerdem muss man verlangen, dass die Ausnahmen nicht zur Regel oder zur Mehrheit werden. In unserem Beispiel wäre etwa C = nicht-penicillinresistenter Bakterienstamm. Das Grundproblem ist allerdings, dass uns die genauen „Completer"-Bedingungen meist nicht bekannt sind, sonst könnten wir sie schließlich explizit in das Gesetz aufnehmen, und daher der „Completer"-Ansatz mehr ein offenes Versprechen bleibt. Er kann jedenfalls nicht sicherstellen, dass wir keine Tautologien erhalten. Zumindest bleibt die Stärke der Gesetze, auf die wir uns auch für die Ermittlung der Erklärungsstärke stützen möchten, völlig im Dunklen.

Insbesondere in den Sozialwissenschaften erwarten wir viele Einschränkungen durch CP-Bedingungen. In realen Situationen werden wir kaum psychische oder soziale Effekte in Reinkultur erleben, sondern oft eine Überlagerung von vielen Faktoren vorfinden. Dann benötigen wir starke CP-Klauseln für unsere Gesetze.

Geiseln, die sich lange in der Hand der Kidnapper befunden haben, beginnen sich mit ihren Kidnappern und deren Sache zu identifizieren. Das nennt man das *Stockholm-Syndrom*, und man könnte es als eine sozialpsychologische Regularität betrachten. Man denke an Patty Hearst, die später mit ihren Kidnappern zusammen Banken ausraubte und noch 20 Monate nach ihrer Freilassung zu ihnen hielt. Vermutlich war sie ein typisches Beispiel für dieses psychologische Phänomen, aber es betrifft bei weitem nicht alle Geiseln. Wir sind sicher sehr weit entfernt von einem ausnahmslosen Gesetz.

Doch selbst im Falle von Galileis Fallgesetz hatten wir es fast nur mit Ausnahmen zu tun. Wir konnten das gewünschte Verhalten praktisch nur im Labor im Vakuum produzieren. Außerdem bleibt noch die Frage offen, wieso ein Gesetz zwar gilt, sich jedoch trotzdem nicht in entsprechenden Regularitäten manifestiert. Natürlich steht uns immer der Ausweg offen, dass es sich eben nicht um ein Gesetz handelt. Für echte Gesetze fänden sich dagegen echte Regularitäten.

Schließlich sollte man auch die Kosten solcher Strategien betrachten. Unser DN-Modell könnte plötzlich sehr viele tatsächliche Erklärungen nicht mehr rekonstruieren. Wir werden normalerweise versuchen, das Verhalten von Patty Hearst auf das Stockholm-Syndrom und eventuell auf die dahinter stehenden Mechanismen, wie sich eine emotionale Bindung zwischen Geiselnehmern und Geiseln als eine Art von Schutzmechanismus der Geiseln aufbaut, zurückzuführen und dadurch zu erklären. Das wären dann alles Erklärungen, die in unserem DN-Schema nur provisorischen Charakter hätten. Sie wären unvollständige Erklärungen, die nur deshalb Erklärungskraft besäßen, weil wir annehmen würden, es gäbe dahinter noch unentdeckte echte Gesetze mit perfekten Regularitäten. Gibt es die nicht, blieben wir allerdings gänzlich ohne (wissenschaftliche) Erklärungen zurück. Das ist nicht akzeptabel und erscheint mehr denn je als Ad-hoc-Manöver, um das DN-Modell und die empiristische Regularitätenanalyse zu retten. Wahr ist vielmehr, dass wir es durchaus mit Erklärungen zu tun haben, auch wenn diese nicht unbedingt sehr gehaltvoll sind. Gäbe es dahinter bessere Gesetze,

III.3 Naturgesetze: Die Wahrmacher 63

aus denen eine Ableitung von Patty Hearsts Verhalten möglich wäre, würde das wohl tiefergehende Einsichten erlauben, aber wir haben zur Zeit keine großen Hoffnungen, dass sich diese Vermutung als wahr erweisen wird. Unsere Erklärungstheorie sollte das respektieren. Es blieben bei dieser Strategie im Rahmen der Regularitätstheorie jedenfalls kaum echte Gesetze übrig und die Hauptlast fiele den sehr starken CP-Bedingungen zu. Sie wären offene Versprechen darauf, dass sich irgendwann echte Regularitäten angeben lassen, in denen die CP-Bedingungen ausbuchstabiert sind.

Theoretisch könnten wir auch behaupten, nur sehr umfangreiche Komplexe von „lokalen Gesetzen" seien echte Gesetze. Man müsse das Fallgesetz mit vielen Gesetzen über Luftwiderstand und allen anderen Kraftkomponenten kombinieren und nur dieser Komplex beschriebe Gesetze und damit Regularitäten. Das trifft die Praxis der Wissenschaften jedoch nicht und ließe sich höchstens für bestimmte Bereiche der Physik einigermaßen umsetzen. Deshalb wird dieser Weg nicht beschritten (vgl. dazu Cartwright 1983).

Umgekehrt stellen viele Regularitäten in unserer Welt überhaupt keine Gesetze dar. Das Goldklumpen-Beispiel (*) „Jeder Goldklumpen ist kleiner als 1000 kg." war ein solcher Fall. Es hat nicht die Vorhersagekraft wie ein Naturgesetz. Da wüssten wir, dass etwas nicht eintreten *kann*. Doch im Goldklumpenfall haben wir keine entsprechende Gewissheit. Da es sich nicht um eine genuine Eigenschaft des Goldes handelt, keine so großen Klumpen bilden zu können, sind auf diesem Weg keine Vorhersagen aufgrund der bisherigen Erfahrungen mit Goldklumpen in die Zukunft extrapolierbar. Wir könnten höchstens aufgrund des bisherigen Verhaltens von Bankern und Juwelieren extrapolieren, dass die weiterhin kein Interesse an solchen Klumpen hätten. Jedenfalls können uns Instanzen von (*) nicht sehr in der Annahme bestärken, dass (*) ebenso in Zukunft der Fall sein wird. Genau das sollte bei einem Naturgesetz anders sein. Gegen dies können wir nicht verstoßen. Es hat somit diese Vorhersagekraft.

Regularitätenvertreter wie David Lewis (1986, 1994) versuchen ihre Position zu verstärken, indem sie zusätzlich fordern, dass die Regularitätsaussage Teil eines deduktiven Systems ist, das insgesamt möglichst einfach und zugleich stark ist. Doch selbst das bietet uns letztlich kaum eine gute Versicherung gegen die nicht-gesetzesartigen Regularitäten.

Die N-Beziehung. Daher versuchte Armstrong (1983) die Beziehung zwischen F und G, die ein Gesetz charakterisiert, genauer zu beschreiben. Armstrong geht davon aus, dass ein Gesetz verlangt, dass zwischen F und G eine ganz spezielle Beziehung (zweiter Stufe) vorliegt, die er durch N(G,F) ausdrückt.

> Suppose it to be a law that Fs are Gs. F-ness and G-ness are taken to be universals. A certain relation, a relation of non-logical or contingent necessitation, holds between F-ness and G-ness. This state of affairs may be symbolized as ‚N(F,G)' (1983, 85).

Wenn die Eigenschaften als Universalien selbst in einer bestimmten modalen Beziehung N stehen, so liegt ein Gesetz vor, sonst eben nicht. Die erste Frage ist natürlich, welcher Art diese Beziehung ist.

David Lewis (1983) kritisierte Armstrong in der ihm eigenen Weise, dass diese neue Beziehung N kaum hilfreich sei:

> Whatever N may be, I cannot see how it could be absolutely impossible to have N(F,G) and Fa without Ga. (Unless N just is constant conjunction, or constant conjunction plus something else, in which case Armstrong's theory turns into a form of the regularity theory he rejects.) The mystery is somewhat hidden by Armstrong's terminology. He uses „necessitates" as a name for the lawmaking universal N; and who would be surprised to hear that F „necessitate" G and a has F, then a must have G? But I say that N deserves the name of „necessitation" only if, somehow, it really can enter into the requisite necessary connections. It can't enter into them just by bearing a name, any more than one can have mighty biceps just by being called „Armstrong" (1983, 366).

Armstrong (1993) hat dazu gemeint, dass die Beziehung N eine kausale Beziehung darstellt, nur eben auf der Ebene der Typen, nicht der singulären Ereignisse. Hier sind jedenfalls noch Fragen offen geblieben über die genaue Art dieser Kausalbeziehung für Typen von Ereignissen bzw. Universalien.

Es lassen sich damit allerdings nur bestimmte idealisierte Formen von Gesetzen beschreiben. Und schon für Erhaltungsgesetze ist nicht klar, wie sie von der N-Konzeption behandelt werden können. Aber erst recht gilt das für approximative, Ceteris-paribus- und statistische Gesetze.

Dispositionen und Gesetze. Eine Reihe von Wissenschaftstheoretikern hat sich deshalb den zugrunde liegenden Eigenschaften zugewandt, die letztlich die Gesetzesartigkeit begründen sollen (ihre Wahrmacher sind) bzw. zum Vorliegen der Beziehung N führen sollen. Cartwright (1989: 141) beschreibt das so:

> For I maintain that the most general causal claims – like „aspirins relieve headaches" or „electromagnetic forces cause motions perpendicular to the line of action" – are best rendered as ascriptions of capacity. For example, aspirins – because of being aspirins – can cure headaches. The troublesome phrase „because of being aspirins" is put there to indicate that the claim is meant to express a fact about properties and not about individuals: the property of being an aspirin carries with it the capacity to cure headaches.

Und etwas später (1989: 146):

> A property carries its capacities with it, from situation to situation. That means that, where capacities are at work, one can reason as above: one can infer from

III.3 Naturgesetze: Die Wahrmacher

one causal law directly to another, without ever having to do more tests. In this way capacities are much like essences. If you are committed to the assumption that all the internal properties of electrons are essential, this makes science a lot easier for you. You can measure the charge or mass on one, and you know it on all the others.

Wir betrachten viele Eigenschaften oder Arten als wesentlich mit bestimmten Vermögen verknüpft und begründen so auch induktive Schlüsse. Eigenschaften (wie ein Elektron zu sein) weisen notwendig die Vermögen („capacity") auf, eine bestimmte Ladung (von -1) und eine bestimmte Masse zu besitzen. Das erst macht die Eigenschaft, ein Elektron zu sein, aus. (Oder anders ausgedrückt: Es ist charakteristisch für die natürliche Art „Elektron".) Die Eigenschaft der elektrischen Ladung wird wiederum bestimmt durch ihre (dispositionalen) Vermögen, andere Gegenstände mit entsprechenden Eigenschaften anzuziehen oder abzustoßen.

Das entspricht unserem Alltagsmodell der Welt und unserer wissenschaftlichen Auffassung davon, wie unsere Welt funktioniert, und hat sich in unserem Umgang mit der Welt bewährt. Es erklärt unser in vielen Bereichen erfolgreiches Eingreifen in die Welt und ist daher durch einen Schluss auf die beste Erklärung begründet.

Andere Autoren wie Swoyer (1982), Ellis und Lierse (1994) oder Bird (2001, 2002, 2004) sprechen hier von *dispositionalem Essentialismus* und bauen diese Position aus, um eine Explikation von „Naturgesetz" zu erhalten, die auch die modalen Eigenschaften von Naturgesetzen erklären kann. Für den dispositionalen Essentialisten haben Eigenschaften ihre kausalen und gesetzesartigen Vermögen mit Notwendigkeit. Ein Elektron ohne negative elektrische Ladung wäre kein Elektron mehr und eine negative elektrische Ladung, die andere gleich geladene Teilchen nicht abstößt, könnte man nicht mehr als elektrische Ladung bezeichnen. Diese Eigenschaften wären nicht mehr dieselben, ohne die entsprechenden Vermögen, bestimmte Phänomene zu bewirken. Eine Gegenposition dazu ist der sogenannte *Quidditismus* (s. u.), der uns erläutert, was hier auf dem Spiel steht. Außerdem beschreiben Gesetze gerade solche Eigenschaften, und ihre Notwendigkeit beruht auf dem notwendigen Zusammenhang der Eigenschaften untereinander. Das heißt insbesondere, dass unsere Analyse (vgl. III.2)

(DE) $Dx \leftrightarrow (Sx \,\square\!\!\rightarrow Mx)$

eine (metaphysisch) notwendige Wahrheit für diese Eigenschaften darstellt, d. h., es gilt: $\square$(DE) (es gilt notwendig DE). Diese Notwendigkeit könnte begrifflicher Natur sein, wenn wir (DE) als eine begrifflich notwendige Charakterisierung von Dispositionen halten. Doch diese Debatte können wir hier nicht weiterführen.

Daraus können wir die gesetzesartige Aussage ∀x (Dx & Sx → Mx) ableiten, die nun mit Notwendigkeit gilt. Allerdings sind die in III.2 genannten Einschränkungen zu berücksichtigen, die zeigen, dass (DE) nur ceteris-paribus gilt (s. a. nächster Abschnitt). Dann kann die Analyse aber die Schwierigkeiten ihrer Konkurrenten vermeiden und die Anforderungen von Swoyer (s. o.) erfüllen. Sie kann erklären, wieso ein Gesetz gelten kann, ohne dass eine entsprechende Regularität vorliegt (s. o.), was die (objektiven) Wahrheitsbedingungen für eine Gesetzesaussage sind, nämlich dass eine grundlegende Eigenschaft (bestimmter Objekte oder Systeme) und ihre Vermögen korrekt beschrieben werden. Die Regularität im Falle der Goldklumpen beruhte jedenfalls nicht auf einer entsprechenden Eigenschaft des Goldes. Der dispositionale Essentialismus kann die modale Kraft der gesetzesartigen Aussagen (insbesondere ihr Vermögen, kontrafaktische Konditionale zu begründen) erklären, und kann somit erläutern, wieso nomische Aussagen durch ihre Instanzen gestützt werden, während das etwa für „grue"-Hypothesen nicht gilt. Und nicht zuletzt wird nun klarer, wie uns Gesetze Erklärungen liefern. Wir werden schließlich sehen, wie sich mit dieser Gesetzeskonzeption vereinbaren lässt, dass die Grenze zwischen echten Gesetzen und anderen Generalisierungen nicht scharf ist.

Das newtonsche Gravitationsgesetz beschreibt zum Beispiel quantitativ die Disposition von Materie, andere Materie anzuziehen. Eine Erklärung einer Beschleunigung von Objekten mit seiner Hilfe könnte damit wie folgt aussehen: Zur Masse der Erde gehört notwendigerweise das kausale Vermögen (genauer und damit auch gehaltvoller beschrieben im Gravitationsgesetz), auf andere Objekte mit Masse eine bestimmte Kraft auszuüben, die auf diese Weise zu einer gegenseitigen Beschleunigung führt (beschrieben vom zweiten newtonschen Axiom), wenn es keine gegenläufigen Einflüsse gibt.

Die Eigenschaften können komplexer sein und etwa Systeme von zwei Teilchen betreffen. Sie wäre dann nur für das gesamte System aus den beiden Teilchen als intrinsisch zu betrachten, oder man könnte es als intrinsisches Vermögen der jeweiligen elektrisch geladenen Teilchen betrachten, jeweils andere elektrische Ladungen auf bestimmte Weise anzuziehen oder abzustoßen. Typischerweise stoßen sich jedenfalls zwei elektrisch geladene Teilchen ab oder ziehen sich an (je nach Ladung). Die dabei auftretende Kraft wird im statischen Fall durch das coulombsche Kraftgesetz ausgedrückt. Um nicht zu großen formalen Aufwand zu betreiben, beschränke ich mich auf eine nicht-vektorielle Darstellung. Dann gilt:

(EL) $\forall x, y\ P(x,y) \leftrightarrow (S(x,y) \square\!\!\rightarrow f(x,y) = k\ q(x) \cdot q(y)/r(x,y)^2)$

Dabei besagt P(x,y), dass x die *elektrische Ladung* q(x) und y die Ladung q(y) hat, k ist die coulombsche Konstante, S(x,y) drückt aus, dass

III.3 Naturgesetze: Die Wahrmacher

x und y im Abstand r(x, y) auftreten und dann gibt f(x, y) die (Abstoßungs/Anziehungs-) Kraft an, die zwischen x und y besteht. Das Ganze besagt somit, dass zwei Punktpartikel x und y genau dann auf bestimmte Weise q elektrisch geladen sind, wenn für sie gilt: Wenn sie in einen bestimmten Abstand r gebracht würden, würde eine angebbare (von r abhängige) Kraft f zwischen ihnen auftreten. Wenn das für die elektrische Ladung charakteristisch ist, so erhielten wir daraus das *coulombsche Gesetz*:

(CG) $\forall x, y \ [P(x, y) \ \& \ S(x, y) \rightarrow f(x, y) = k \ q(x) q(y)/r(x, y)^2]$

Gilt (EL) mit Notwendigkeit, so gilt dann auch (CG) mit Notwendigkeit, wie wir das erwartet haben. Dabei ist diese Erklärung offensichtlich nicht inhaltsleer, wie etwa die in der moliereschen Karikatur, in der die beruhigende Wirkung von Opium durch dessen einschläferndes Vermögen erklärt wird. Unsere Theorien sind gehaltvoller als die karikierte Opiumtheorie und sogar oft quantitativ formuliert. Außerdem muss man jeweils genau betrachten, was durch was erklärt wird. Wenn, dann wird das Einschlafen bestimmter Personen durch die einschläfernde Wirkung des Opiums erklärt, sonst wird es tatsächlich zirkulär. Die beruhigende Wirkung des Opiums könnte dagegen eher durch eine weitere Rückführung auf grundlegendere Eigenschaften erklärt werden.

Wir behaupten in diesen Fällen, dass diese Eigenschaft einschließlich ihrer Manifestation jeweils *instantiiert* bzw. *exemplifiziert* war. Oder anders ausgedrückt, dass sie die *Ursache* für das Explanandum war. Die Instantiierung einer Disposition D mit Auslösebedingung S und Manifestation M soll bedeuten, dass sowohl D und M instantiiert sind und M zumindest auch aufgrund von S auftrat, d. h. dass das Vermögen D tatsächlich wirksam war. Für die grundlegenden Probleme, die für die Instantiierungsbeziehung auftreten können, muss ich wiederum auf die Debatten in der allgemeinen Ontologie verweisen (vgl. Loux 2002).

Die Aristotelische Physik lag jedenfalls in dem Punkt nicht völlig falsch, als sie eine *Tendenz* der Körper postulierte, sich auf den Erdmittelpunkt zuzubewegen. Wir wissen allerdings heute, dass das noch nicht die ganze Geschichte ist, denn alle Körper haben die Tendenz, alle anderen anzuziehen, und wir können die Phänomene auch quantitativ beschreiben sowie die *Überlagerung von Kräften* als Vektoraddition darstellen. Dadurch gibt unsere heutige Theorie viel genauere Vorhersagen, wird dadurch besser testbar, hat deutlich mehr Anwendungen und stellt offensichtlich einen großen Fortschritt gegenüber den antiken Mechaniken dar. Doch die Grundidee, dass die Objekte in unserer Welt bestimmte Vermögen bzw. Kräfte besitzen, ist durch das Scheitern der Aristotelischen Physik nicht diskreditiert worden. Diese Metaphysik ist weiterhin ein Element unserer Beschreibung der Welt, und insbesondere steht sie hinter unserer Unterscheidung zwischen kausalen oder gesetzmäßigen Beziehungen auf der einen Seite und akzidentellen und nicht-kausalen Beziehungen auf der anderen Seite.

Diese Unterscheidungen und Redeweisen sind nur dann sinnvoll, wenn es die entsprechenden Eigenschaften und ihre Zusammenhänge tatsächlich gibt. Sonst können wir sie nur als abkürzende und nicht wirklich ernstgemeinte Redeweisen verstehen, mit denen wir irgendetwas anderes meinen. Das müsste allerdings so zu explizieren sein, dass weiterhin erklärbar wird, wieso wir mit dieser Redeweise so erfolgreich unsere Umgebung beschreiben können. Wie sie es z. B. schafft, uns die Stellen anzugeben, an denen wir in unserem Sinne in das Geschehen eingreifen können. So wissen wir zum Beispiel, dass wir gegen Infektionskrankheiten etwas gegen die auslösenden Keime unternehmen müssen. Eine Behandlung der reinen Begleiterscheinungen wie der triefenden Nase beeinflusst den Verlauf der Krankheit dagegen kaum. Die Unterscheidung zwischen den Ursachen und bloßen Begleiterscheinungen ist hier wie anderswo der Schlüssel zu einem Eingreifen. Eine bloße Auswertung von Korrelationen leistet das nicht. Die Annahme gewisser Vermögen bietet also die beste Erklärung für diese und ähnliche Phänomene. Wir schließen auf sie mit einem Schluss auf die beste Erklärung (vgl. I.2).

Manche dieser Vermögen können wir wiederum auf andere zurückführen und sind natürlich daran interessiert, das explizit durchzuführen, aber schließlich landen wir wieder bei grundlegenden Eigenschaften, die wir einfach nur noch genau beschreiben können. Zum perfekten Verstehen gehört die Kenntnis aller Ebenen, aber es ist nicht verlangt, dass die oberen Ebenen, die vermutlich über den unteren (probabilistisch) supervenieren, sich aus den unteren im strengen Sinn ableiten lassen müssten.

Dazu ein einfaches Beispiel: Für den normalen Autofahrer genügt meistens die Kenntnis einfacher Zusammenhänge. Wenn er den Zündschlüssel umdreht, springt das Auto an, wenn er das Gaspedal tiefer drückt, beschleunigt der Wagen etc. Diese Eigenschaften des Autos lassen sich auf zugrunde liegende Mechanismen zurückführen. Auf die Teile des Motors und der Zündanlage sowie ihr Zusammenspiel. Gerade wenn das Auto versagt, sind wir auf Einblicke in diese Mechanismen angewiesen. Die sollte der Automechaniker besitzen. Dem Chemiker und dem Physiker genügen sie nicht. Er wird sie auf grundlegendere Objekte und ihre Eigenschaften zurückführen, aber irgendwann bleibt uns nichts anderes übrig, als bestimmte Eigenschaften von Objekten als (momentan) grundlegende Vermögen zu akzeptieren. Dann zu behaupten, es gäbe auf dieser Ebene keine Eigenschaften und Vermögen der Objekte, die zu diesen Regelmäßigkeiten führen, sondern die Gesetzmäßigkeiten lägen eben einfach vor, und zu sagen, es seien trotzdem gesetzmäßige Eigenschaften, die sich von zufälligen Wahrheiten (wie dass es keinen Fluss gibt, der überwiegend aus Coca Cola besteht) unterscheiden, ist in Wahrheit die eigentlich magische Auffassung der Welt. In ihr bleibt das Auftreten nomischer Muster sowie ihre Unterscheidung von akzidentellen unerklärlich – fällt vom Himmel –, statt dass sie auf die grundlegenden Eigenschaften von Objekten zurückgeführt wird, die wir dann genauer beschreiben können.

Die Konzeption der Gesetze, die grundlegende dispositionale Eigenschaften beschreiben, erklärt uns hingegen viele Phänomene und passt gut zu unserem alltäglichen Bild unserer Welt, in dem dispositionalen Eigenschaften ebenfalls eine wichtige Rolle zufällt. Trotzdem bleibt diese Konzeption von Naturgesetzen nur schwer vermittelbar aufgrund der empiristischen Vorbehalte gegen eine materiale Beschreibung der Welt, die über die beobachtbaren Regularitäten hinausgeht.

Quidditismus. Empiristische Philosophen bestreiten insbesondere die notwendige Verknüpfung von Eigenschaften. Nach ihrer Meinung haben bestimmte Eigenschaften in unserer Welt kontingenterweise bestimmte Vermögen. Doch auf ganz natürliche Weise scheinen uns z. B. kontrafaktische Konditionale wie (*) „Wenn wir dieses Salz in dieses Wasser gegeben hätten, so hätte es sich darin aufgelöst." wahr zu sein. Was aber sind die *Wahrmacher* dafür? Käme dem Salz das Vermögen, sich in Wasser aufzulösen, nur zufällig zu, so könnte das in neuen Situationen oder anderen Welten durchaus anders sein. Es wird kaum ein entsprechender Wahrmacher für kontrafaktische Konditionale wie (*) auszumachen sein. Die dispositionalen Essentialisten bieten den dagegen an.

Die empiristische Gegenposition zum dispositionalen Essentialismus nennt Robert Black (2000) *Quidditismus* (vom englischen „quidditism", das sich vom lateinischen „quid" ableitet und daher die „Washeit" bzw. das Wesen einer Sache betrifft), und sie besagt, dass die Identität von Eigenschaften (etwa in unterschiedlichen Situationen oder möglichen Welten) nicht durch ihre kausalen Vermögen bestimmt wird. Sie ist vielmehr eine primitive Eigenschaft, die sich nicht weiter auf andere Eigenschaften zurückführen lässt. Die entsprechende (vermutlich bekanntere) Position für Dinge und ihre Identität in verschiedenen möglichen Welten nennt sich „Haecceitismus" und besagt, dass die Identität von Dingen nicht durch ihre qualitativen Eigenschaften bestimmt wird, sondern ebenso eine primitive Eigenschaft der Dinge darstellt. Wenn wir den Quidditismus anhand von möglichen Welten beschreiben, um den modalen Charakter dieser Position deutlich zu machen, so lässt er sich etwa so zusammenfassen:

(QD) Für jede grundlegende Eigenschaft (bzw. Universalie) E und jedes Vermögen X gilt: (1) Es gibt eine Welt W1, in der E das Vermögen X aufweist und (2) es gibt eine Welt W2, in der E das Vermögen nicht aufweist.

Das heißt in bestimmten Welten werden sich negative elektrische Ladungen anziehen und in anderen abstoßen oder mit der Eigenschaft der negativen elektrischen Ladung werden ganz andere Vermögen verknüpft sein wie z. B. die, grün für uns auszusehen oder noch ganz andere Vermögen. Was die elektrische Ladung ausmacht, ist jedes Mal anders bestimmt. Durch ihre Vermögen können wir ihre Gegenstücke in anderen möglichen Welten jedenfalls nicht identifizieren. Das würde allerdings nicht gut zu unserer Vorstellung vom Erklären als einem Zurückführen auf grundlegende nomische Muster passen, die sich erheblich von bloß akzidentellen Regelmäßigkeiten in unserer Welt unterscheiden. Hier lauert also ein Angriff auf die soeben befürwortete Konzeption von Naturgesetzen.

Der Quidditismus stellt für sich betrachtet jedoch keine plausible (metaphysische) Position dar, wie Alexander Bird (2005b) ausführt. Er benutzt dazu ähnliche Beispiele wie Chisholm (1967) in der Debatte um den „Haecceitismus", um uns vor Augen zu führen, welche kontraintuitiven Konsequenzen er hätte. Wir würden Welten als grundsätzlich verschieden ansehen müssen, in denen eigentlich nur die Namen für bestimmte Eigenschaften (etwa die für Masse und die für negative elektrische Ladung) vertauscht wären. Insbesondere finden sich für den Quidditismus keine ähnlichen Intuitionen wie die, die den Haecceitismus stützen, die eher auf der besonderen (materiellen) Kontinuität von Objekten beruhen, die über die jeweiligen Eigenschaften dieser Objekte hinausgehen kann.

Hier ist nicht der Ort, diese Diskussionen weiterzuführen. Dazu wären einige weitere Unterscheidungen und Komplikationen zu berücksichtigen, die den Rahmen des Buches überschreiten würden. Daher soll nur konstatiert werden, dass der dispositionale Essentialismus *eine* naheliegende Position für unsere Auffassung von Naturgesetzen beschreibt. Ohne entsprechende Annahmen lassen sich unsere Vorstellungen vom Erklären und nomischen Mustern letztlich nicht aufrechterhalten. Diese Muster sind grundsätzlich verschieden von zufälligen Wahrheiten wie der, dass alle Münzen in meiner Tasche aus Silber sind.

Fazit: Wenn wir unsere Annahmen über Gesetze kohärent explizieren wollen, sind wir dazu auf bestimmte metaphysische Positionen über Gegenstände und Eigenschaften angewiesen. Eine naheliegende Position ist hier der *dispositionale Essentialismus*, den ich kurz dargestellt habe.

III.3 Naturgesetze: Die Wahrmacher

Ergänzung: Es gibt überdies Zwischenpositionen, wie die von Lowe (2006). Lowe erkennt, dass ein Regularitätenansatz keine akzeptable Option für unser Verständnis von Naturgesetzen darstellt, möchte ihnen andererseits nicht unbedingt metaphysische Notwendigkeit zusprechen. Lowe unterscheidet zwischen den konkret auftretenden („occurrent") Eigenschaften E von Dingen (also „Tropen" bzw. Modi von E) und den dispositionalen Eigenschaften, die als echte Universalien einer Art K zukommen. Eine Aussage der Form „a weist dispositional F auf" bedeutet für ihn: „a instantiiert eine Art K, die F-heit besitzt" (Lowe 2006: Kap. 8.5). Das impliziert insbesondere nicht, dass a eine konkrete Instanz bzw. einen Modus von F aufweisen muss, d. h. es impliziert nicht, dass eine Regularität vorliegen muss. (Das hängt mit Lowes Konzeption von vier grundlegenden ontologischen Kategorien zusammen, auf die ich hier nicht weiter eingehen kann.)

Letztlich sprechen Naturgesetze somit über echte Universalien in dem Sinne, dass sie über eine (natürliche) Art K aussagen, dass die bestimmte Eigenschaften (Universalien) F aufweist. Das Gesetz wird dann ausgedrückt durch: (G) *Ks sind F*. Etwa: „Elektronen haben eine negative Einheitsladung." Diese Beziehung muss jedoch nicht unbedingt in allen möglichen Welten gegeben sein (zu solchen Behauptungen haben wir nach Lowe keinen geeigneten epistemischen Zugang), sondern es ist zunächst in unserer Welt so, dass Eigenschaft F zur *Natur* von Ks gehört. Für so grundlegende Gesetze wie unser Beispiel G (der Elektronen und ihrer negativen elektrischen Ladung) mag die Annahme der Notwendigkeit noch eine gewisse Plausibilität haben (etwas ohne diese Einheitsladung können wir nicht mehr als Elektron betrachten), doch für komplexere Dinge mit einer komplexeren Natur sieht das nach Lowe schon nicht mehr so einfach aus (Lowe 2006: Kap. 10.9 & 10.10). Hier sollten wir auf Behauptungen über eine (metaphysische/analytische) *Notwendigkeit* lieber verzichten und nur von Arten und ihren Eigenschaften (allerdings im Sinne von echten Universalien) sprechen. Das ist auch Lowes (2006: 160) Zugang zum Erklären:

> Without the possibility of any appeal to universals, it might seem that such uniformities can amount to no more than cosmic coincidences. I can explain the uniform possession of a power to dissolve gold by all particular bodies of aqua regia by the facts that all of these particulars are instances of the same kind of stuff and that this kind of stuff is one in whose nature it is to dissolve gold – the latter fact constituting a natural law governing the kinds aqua regia and gold. But what can the opponent of universals say?

Lowes Konzeption ist schwächer als die der wissenschaftlichen Essentialisten, und er versucht vor allem, auf bestimmte epistemische Probleme der modalen Explikation von Gesetzen und Bradleys Regress einzugehen. Das ist ein interessanter Ansatz, der denjenigen offensteht, denen die wissenschaftlichen Essentialisten zu weit gehen, die aber die Schwäche des Regularitätenansatzes nicht leugnen mögen.

Er passt ebenfalls gut zu meiner Konzeption vom Erklären als ein Aufzeigen, dass es sich um eine Instanz eines nomischen Musters handelt, das wesentliche genuine konditionale Eigenschaften bestimmter Arten von Dingen beschreibt. Auch für Lowe sind relationale Vermögen („relational powers") typischerweise Wahrmacher für entsprechende konditionale Aussagen. Für nomische Muster wird hier weniger verlangt als für echte Naturgesetze. Wir dürfen für nomische Muster nicht erwarten, dass es sich um Aussagen handelt, die in allen möglichen Welten oder in allen denkbaren Situationen wahr sind. Allerdings müssen sie eine gewisse kontrafaktische Stabilität aufweisen, die ein gutes Kriterium für uns dafür darstellt, dass es sich um eine genuine Eigenschaft bestimmter Arten handelt.

Obwohl die metaphysischen Aspekte von Gesetzesartigkeit und Erklärungen sicher nicht ausdiskutiert sind, zeichnet sich ein Konsens ab, dass der Regularitätenansatz nicht hilfreich ist und wir auf die Bezugnahme auf Universalien in der einen oder anderen Form angewiesen sind. Entscheidend ist für mich zunächst das Abrücken von klassischen empiristischen Ansichten zu Naturgesetzen und die Hinwendung zu bestimmten Eigenschaften und ihren Vermögen als den Wahrmachern echter nomischer Muster. Ob es weitergehende modale Analysen dieser Zusammenhänge gibt, muss dann der weiteren Debatte überlassen werden.

III.4 Spezielle Dispositionen: Propensitäten

Einen besonders schwierigen, aber auch wichtigen Unterfall grundlegender Dispositionen bilden die *probabilistischen Dispositionen*. Hier tritt die Manifestation der Disposition nicht mehr sicher, sondern nur noch mit einer bestimmten Wahrscheinlichkeit ein. Allerdings dürfte klar sein, dass es sich für Erklärungszwecke bei diesen Wahrscheinlichkeiten um objektive Eigenschaften der betreffenden Objekte oder Systeme handeln muss und nicht etwa nur um subjektive Wahrscheinlichkeiten bzw. Glaubensgrade. Nur die Eigenschaften der Objekte selbst können erklären, wieso ein Ereignis eingetreten ist, nämlich als Manifestation bzw. Instanz einer dispositionalen Eigenschaft oder Tendenz eines Objekts oder Systems. Außerdem möchten wir in konkreten Situationen konkrete Einzelereignisse erklären, d. h., wir sind darauf angewiesen, uns auf objektive Wahrscheinlichkeiten für Einzelfälle zu stützen. Popper sprach in diesem Zusammenhang von *Propensitäten* (im Englischen nennt man die physikalische Wahrscheinlichkeit manchmal

III.4 Spezielle Dispositionen: Propensitäten

auch: „chance"). Leider ist es indes nicht mehr so einfach, diese Eigenschaften näher zu charakterisieren. Darüber ließe sich leicht ein eigenes Buch schreiben. Trotzdem möchte ich an dieser Stelle nicht vollständig kneifen, sondern meine Auffassung zu Propensitäten wenigstens kurz erläutern. Allgemein gilt zunächst:

> Eine Wahrscheinlichkeit im Sinne einer *Propensität* ist eine Disposition oder (Verwirklichungs-) Tendenz eines Objekts oder eines Systems, in einem gewissen Grad bestimmte Ergebnisse hervorzubringen. Dabei handelt es sich um eine quantitative Tendenz (Stärke), ein bestimmtes Ergebnis innerhalb eines konkreten Zeitraums oder Versuchs (einmal) hervorzubringen, also um eine „single case"-Wahrscheinlichkeit.

In einem größeren Atomkern etwa aus Uran-235 streben die positiv geladenen Protonen aufgrund der Coulombkraft auseinander (stoßen sich ab), werden aber durch die starke Wechselwirkung eigentlich zuverlässig zusammengehalten. Doch aufgrund des Tunneleffektes, den die Quantenmechanik beschreibt, kommt es spontan immer wieder zur Aussendung von Alphateilchen bzw. zum Zerfall solcher Urankerne. Diese Eigenschaft einer gewissen Instabilität gerade schwerer Kerne wird durch die jeweils für sie charakteristische Halbwertszeit beschrieben (bei U-235 beträgt sie ca. 700 Millionen Jahre). Für jeden Kern ist die Wahrscheinlichkeit 0,5 in diesem Zeitraum und entsprechend 0,75 in zwei Halbwertszeiten zu zerfallen. Das heißt für eine große Anzahl an Kernen können wir empirisch feststellen, dass nach Ablauf einer bestimmten Zeit recht genau x% der Kerne zerfallen sind (abgesehen vom induzierten Zerfall in einer Kettenreaktion). Zerfällt nun ein Uran-235 Kern spontan (also nicht induziert durch das Auftreffen von Neutronen), so werden wir das (quantenmechanisch) anhand dieser speziellen Eigenschaft der Instabilität dieser Kerne erklären. Solche genuin probabilistischen Erklärungen rufen immer ein gewisses Unbehagen hervor, da unsere Vorstellungen der Welt letztlich stark von deterministischen Modellen geprägt werden. Aber wir kommen in derartigen Beispielen nicht um probabilistische Erklärungen herum, denn die Debatten um die möglicherweise verborgenen Variablen in der Quantenmechanik haben gezeigt, dass es sich hier um genuin indeterministische Prozesse handelt.

Erklärungen für einzelne Zerfallsprozesse sind dabei nicht an deren Vorhersagbarkeit gekoppelt, sondern sollten auch ohne sie möglich sein. Der Einfluss der Instabilität wird zudem geringer und klarer bestimmbar, wenn wir zu größeren Zahlen übergehen. Wenn wir jedoch nicht sagen wollen, dass in solchen Fällen *nur* für größere Zahlen oder längere Zeiträume eine bestimmte Eigenschaft vorliegt, diese jedoch in den Einzelfällen nicht existiert oder wirksam wird, dann sind wir auf die Annahme von *Einzelfallwahrscheinlichkeiten* festgelegt. Die eben erwähnte Gegenposition, nach der probabilistische Dispositionen nur auf einer größeren Menge existieren (sogenannte „*long run propensities*"), erscheint mir geradezu als eine magische Auffassung solcher Eigenschaften. Sie geht davon aus, dass eine längere Folge von Wiederholungen eines Experiments E eine bestimmte probabilistische Disposition aufweist, diese aber nicht in geeigneter Form in den einzelnen Experimenten angelegt sind oder durch sie erklärbar ist. Trotzdem finden wir diese Auffassung immer wieder in den Interpretationen des Wahrscheinlichkeitsbegriffs sowie bei Vertretern von Propensitätsauffassungen wie Gillies (2000). Sie ist ebenso in der reinen Häufigkeitskonzeption etwa bei von Mises wiederzufinden, erbt aber auch die Probleme dieser Auffassung wie das *Lückenproblem* (s. u.). Ich spreche dagegen von Einzelfallwahrscheinlichkeiten und dem sich daraus ergebenden Muster von Wahrscheinlichkeiten für längere Folgen:

> Probabilistische Dispositionen erzeugen ein Muster von „Chancen", und die dem Muster zugrunde liegenden Eigenschaften nennt man Propensitäten. Mit „Propensität" führt man einen *theoretischen Begriff* ein, der eine recht abstrakte quantitative Eigenschaft eines Objekts oder Systems wiedergeben soll, dessen Werte sich nach den Wahrscheinlichkeitsaxiomen richten.

Es spricht einiges dafür, dass bestimmte Systeme derartige Eigenschaften (wenigstens approximativ) aufweisen, vermutlich aufgrund anderer physikalischer Eigenschaften, auf denen die Propensität superveniert. Das scheint jedenfalls für unser Beispiel des Uran-235 so zu sein, in dem sich die Propensitäten für verschiedene experimentelle Situationen aus der bestimmten Zerfallstendenz der U-235-Atome ergeben. Oder sie beruhen etwa auf bestimmten physikalischen Symmetrien eines kausalen Mechanismus oder Objekts, das dabei im Spiel ist. Welches Objekt oder System wir jeweils betrachten, ist oft nicht klar festgelegt. Wir können sagen, dass der Würfel (aufgrund seiner Symmetrie) die Wahrscheinlichkeit 1/6 hat, eine Fünf zu zeigen, wenn er in bestimmten Typen von Experimenten geworfen wird. Dann rechnen wir die Wurfbedingungen zu den Auslösebedingungen unserer Disposition. Oder wir sagen, dass ein größeres System von Werfer und Würfel eine entsprechende Disposition bei Vorliegen weiterer geeigneter Randbedingungen aufweist.

Wiederum haben Empiristen wie Reichenbach oder von Mises (1928) versucht, einen objektiven Begriff von Wahrscheinlichkeit direkt auf beobachtbare Größen zurückzuführen. Demnach ist eine Wahrscheinlichkeit einfach der Grenzwert der relativen Häufigkeiten für das Ergebnis A, die sich bei der Wiederholung eines Experiments E einstellen würden, wenn wir es unendlich oft wiederholen würden. Wenn sich dabei eine Folge einstellt, die konvergiert und regellos ist (in dem Sinne, dass jede unendlich Teilfolge, die durch eine Beschreibung ausgewählt wird, die nicht von den jeweiligen Ergebnissen des Experiments ab-

III.4 Spezielle Dispositionen: Propensitäten

hängt, gegen denselben Grenzwert konvergiert), so nennt man sie ein *von Misessches Kollektiv* (M-Kollektiv) und den Grenzwert der relativen Häufigkeiten von As in dieser Folge die Wahrscheinlichkeit von A im Experiment E.

Diese Konzeption weist eine Reihe von schwerwiegenden Problemen auf, die letztlich dazu führen, dass wir sie nicht als brauchbare Interpretation von Wahrscheinlichkeit betrachten können (vgl. Rosenthal 2004). Zunächst ist der Ansatz nicht wirklich empiristisch gedacht, weil die Annahme unendlich vieler Wiederholungen sich nicht nur auf reale Daten beziehen kann, sondern wesentlich auf *fiktiven Experimenten* beruht. Doch wie können wir von endlich vielen Experimenten auf die Ergebnisse unendlich vieler weiterer Experimente schließen? Das geht bestenfalls, wenn wir annehmen, dass die Ergebnisse der Experimente im Hinblick auf A durch bestimmte Eigenschaften der einzelnen Experimente produziert werden, die eine schnelle Konvergenz zur Folge haben, so dass wir bereits in den ersten Abschnitten der Folge gute Hinweise auf ihren Grenzwert erhalten. Dass solche speziellen Eigenschaften vorliegen (die wir als *Propensitäten* bezeichnen würden), dafür können hinreichend viele Experimente bereits empirische Indizien bieten. Aber ohne die Annahme, dass es solche Eigenschaften gibt, schließen wir schlicht von endlich vielen Gliedern einer Folge auf deren möglichen Grenzwert im Unendlichen. Doch wir wissen, dass rein mathematisch betrachtet endlich viele Folgenglieder irrelevant sind für die Konvergenz und den konkreten Grenzwert. Ja sogar die Reihenfolge der Folgenglieder ist wichtig. Durch geschicktes Umordnen lassen sich beliebige Grenzwerte von relativen Häufigkeiten erzielen (jedenfalls, wenn die Folge nicht gegen 0 oder 1 konvergiert).

Popper hat uns auch erklärt, warum es nicht genügt, Mitglied irgendeines M-Kollektivs zu sein, um eine Wahrscheinlichkeit festzulegen. Denken wir nur an zwei Münzen M1 (fair) und M2 (mit P(Kopf) = 0,6). Wir könnten in eine reine M1-Folge, die ein M-Kollektiv darstellt, einige Würfe mit M2 einstreuen. Sind es endlich viele, bleibt die M-Kollektiv-Eigenschaft erhalten und der Grenzwert für die relative Häufigkeit von Kopf bleibt bei 0,5. Trotzdem behalten selbstverständlich die neuen Mitglieder des Kollektivs ihre Wahrscheinlichkeit von 0,6 für Kopf. Nun könnten wir sogar die M1 und die M2-Würfe zufällig mixen im Verhältnis 1:1 (vgl. Humphreys Experiment in III.1). Dann erhielten wir nach von Mises 0,55 als neue Wahrscheinlichkeit für Kopf. Trotzdem liefert das keine korrekte Antwort auf die Wahrscheinlichkeiten für die beiden Münzen. Das Entscheidende für ein *sinnvolles Kollektiv* ist, dass die relevanten Erzeugungsbedingungen konstant gehalten werden und nicht, dass die formalen Bedingungen für ein M-Kollektiv erfüllt sind.

Für von Mises sind Einzelfallwahrscheinlichkeiten sinnlos, denn Wahrscheinlichkeiten kommen nur M-Kollektiven zu. Doch in welche Serie gehört ein Ereignis E? Formal können wir es als Element vieler unterschiedlicher Folgen auffassen. Sinnvoll kann das nur durch die relevanten Eigenschaften von E entschieden werden. Sie sind die Grundlage der Wahrscheinlichkeiten und sollten daher im Zentrum der Interpretation stehen. Nur wenn es sich bei ihnen um geeignete Eigenschaften handelt, dürfen wir erwarten, dass eine unendliche Folge von Es überhaupt konvergiert und trotzdem die erforderliche Regellosigkeit aufweist, so dass wir von einem Zufallsexperiment sprechen können, das durch objektive Wahrscheinlichkeiten beschrieben werden sollte.

Ein grundsätzliches Problem ist vor allem die *Lücke*, die immer zwischen Häufigkeiten und Wahrscheinlichkeiten verbleibt. Wir sagen nicht, dass die Wahrscheinlichkeit von A gerade die relative Häufigkeit von A bei 10 Experimenten ist, weil diese zwar einen Hinweis auf die Wahrscheinlichkeit liefert, aber eben nicht mit ihr identisch ist. Auch die Qualität des Hinweises wird wieder mit Hilfe von Wahrscheinlichkeiten qualifiziert. Dieses Problem wird selbst durch unendliche Folgen nicht behoben. Man betrachte die beiden Folgen einer fairen Münze:

F1: KKZKZZZKZKK…
F2: KKKKKKKKKKK…

Zunächst betrachten wir n Folgenglieder. Welche Folge ist dann wahrscheinlicher? Beide haben Wahrscheinlichkeit 2^{-n}. Das überträgt sich als Grenzwert auf die unendlichen Folgen. Die Wahrscheinlichkeit ist gleich Null und muss auch Null sein, um konsistent zu bleiben. Das bedeutet jedoch, dass selbst bei einer fairen Münze die Folge F2 genauso gut auftreten kann wie jede andere unendliche Folge. Es ist nur nicht sehr wahrscheinlich, dass die Häufigkeit von Kopf in unendliche Folgen so stark von der Wahrscheinlichkeit abweicht, weil es viel mehr Folgen gibt, die ungefähr gleich oft Kopf und Zahl aufweisen. Damit haben wir uns trotz der gewagten Fiktion einer unendlichen Folge noch nicht des Grundproblems entledigen können, dass relative Häufigkeiten keineswegs den vorliegenden Wahrscheinlichkeiten entsprechen müssen. Relative Häufigkeiten können daher nicht zur *Definition* realer Wahrscheinlichkeiten dienen. Sie sind nur meist unsere besten empirischen Indikatoren dafür.

Die Schwächen der Konzeption relativer Häufigkeiten sprechen für den Gegenspieler: den Propensitätenansatz. Die relativen Häufigkeiten, die sich einstellen, wenn wir viele gleichartige Experimente ausführen, dienen als gute Hinweise darauf, welche Propensität ein System S im Hinblick auf die Verwirklichung eines Ergebnisses E aufweist. „In the long run" ergibt sie im Normalfall gerade die gesuchte Wahrscheinlich-

III.4 Spezielle Dispositionen: Propensitäten

keit. (Man könnte sagen, der Begriff Wahrscheinlichkeit beschreibt hier den Wert, mit dem die zugrunde liegende Eigenschaft dazu tendiert, E hervorzubringen.) Doch leider gibt es kein einfaches Messverfahren für diese Wahrscheinlichkeit. Das zeigt das eben genannte „Lückenproblem".

Das ist allerdings genauso für andere *theoretische Größen* in der Wissenschaft der Fall und hinderte selbst Empiristen wie Carnap nicht daran, die theoretischen Größen trotzdem als sinnvoll einzustufen. Wir sollten nur in der Lage sein, *Brückenprinzipien* anzugeben, die den Begriff mit beobachtbaren Größen (oder jedenfalls anderweitig bestimmbaren Größen) in Beziehung setzen, so dass wir unsere Theorien, die sich darauf stützen, empirisch testen können. Nach Carnap ist ein Brückenprinzip eine (gesetzesartige) Aussage, die sowohl theoretische als auch beobachtbare Größen enthält. Er hielt sie für rein analytische Aussagen, doch das ließ sich nicht aufrechterhalten.

Einige heutige Wissenschaftstheoretiker denken für ein solches Brückenprinzip für Propensitäten an das sogenannte „principal principle" oder „Hauptprinzip", das subjektive Wahrscheinlichkeiten mit objektiven verbindet (Lewis 1980, Rosenthal 2004). Die Propensitäten erhalten ihre Interpretation dadurch, dass sie als vernünftige Wegweiser für unsere Glaubensgrade dienen. Etwas vereinfacht besagt es:

(PP) Glaubensgrad(A/ch(A) = x) = x ist vernünftig

Demnach ist es vernünftig, einen Glaubensgrad von x daran zu haben, dass A eintritt, wenn wir schon wissen, das A die objektive Chance x hat, einzutreffen.

Aber das scheint mir geradezu „hintenherum" gedacht zu sein. Warum sind die objektiven Wahrscheinlichkeiten denn so gute Wegweiser? Das sind sie doch nur deshalb, weil sie unsere besten Tipps für die zu erwartenden relativen Häufigkeiten darstellen. Nur ihre enge Verbindung mit diesen Häufigkeiten macht sie so spannend für uns. Sie erlaubt es zudem, die Werte der Propensitäten wenigstens approximativ zu bestimmen bzw. zu schätzen. Diese Art der Operationalisierbarkeit theoretischer Größen war ein wesentliches Ziel der Brückenprinzipien.

Die Verbindung zu den relativen Häufigkeiten sollte daher auch als Brückenprinzip formuliert werden. Das sieht leider auf den ersten Blick nicht so einfach aus. Rosenthal (2004: Kap. 4) verwirft etwa das von Mathematikern gern genannte Gesetz der großen Zahlen als mögliches Brückenprinzip, weil hier die Wahrscheinlichkeit mit einem Grenzwert mehr oder weniger gleichgesetzt wird, der selbst aber auch keine beobachtbare Größe ist, weil wir es de facto immer nur mit endlich vielen Experimenten und daher endlichen relativen Häufigkeiten zu tun haben und vor allem, weil auch das Lückenproblem bestehen bleibt.

Ich denke dieser Einwand ist beachtenswert, insbesondere wenn wir an eine *Definition* der Wahrscheinlichkeit denken. Für eine partielle Interpretation im Sinne eines Brückenprinzips sind die Anforderungen aber nicht ganz so stark. Wir können zudem von den *fiktiven* Folgen und ihren Grenzwerten abgehen und müssen stattdessen nur an die Ungleichungen für endliche relative Häufigkeiten denken, die dem Gesetz der großen Zahlen zugrunde liegen, wenn wir ein Brückenprinzip finden möchten. Etwa an die *Tschebyscheffsche Ungleichung* (die Schreibweise ist recht uneinheitlich) oder an die Chernoffsche Ungleichung. Sie verbinden in universeller Weise Wahrscheinlichkeiten mit beobachtbaren Größen. Wenn wir eine Folge von gleichartigen und voneinander unabhängigen Experimenten F_i betrachten und eine Folge von Zufallsvariablen X_i, die jeweils die 1 annehmen, wenn unser Ergebnis A auftritt (z. B. Kopf – beim Werfen einer Münze) und die 0, wenn A nicht eintritt, dann ist die konkrete Wahrscheinlichkeit p dafür, dass A im Einzelfall auftritt und der allgemeine Begriff der objektiven Wahrscheinlichkeit P, mit bestimmten Häufigkeiten auf die folgende Weise, die aus der Tschebyscheffschen Ungleichung folgt, miteinander verknüpft:

(**BW**) (Brückenprinzip für Wahrscheinlichkeiten)
für alle $\varepsilon > 0$ und $S_n = X_1 + X_2 + \ldots + X_n$ gilt dann:

$$P\left(\left|\frac{S_n}{n} - p\right| \geq \varepsilon\right) \leq \frac{p(1-d)}{n\varepsilon^2}$$

Da wir den rechten Term für echte Wahrscheinlichkeiten, d. h. $0 < p < 1$ noch weiter abschätzen können, erhalten wir die etwas übersichtlichere Gleichung

(**BW***) (Brückenprinzip* für Wahrscheinlichkeiten)
für alle $\varepsilon > 0$ und $S_n = X_1 + X_2 + \ldots + X_n$ gilt dann:

$$P\left(\left|\frac{S_n}{n} - p\right| \geq \varepsilon\right) \leq \frac{1}{4n\varepsilon^2}$$

Hier werden ganz allgemein konkrete Wahrscheinlichkeitsbehauptungen für das Auftreten von A in Beziehung gebracht zu relativen Häufigkeiten S_n/n. Das lässt sich am besten an einfachen Beispielen verdeutlichen.

(*) Für p = 0,3 und d = 0,1 ergibt sich für 1000 Würfe mit einer (unfairen!) Münze, dass die Abweichung der relativen Häufigkeiten vom idealen Wert 0,3 um mehr als 0,1 nur eine Wahrscheinlichkeit von weniger als 2,1 Prozent hat. (Genaue Berechnungen zeigen, dass sie noch viel kleiner ist als in dieser allgemeinen Abschätzung.)

III.4 Spezielle Dispositionen: Propensitäten

Trotzdem sind wir vermutlich nicht besonders zufrieden mit dem Brückenprinzip (BW). Doch was stört uns daran? Genau genommen werden unsere reduktionistischen Gelüste nicht befriedigt. Es findet keine Übersetzung von Wahrscheinlichkeiten in relative Häufigkeiten statt, sondern immer nur in relative Häufigkeiten mit einer bestimmten Wahrscheinlichkeit. Das ist die Lücke: Kein mögliches Brückenprinzip kann einen Zusammenhang zwischen Wahrscheinlichkeiten und Häufigkeiten herstellen, der nicht selbst wieder einschränkt, dass andere Häufigkeiten jedenfalls nur geringe Wahrscheinlichkeiten aufweisen. Aber selbst „in the long run" sind sie nicht unmöglich. Das erscheint zirkulär oder führt zu einem Regress mit immer neuen Wahrscheinlichkeiten.

Aber das wussten wir eigentlich schon, denn eine echte Übersetzung gibt es eben nicht. Es wird nur jeweils behauptet, dass bestimmte Abweichungen vom „idealen" Wert mit recht kleinen Wahrscheinlichkeiten auftreten. Wir werden den Begriff der Wahrscheinlichkeit dabei also nicht los. Das wird jedoch für eine partielle (implizite) Interpretation von theoretischen Termen im Sinne von Brückenprinzipien auch nicht wirklich verlangt. Das ist jedenfalls nicht Teil der Carnapschen Forderung nach einer *partiellen Interpretation* theoretischer Begriffe. Gerade für solche Fälle von nicht-Reduzierbarkeit theoretischer Terme wurden die Brückenprinzipien eingeführt. Die Bedeutung der theoretischen Terme ergibt sich in holistischer Weise aus ihrem Zusammenspiel mit anderen Begriffen in Form der Gesetze und Brückenprinzipien. Ein Vorbild war dafür die Hilbertsche „implizite Definition" der geometrischen Begriffe, die auch keine Reduktion auf nicht-geometrische Begriffe zuließ.

In empirischen Beispielen aus der wissenschaftlichen Praxis ist es zwar häufig der Fall, dass wir die betreffenden Größen zumindest in einigen Anwendungen approximativ bestimmen können (bzw. operationalisieren können). Denken wir an ein statisches elektrisches Feld E. Es wird in jedem Raumpunkt durch einen Vektor dargestellt. Wir können es messen, indem wir einen Probekörper mit einer bestimmten elektrischen Ladung q in das Feld bringen. Dann gilt: $F = qE$. Die Kraft F, die auf den Probekörper wirkt, können wir messen und damit E an dieser einen Stelle bestimmen. Allerdings sind hierbei einige Schwierigkeiten zu beachten. Neben den üblichen Messfehlern gilt es zu berücksichtigen, dass der Probekörper mit seiner (kleinen) Ladung q bereits selbst das Feld E (etwas) verändert. Die Probleme vergrößern sich, wenn es sich um ein sich schnell veränderndes elektromagnetisches Feld handelt und wenn es womöglich noch innerhalb von Flüssigkeiten oder Festkörpern vorliegt. Explizite Messungen sind noch viel „approximativer". Außerdem werden wir so nur für endlich viele Stellen eine Messung vornehmen können, während die Aussage über ein Feld sehr viel mehr beinhaltet. Eine Messung des unveränderten Feldes ist also nicht möglich.

Trotz der sicher noch verbleibenden Unterschiede zwischen dem Feldbeispiel und unseren Wahrscheinlichkeiten hilft uns die Analogie vielleicht doch, (BW) eher als ein brauchbares Brückenprinzip zu akzeptieren, auch wenn es keine einfachen Messvorschriften liefert – noch nicht einmal für spezielle Fälle.

Es bietet immerhin ebenfalls einen approximativen Ersatz dafür an. Eine Aussage vom Typ (*) wird von uns zumindest intuitiv verstanden. Sie besagt, dass durchschnittlich die relative Häufigkeit zwischen 0,2 und 0,4 liegen wird (bei mehr als 1000 Würfen) und wir in hundert Fällen nur ungefähr zweimal eine deutlichere Abweichung erwarten. Je nach Einsatzzweck können wir uns darauf verständigen, etwa davon auszugehen, dass hier unsere relative Häufigkeit zwischen 0,2 und 0,4 angesiedelt ist, und wir die anderen Fälle nur noch als Ausreißer betrachten, die selbst bei den einfachsten und genauesten Messungen von nicht statistischen Größen ebenso zu finden sind. Oder es sagt uns, welches unsere beste Schätzung für die zugrunde liegende Wahrscheinlichkeit ist.

Den Logiker wird das nicht zufriedenstellen, aber für praktische Zwecke in einer empirischen Wissenschaft genügt diese Zuordnung. Der Logiker muss sich eben auf (BW) alleine beschränken. Dem Wissenschaftler genügen oft schon Aussagen vom Typ (*), da er mit dessen Hilfe Theorien testen und sogar „praktisch falsifizieren" (Popper) kann. Selbst ein Vertreter rein deduktiver Methoden wie Popper musste einräumen, dass wir für probabilistische Aussagen auf weitergehende methodische Prinzipien angewiesen sind. Wie eng die mit den Ideen von strengen Tests und Falsifikationen verknüpft sind, untersuchen Mayo (1996) und Albert (1992).

Ernest Nagel (1979: 94 ff.) hat an Beispielen erläutert, dass es für derartige Korrespondenzregeln, wie er sie nannte, keine kanonische logische Form gibt und wir außerdem mit Approximationen rechnen müssen: „The haziness that surrounds such correspondence rules is inevitable, since experimental ideas do not have the sharp contours that theoretical notions possess." (Nagel 1979: 100). Wir sollten in diesem Punkt nicht strenger sein als die logischen Empiristen. Nagel war zu diesen Zugeständnissen bereit, weil er schon für die „normalen" theoretischen Terme erkannte, dass wir auf Zuordnungsregeln zwingend angewiesen sind, die keinen logisch „sauberen" Charakter haben.

Neben diesem intuitiven Problem mit unserem Brückenprinzip gibt es zweifellos noch viele andere Schwierigkeiten mit Propensitäten. Etwa das Humphreysche Paradox, das letztlich wohl darauf hinaus läuft, dass wir nicht alle Wahrscheinlichkeiten in einfacher Weise als *kausale* Propensitäten verstehen können, oder die Frage nach der jeweiligen Refe-

III.4 Spezielle Dispositionen: Propensitäten

renzklasse, die Gillies (2000) dazu bringt, Einzelfallwahrscheinlichkeiten als metaphysische Entitäten zu diffamieren und zu verwerfen. Doch approximativ sind uns die Werte der Propensität oft empirisch zugänglich, und das reicht schließlich für praktische Zwecke. Jedenfalls werde ich an dieser Stelle nicht weiter auf diese Probleme und andere Schwierigkeiten mit Propensitäten (s. Eagle 2004) eingehen. Es genügt vielleicht zu erwähnen, dass wir auf bestimmte objektive Deutungen von Wahrscheinlichkeiten für unsere Objekttheorien wie die Quantenmechanik und andere Theorien angewiesen sind, und ebenfalls für unsere Konzeptionen von Kausalität oder für das Hauptprinzip, und dass jede Interpretation dieser Wahrscheinlichkeit mit ähnlichen Schwierigkeiten kämpfen muss (vgl. Hajek 2003). Es muss andererseits nicht jede Wahrscheinlichkeitsaussage als eine Aussage über Propensitäten gedeutet werden. Diese Deutung ist speziellen Fällen vorbehalten.

Auch andere Fragestellungen sind nicht unbedingt Probleme des hier vertretenen Ansatzes. So muss man natürlich fragen, was mit „gleichartigen" und voneinander unabhängigen Experimenten gemeint ist und inwieweit diese Bedingungen beobachtbar sind. Das Herstellen gleichartiger Versuchsbedingungen (in allen kausal relevanten Eigenschaften), wobei ein Versuch den anderen nicht kausal wesentlich beeinflusst, ist ein grundsätzliches Problem allen Experimentierens und zumindest anhand von (hypothetischem) Hintergrundwissen oft einigermaßen zu bewerkstelligen. Wüssten wir dabei nicht, worüber wir reden, könnten wir allerdings mit all unseren Redeweisen von Gesetzen, Kausalität und statistischen Auswertungen kaum einen guten Sinn verbinden. Deshalb erscheint es mir nicht sinnvoll, in diesem Kontext speziell darauf einzugehen oder so zu reden, als ob dieser Ansatz von weitergehenden Analysen in diesem Bereich in besonderer Weise abhängig wäre.

Eine andere Frage, die ich hier nicht definitiv beantworten kann, ist die, in welchen Bereichen wir auf *genuin* probabilistische Eigenschaften und ihre Muster stoßen. In den Sozialwissenschaften und der Medizin müssen wir uns meist mit probabilistischen Gesetzen begnügen. Doch viele Theoretiker wie Pearl (2000) deuten diese Fälle so, dass es sich eigentlich um deterministische Phänomene handelt, und die Wahrscheinlichkeiten nur dadurch ins Spiel kommen, dass wir viele (kleinere) Faktoren jeweils nicht berücksichtigen können. Ihr Einfluss wird dann in das U in unserer Gleichung (G) gesteckt (vgl. III.5: (G) $Y = f(X) + U$). Wir behandeln diese Fälle, als ob sie Beispiele für tatsächlich probabilistische Vorgänge wären, selbst wenn das genau genommen vielleicht nicht stimmt. Doch hier wäre ich zunächst viel zurückhaltender. Wir haben keine guten Gründe für die Annahme, dass ihnen eigentlich deterministische Prozesse zugrunde liegen. Für unsere Zwecke genügt es jedenfalls, dass wir in vielen Fällen um probabilistische Erklärungen nicht herumkommen und in anderen schlicht nicht wissen, ob hinter einem indeterministisch erscheinenden Vorgang sich noch ein deterministischer verbirgt. Beide Male liefert das indeterministische Modell zunächst ein gute Beschreibung der Situation, soweit wir sie kennen. Unser bester Tipp sollte sein, dass es eine adäquate Beschreibung und Erklärung liefert, solange wir nicht über anderslautende Informationen verfügen.

Wenn wir außerdem bedenken, dass die empirisch feststellbaren Verletzungen der Bellschen Ungleichung gute Indizien für eine im Grunde (vor allem in der Mikrowelt) indeterministische Welt darstellen, liegt zumindest die Beweislast für eine gegenteilige Behauptung auf Seiten der Deterministen. Zunächst scheinen indeterministische Modelle vieler Phänomene, die bestimmte Ereignisse als das Wirken von Propensitäten erklären, gute Erklärungsansätze zu bieten (vgl. Fetzer 2002).

Dabei muss man bedenken, dass selbst wenn ein Würfel sich bei bestimmten Anfangsbedingungen deterministisch verhält, die Anfangsbedingungen in indeterministischer Weise auftreten können. Er hat die Disposition, auf das Auftreten solcher Anfangsbedingungen hin ein indeterministisches Muster zu zeigen, wenn eine hohe Sensibilität des Würfelergebnisses gegenüber kleinen Änderungen der Anfangsbedingungen vorliegt. So erhalten wir wieder indeterministische Modelle.

Wenn wir schließlich noch bedenken, dass eine deterministische Beschreibung bestimmter Systeme etwa in der Mechanik darauf beruht, dass sie als abgeschlossen gelten können und wir starke Idealisierungen bzgl. der Feinstruktur ihrer Raum-Zeit vornehmen können, so fällt es dem Deterministen immer schwerer, seine Beweislast zu tragen (vgl. Bartelborth 1994). Wir wissen jedenfalls, dass es tatsächliche Anwendungen für statistische Erklärungen gibt, und kennen nur nicht den genauen Umfang des Anwendungsbereichs.

Fazit: Propensitäten sind in naheliegender Weise als Dispositionen aufzufassen, die allerdings einen recht abstrakten, theoretischen Charakter haben. Sie beruhen vermutlich oft auf anderen Eigenschaften bestimmter Systeme und lassen sich zum Teil auch daraus bestimmen. Ihre quantitative Bedeutung erhalten sie anhand der theoretischen Gesetze (der Wahrscheinlichkeitsaxiome) und von Brückenprinzipen wie (BW). Ihren Erklärungswert zeigen sie dort, wo es darum geht zu verstehen, wie bestimmte Muster auftreten können, die lokal sehr regellos erscheinen, aber auf längere Sicht stabile relative Häufigkeiten erzeugen. Mit Hilfe von (BW) können wir schließlich methodologische Regeln für Theorien entwerfen, die probabilistische Konzepte verwenden. Ob die dafür meist eingesetzten Signifikanztests die optimalen Regeln darstellen oder andere zu bevorzugen sind, ist hier nicht mein Thema.

III.5 Nomische Muster und Invarianz

Eine große Schwierigkeit der klassischen Erklärungskonzeption war immer, dass wir in vielen Gebieten der Wissenschaft keine echten Naturgesetze (oder zu wenige) finden. Jedenfalls keine universellen Generalisierungen, die praktisch ohne Ausnahme gelten. Man denke dazu nur an die Sozialwissenschaften, die Medizin, die Biologie, aber auch an bestimmte Teile der Naturwissenschaften wie z. B. die Klimaforschung etc. Auf diese Problematik kann man unterschiedlich reagieren, aber kaum ein Wissenschaftstheoretiker möchte behaupten, dass in diesen Bereichen eben keine (wissenschaftlichen) Erklärungen gegeben werden können. Dann kann man entweder von der Forderung nach Gesetzen in Erklärungen abrücken, was wir hier auch tun werden, oder man kann schließlich den Gesetzesbegriff immer weiter aufweichen.

Im letzteren Fall haben wir die Grenzen abzustecken, was noch als *Ceteris-paribus-Gesetz* durchgehen soll. Es besteht dabei jedoch immer die Gefahr der Trivialisierung des Gesetzesbegriffs (s. o.). Statt zu einem Gesetz G gehen wir über zu CP-G, was ungefähr bedeutet, dass bei Vorliegen der CP-Bedingungen (zum Beispiel „Normalbedingungen" oder „Bedingungen, die in allen relevanten Eigenschaften genauso sind, wie in unseren paradigmatischen Beispielen") G gilt. Doch wie ist dann CP-G zu widerlegen? Hat es überhaupt noch einen empirischen Gehalt? Sollten wir auf Situationen stoßen, in denen G nicht erfüllt ist, ist es doch offensichtlich, dass die nicht bekannten CP-Bedingungen dort wohl nicht erfüllt waren. Also sprechen die Beispiele nicht gegen CP-G. Natürlich können die CP-Vertreter darauf reagieren, und wir haben in II.7 schon den Completer-Ansatz von Hausman vorgestellt, der eine erste Antwort darauf bietet.

Viele Wissenschaftstheoretiker wie Earman et al. (2002) oder Woodward (2002b) sehen hier allerdings den Gesetzesbegriff zu sehr verwässert und entwertet. Das, was Gesetze ursprünglich ausgezeichnet hat und für Erklärungen geeignet erscheinen ließ, ist schon verloren gegangen und wird durch Bedingungen ersetzt, die Ad-hoc-Charakter haben und für die nicht mehr klar ist, was sie noch als erklärend qualifiziert. Deshalb sollten wir lieber andere Wege gehen.

In dem Fall müssen wir einen Ersatz für den Gesetzesbegriff schaffen und deutlich machen, inwiefern diese Ersatzbedingung zwischen erklärenden Generalisierungen G, die ich *nomische Muster* nennen werde,[8] und anderen Generalisierungen G sinnvoll unterscheiden kann. Die Frage ist somit: Was zeichnet die Muster aus, die Erklärungskraft haben, bzw. was kennzeichnet die „nomischen" Muster? Sie beschreiben *relativ stabile, genuine dispositionale Eigenschaften* bestimmter Objekte oder Systeme.

Nomische Muster sind relativ stabile, intrinsische dispositionale Eigenschaften bestimmter Objekte oder Systeme (bzw. die Beschreibung solcher Eigenschaften).

Statt wie Bird in den Fällen von Dispositionen, die sich nicht manifestieren, von CP-Gesetzen zu sprechen, werde ich lieber Woodward folgen und davon ausgehen, dass wir es mit Generalisierungen (Regularitäten, Mustern) zu tun haben, die nur in bestimmten Anwendungsbereichen invariant gelten und die wir deshalb nicht als Naturgesetze bezeichnen sollten. Damit erhalten wir starke Abstufungen von Gesetzesartigkeit, die allerdings immer noch einen qualitativen Unterschied zwischen nomischen und akzidentellen Mustern kennen. Diejenigen Generalisierungen, die in der Lage sind, zu kontrafaktischen Fragen Auskunft zu erteilen, weil sie bestimmte intrinsische Dispositionen beschreiben, nenne ich „nomisch" oder „gesetzesartig". Diese Dispositionen müssen nicht wie die Massenanziehung universellen Charakter haben, sondern es genügt, dass sie in gewissen Anwendungsbereichen stabil gelten, wie das angeführte Stockholm-Syndrom. Weitere Beispiele werden wir später in der Debatte des Mechanismen-Ansatzes noch kennen lernen.

Woodward weiß allerdings über die Invarianzbedingung hinaus nicht zu unterscheiden, warum bestimmte Generalisierungen erklären und andere nicht, denn er stellt sich (mit wenigen Ausnahmen) nicht die Frage, was die möglichen *Wahrmacher* für die geforderte Invarianz sind. Dafür bietet er viele Einsichten zu der erkenntnistheoretischen Fragestellung, wann gute Indizien dafür vorliegen, dass wir es mit einen nomischen Muster zu tun haben und nicht nur mit einer zufälligen Korrelation. Die Entscheidung darüber obliegt natürlich letztlich dem jeweiligen Wissenschaftler der betreffenden Disziplin und wird sich kaum als einfacher Algorithmus darstellen lassen. Dennoch können wir unser Augenmerk auf bestimmte Aspekte richten.

Welche das sind, dazu können wir auf die Antwort von Woodward (2000, 2003) und anderen Wissenschaftstheoretikern aus dem Bereich der kausalen Erklärungstheorien zurückgreifen, die hier von einer *Invarianz* dieser Muster bzw. ihrer *Stabilität* gegenüber Veränderungen bzw. aktiven *Interventionen* ihrer Randbedingungen sprechen. Diese muss noch genauer charakterisiert werden. Beide Vorgehensweisen (CP-Gesetze und Invarianz bzw. nomische Muster) können jedoch als unterschiedliche Bezeichnungen für das im Kern selbe Projekt verstanden werden. Es handelt sich um sinnvolle Abschwächungen des Konzepts der „Naturgesetze", die weiterhin erklären können, wieso diese Abschwächungen Erklärungskraft besitzen.

Gehen wir davon aus, wir hätten eine Generalisierung G in funktionaler Form beschrieben (was im Prinzip meistens möglich ist und nicht bedeuten muss, dass es sich dabei um quantitative Größen handelt):

(G) $Y = F(X) + U$

III.5 Nomische Muster und Invarianz

Hierbei stehen X und Y für bestimmte Variablen (oder Funktionen), die das Vorliegen bzw. das Ausmaß beschreiben, indem ein Gegenstand eine bestimmte Eigenschaft E_X und eine bestimmte Eigenschaft E_Y aufweist, und U beschreibt den statistischen Fehler bzw. die Unbestimmtheit. X und Y können jeweils mehrere Variablen umfassen und sind, wie erwähnt, keineswegs auf quantitative Größen festgelegt. X ist die unabhängige Größe, die Y beeinflusst. Y könnte z. B. die Kraft sein, die auf einen Körper wirkt, ausgeübt durch eine Feder, dann gäbe X deren Auslenkung an. Oder Y ist die Gravitationskraft der Erde auf andere Körper, dann beinhaltet X den Abstand und die Masse der anderen Körper: $f = k\, m/r^2$, wobei die Konstante k die Gravitationskonstante und die Masse der Erde enthalten würde. Y kann aber auch das Vorhandensein (1) oder die Abwesenheit (0) einer Krankheit anzeigen und X die Gabe eines Medikaments (1) oder die „Nicht-Gabe" (0). Oder X beschreibt das Auftreten bestimmter Emotionen und Y das Auftreten bestimmter Verhaltensweisen (oder Blutdruckschwankungen etc.).

Diese Art von Modellierung soll so verstanden werden, dass X eine Ursache von Y darstellt und die Funktion F den genaueren Zusammenhang liefert. Woodward (2003: 318) wählt gern das Beispiel:

(DUE) $Y = a_1 X_1 + a_2 X_2 + U$,

in dem Y das Wachstum einer Pflanze beschreibt, die a_i Konstanten darstellen, X_1 die Menge an zugeführtem Wasser angibt und X_2 die Menge an Dünger. Die Gleichung (DUE) gilt in gewissen Grenzen und unter gewissen Randbedingungen. Damit sie Erklärungskraft besitzt, muss die Gleichung zunächst unter einer Reihe von unterschiedlichen Randbedingungen (in denen andere Größen als X und Y verändert sind) gelten. Doch das trifft auf praktisch jede solche Generalisierung zu. So wird (DUE) sicher unter vielen Veränderungen konstant bleiben – etwa unter denen des Standortwechsels oder des Wechsels bestimmter Materialien. Die Bedingung ist daher für sich genommen noch recht schwach. Entscheidend aber ist, dass die Gleichung auch bei Interventionen an X_1 und X_2 Bestand hat. Für einen gewissen Invarianzbereich müssen Änderungen an der zugeführten Wasser- und Düngermenge zum entsprechenden Wachstum unserer Pflanze führen. Genauer gesagt müssen bestimmte kontrafaktische Konditionale erfüllt sein:

(*) Wenn die zugeführte Wassermenge x_1 und die Menge an Dünger x_2 gewesen wäre, so wäre das Pflanzenwachstum gerade $y = a_1 x_1 + a_2 x_2$ gewesen, abgesehen von einem gewissen Fehler. Dieses kontrafaktische Konditional muss für einen nicht-leeren Bereich für x_1 und x_2 gelten.

Außerdem wird dieses kontrafaktische Konditional so verstanden, dass die kontrafaktischen Bedingungen durch ein *aktives Eingreifen* realisiert werden, eine sogenannte *Intervention*, die eine Art von chirurgischem Eingriff in das kausale Geflecht darstellt. Es werden nur ganz bestimmte Größen (hier also X_1 und X_2) verändert, während die anderen beteiligten Größen dabei konstant bleiben (jedenfalls die, die nicht auf dem kausalen Weg von X_1 und X_2 nach Y liegen).

Nur wenn diese Stabilität (*) gegenüber Interventionen besteht, kann (DUE) ein bestimmtes Pflanzenwachstum erklären, denn nur dann zeigt (DUE) echte Abhängigkeiten auf. Es zeigt, wovon das Wachstum tatsächlich bestimmt bzw. hervorgerufen wird. Es ist eine Art von Relevanzbedingung und im Prinzip sogar empirisch testbar, nämlich durch kontrollierte Experimente. Wir werden allerdings noch genauer definieren müssen, was *Interventionen* sind. Jedenfalls zeigt (DUE) auf, wie wir eingreifen können, um ein bestimmtes Wachstum zu erzielen. Diese Abhängigkeitsverhältnisse, die wir zum Erklären heranziehen, sind auch asymmetrisch, denn ein Beschneiden der Pflanze würde sich natürlich nicht direkt auf die Wasser- und Düngermenge auswirken. Direkte Interventionen an Y würden also unsere Gleichung außer Kraft setzen. Wir können das zunächst in einer einfachen Definition für nomische Muster zusammenfassen.

(N-MUSTER) G: $Y = f(X) + U$ beschreibt ein nomisches Muster, wenn G invariant ist unter bestimmten Änderungen der Randbedingungen und Interventionen an X.

Intervention. Der Begriff der Intervention, auf den sich Woodward wesentlich stützt, ist letztlich nur mit gewissem technischen Aufwand formal sauber zu definieren. Das findet man z. B. in Woodward (2003: Kap. III) oder in Woodward & Hitchcock (2003) durchgeführt, aber in ähnlicher Form auch bei anderen Autoren wie Pearl (2000). Ich möchte hier nur auf die Idee aus der Kausalitätstheorie eingehen und den technischen Teil vermeiden. Eine Intervention ist einem *idealen Experiment* nachgebildet. Es ist ein idealer exogener Prozess, der die Variable X mit Hilfe einer Interventionsvariable I auf einen bestimmten Wert setzt. So wie in einem idealen Experiment der genaue Einfluss der Variable X auf Y bestimmt werden soll, indem eine Vermengung mit anderen Einflüssen verhindert wird, so ist das auch hier sicherzustellen. Dazu definiert Woodward, wann eine Größe I eine *Interventionsvariable* für X bezüglich Y ist. Hierzu gehört zunächst, dass I wie ein Schalter X auf einen bestimmten Wert bringen kann und X dabei von anderen Einflüssen abschirmt. Außerdem darf I die Größe Y nur auf dem Weg über X beeinflussen und nicht direkt oder auf anderen Wegen (Nebengleisen) ohne X. Außerdem sollte I nicht schon mit anderen Größen Z korreliert sein, die ihrerseits Y beeinflussen. Mit Hilfe von I können wir dann unsere gewünschten Interventionen an X im Hinblick auf Y vornehmen.

III.5 Nomische Muster und Invarianz

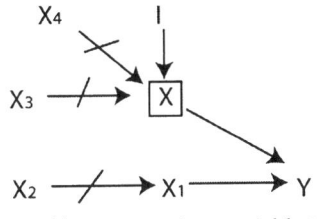

Grafik: Interventionsvariable I

Woodward unterscheidet zusätzlich zwischen dem „total cause" und dem „contributing cause". Falls X auf mehreren Wegen Y beeinflusst, soll der „total cause" die Gesamtbeeinflussung beschreiben, während die „beitragenden Ursachen" die Einflüsse der einzelnen Wege beschreiben sollen. Hier werden die Größen auf den anderen Wegen von X nach Y auch noch konstant gehalten. Das ist besonders für den recht speziellen Fall gedacht, dass sie sich gegenseitig aufheben.

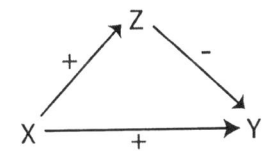

Grafik: „failure of faithfulness"

In derartigen Fällen, Woodward (2003: 49 u. 64) spricht von einem „failure of faithfulness", kann sich die Gesamtwirkung der zwei Wege aufheben. X wirkt direkt positiv auf Y, aber auch positiv auf Z, was seinerseits einen negativen Einfluss auf Y hat. Um die direkte Wirkung von X auf Y sichtbar zu machen, müssen wir in einem Experiment zusätzlich Z kontrollieren (festhalten auf einem bestimmten Wert), während wir X verändern.

Ein einfaches Beispiel von Woodward kann die allgemeine Idee verdeutlichen. Wir möchten wissen, ob ein Medikament M eine Krankheit K heilt. X besagt, ob jemand M bekommt (1) oder nicht (0), und Y beschreibt, ob der Betreffende geheilt wird (1) oder nicht (0). (Unsere Variablen nehmen also nur zwei konkrete Werte an.) Wir experimentieren nun im Prinzip mit einer Versuchsperson (bzw. zwei Gruppen von Versuchspersonen, der Behandlungs- und der Kontrollgruppe, weil das Experiment praktisch nur so durchführbar ist), indem wir ihr das Medikament bei Krankheit verabreichen (I) und schauen, was passiert. Dabei möchten wir den Einfluss des Medikaments (also den der Variable X) kennen lernen und zum Beispiel davon unterscheiden, dass das

Verabreichen selbst (Placeboeffekt) ohne den Weg über X bereits die Krankheit heilt. Wir möchten auch nicht, dass das Medikament speziell nur den widerstandskräftigeren Patienten verabreicht wird (I also unabhängig eingreift von anderen Faktoren Z, die Y beeinflussen). Alles das könnte unser Ergebnis verfälschen. I soll eine Intervention darstellen, die nur den Einfluss von X auf Y aufzeigen soll.

Für die Invarianz wird weiterhin als Schwellenwert verlangt, dass zumindest eine Invarianz unter *einer* Testintervention gegeben ist. Das ist eine Intervention, bei der X und Y wenigstens zwei unterschiedliche Werte aufweisen. Dann können wir oberhalb des Schwellenwertes Grade von Invarianz ausmachen, die mit der Erklärungsstärke durch G korreliert sind (vgl. Hitchcock & Woodward 2003). G ist dabei umso invarianter, desto größer sein Invarianzbereich für Interventionen und Nebenbedingungen ist und umso genauer G ist, d. h., umso kleiner U (der Term für das statistische Rauschen bzw. den statistischen Fehler) bleibt. Aber auch die Bedeutung der jeweiligen Veränderungen oder Interventionen, unter denen G invariant ist, spielt eine Rolle für die Erklärungsstärke. Mikroökonomen sind sicherlich nicht so beunruhigt darüber, dass bestimmte ihrer Annahmen über Konsumenten, wie etwa die der Transitivität ihrer Präferenzen, unter Drogeneinfluss nicht mehr gelten. Wichtiger sind Invarianzen für den Bereich der üblichen Überzeugungsänderungen und normalen Randbedingungen (s. Woodward 2003: 262 ff.). Das macht allerdings deutlich, dass die *größere Erklärungsstärke* eine multidimensionale Größe ist, so dass wir hier vermutlich nur eine partielle Ordnung erhalten werden. G sollte vor allem für viele Situationen in unserer tatsächlichen Welt die Zusammenhänge für mögliche Interventionen beschreiben.

Eine Besonderheit an solchermaßen invarianten Generalisierungen ist, dass man mit ihrer Hilfe sogenannte „what-if-things-had-been-different"-Fragen (Fragen danach, was passiert wäre, wenn die Situation anders gewesen wäre) beantworten kann, die Woodward als „W-Fragen" bezeichnet (die ich bisher einfach als „kontrafaktische Fragen" bezeichnet habe). So gibt uns z. B. (DUE) Auskunft darüber, was passiert wäre, wenn man die Pflanze etwas weniger gegossen oder mehr gedüngt hätte (jedenfalls, wenn (DUE) wahr ist), für die Mengen, die in ihrem Invarianzbereich liegen.[9] Das legt die genaue Abhängigkeit der Ergebnisse von den Startbedingungen offen und kann somit erklären, wieso ein bestimmtes Ergebnis eingetroffen ist. Das liegt an bestimmten Startbedingungen und dem (kontrafaktischen) Zusammenhang dieser Startbedingungen mit den resultierenden Verhältnissen aufgrund des nomischen Musters, das in (DUE) beschrieben wird. Hier zeigt sich der enge Zusammenhang der geforderten Invarianz mit der Eigenschaft von Erklärungen, uns praktisches Wissen zu bieten. Antworten auf W-Fragen sind typischerweise genau das Wissen, das wir benötigen, wenn wir

III.5 Nomische Muster und Invarianz

manipulierend in die Welt eingreifen möchten. So erläutert die vorgelegte Erklärungskonzeption auch die Zusammenhänge zwischen dem wissenschaftlichen Ziel, gute Erklärungen für bestimmte Phänomene zu finden, und praktischen Zielen der Wissenschaft sowie der besonderen Bedeutung, die ganz bestimmten Vorgehensweisen beim Experimentieren dafür zukommt.[10]

Je invarianter G ist, umso mehr W-Fragen kann G beantworten und damit gibt G auch eine gehaltvollere Auskunft. G beschreibt ein nomisches Muster, das stabiler ist als ein weniger invariantes, und legt so nahe, dass G die besseren Erklärungen liefert. Das kann Woodward anhand einiger Beispiele plausibel machen. Ich würde hier ebenfalls davon sprechen, dass G einen höheren (empirischen) Gehalt hat als ein weniger invariantes G', und G deshalb auch mehr Informationen über bestimmte Explananda bietet als G', was zu einer größeren Erklärungsleistung führt. Insoweit kann ich Woodward gut folgen und halte seine Konzeption von Invarianz für einen sehr wichtigen Schritt hin zu einer Konzeption von *Graden von Gesetzesartigkeit* (so würde er es vermutlich nicht so gern ausdrücken).

Bereichsinvarianz. Allerdings weist seine Konzeption meines Erachtens einen schwerwiegenden Mangel auf (wenn nicht sogar eine gewisse Inkohärenz), auf den ich nun zu sprechen komme. Woodward (2000: Kap. 7, 2003: Kap. 6.6) unterscheidet ganz klar zwischen der Invarianz einer Generalisierung für bloß einen Gegenstand bzw. ein System und ihrer Anwendbarkeit auf möglichst viele unterschiedliche Objekte („*invariance* and *scope*"). Die Vereinheitlichungsansätze von Erklärung haben mehr die zweite Form von Invarianz im Blick. Die erste Art von Invarianz nenne ich *funktionale* (oder *lokale*) Invarianz und die zweite *Bereichsinvarianz* (oder *globale* Invarianz). Bei der letzteren geht es darum, ob man auch die Objekte (die man genau genommen ebenfalls als Argumente der Funktionen X, Y und U auffassen kann)[11] austauschen kann und die Generalisierung G dabei erhalten bleibt.

Die klassischen Erklärungsansätze bestehen etwa auf einem Gesetz im Explanans und zumindest darauf, dass eine erklärende Generalisierung auf möglichst viele Fälle anwendbar ist (im Idealfall sogar ausnahmslos auf alle Objekte wie im Falle des Gravitationsgesetzes). Doch das hat nach Woodward wenig („little") mit dem Erklärungsvermögen einer Generalisierung zu tun. In Endnote 10 (Kap. 6) wird er sogar noch deutlicher: „Clarifying this notion is important for those who think that scope is important for explanatory status, but the view I defend below is that scope is *irrelevant* to explanatory status." (kursiv von mir) Den Unterschied erläutert Woodward am Beispiel des hookeschen Gesetzes:

(HG) $F = -k_f\, x$

Das besagt, dass die Kraft F, die auf einen Gegenstand a einwirkt, der von einer Feder f angezogen wird, mit Konstante k proportional zur Auslenkung x der Feder ist. Wir wissen, dass dem lokalen Invarianzbereich für die Auslenkung enge Grenzen gesetzt sind. Schon bald wird die Feder überdehnt (zum Schluss sogar glattgezogen) und gehorcht dann ganz sicher nicht mehr (HG). Der Invarianzbereich enthält also nur ein kleines Intervall für x. Das hieße in der allgemeinen Gleichung (G), dass die Gleichung nur für einen bestimmten Wertebereich („range") von X gilt.

Das genügt aber nach Woodward, und die Konstante k_f ist für die konkrete Feder spezifisch. Wir können also mit (HG) eine bestimmte Kraft, die auf einen Körper bei einer ganz bestimmten Feder f einwirkt, erklären, und für die Güte dieser Erklärung spielt es keine Rolle, ob die Erklärung auf weitere Objekte zutrifft oder nicht. Wir können das auch so beschreiben, dass die beiden folgenden Generalisierungen die gleiche Erklärungskraft besitzen. Doch trifft das unsere Konzeption vom hookeschen Gesetz? Dazu möchte ich dessen Quantorenstruktur explizit machen (die jeweiligen Bereiche für die Variablen werden hier der Einfachheit halber nicht explizit angegeben):

(HG1) $\forall f \, \exists k_f \, \forall x : F = -k_f \, x$

(HG2) $\forall x : F_f = -k_f \, x$

Die Formulierung 1 macht deutlich, was wir normalerweise von dem hookeschen Gesetz erwarten, dass es nämlich eine generelle Eigenschaft aller Federn und sogar aller elastischen Gegenstände beschreibt. Sie besagt, dass für alle Federn eine Proportionalität der Kraft zur Auslenkung besteht, während das in (HG2) direkt nur auf eine bestimmte Feder zugeschnitten wird. Nach Woodward sollte die Erklärungskraft für eine Feder f dieselbe sein für beide nomischen Muster. Das scheint mir aus mehreren Gründen nicht plausibel zu sein, obwohl sein Beispiel sicher schon auf seine Idee hin ausgewählt wurde. Er betrachtet mehr die einzelnen technischen Anwendungen eines Gesetzes, in denen die Steigerung der Erklärungskraft durch die größere Bereichsinvarianz nicht mehr so gut erkennbar ist.

Das tatsächlich in der Physik formulierte hookesche Gesetz wird sogar noch allgemeiner formuliert, wonach die Deformation eines Körpers innerhalb gewisser Grenzen (bis zur Proportionalitätsgrenze) proportional zur anliegenden Spannung ist. Das Gesetz verweist auf eine grundlegende Eigenschaft (ein Vermögen) vieler fester Körper, nämlich ihre *Elastizität*. Das ist Physikern zu Recht wichtig. Diese Eigenschaft ist viel grundlegender in unserer Welt als eine spezielle Eigenschaft einer einzelnen Feder. Man stelle sich etwa vor, dass wir für alle anderen Federn außer f auf ganz andere Zusammenhänge stießen. Ich stimme

III.5 Nomische Muster und Invarianz

Woodward zu, dass, wenn uns diese Eigenschaft dann überhaupt bekannt würde, wir sie zu Erklärungszwecken heranziehen könnten. Es bliebe aber eine isolierte Erklärung einer uns seltsam erscheinenden speziellen Eigenschaft (geradezu eine magische Eigenschaft) nur einer ganz bestimmten Feder, die sich nicht als grundlegende kausale Eigenschaft unserer Materie darstellen ließe.

Die Erklärung anhand von (HG1) erscheint uns deshalb besser, weil sie sich eben auf eine solche grundlegendere Eigenschaft der Materie in unserer Welt bezieht. Die größere Bereichsinvarianz von (HG1) belegt, dass es sich nicht nur um eine spezielle Federeigenschaft nur einer Feder handelt, sondern um ein Vermögen, das charakteristisch für feste Körper ist. Die größere Bereichsinvarianz ist also ebenso wie die größere funktionale Invarianz ein wichtiges Indiz für das Vorliegen einer grundlegenderen kausalen Eigenschaft in unserer Erklärung. Sie sollte ebenso ernst genommen werden.

Zumindest sollte Woodward einräumen, dass eine solche Eigenschaft und die entsprechende Erklärung für uns eine größere Bedeutung besitzt als die nur für f spezielle Eigenschaft. Es lassen sich mehr W-Fragen beantworten. Mit dieser größeren Bedeutung hatte er aber ebenfalls in seiner Konzeption von Graden der Invarianz und der Erklärung gearbeitet. Das müsste er uns demnach ebenso zugestehen. Die offensichtliche praktische Bedeutung ist etwas, das er für seine Konzeption zu Recht betont, die aber auch für die Bereichsinvarianz offensichtlich ist. Außerdem sollte die Wertschätzung durch die Wissenschaft uns Wissenschaftstheoretikern als wichtiger Anhaltspunkt für unsere Einstufungen dienen.

In vielen seiner Beispiele stützt sich Woodward selbst auf die Bereichsinvarianz. Er stellt immer wieder die experimentelle Testbarkeit seiner Invarianz und der entsprechenden kontrafaktischen Konditionale als Vorteil seiner Erklärungstheorie heraus. Doch ohne Bereichsinvarianz ist die nicht zu haben. Zu seinem idealen Experiment, ob Medikament M Krankheit K heilt, sagt er selbst:

> Obviously, we cannot investigate this question by both giving the treatment to and withholding it from the same subject. Hence, we employ a more indirect method: we divide the subjects with the disease into two groups, one that receives the drug and the other (the control group) that does not, and then observe the incidence of recovery in the two groups. The experimenter's interventions (which we may represent by means of an intervention variable I) thus consist in the assignment of values of T to individual subjects. (Woodward 2003, 95)

Es ist hier offensichtlich, dass wir auf die Bereichsinvarianz angewiesen sind und die Interventionen in diesem Fall auch so verstanden und umgesetzt werden. Wir benötigen für Experimente oft eine Kontroll- und eine Versuchsgruppe. Das zeigt sich ebenso in anderen Beispielen. Man kann geradezu allgemein behaupten, dass erst die Bereichsinvarianz die

Invarianzforderungen empirisch testbar gestaltet. Insbesondere wenn man hierunter die Frage subsumiert, wie bestimmte Objekte sich zu verschiedenen Zeitpunkten verhalten. Genau genommen handelt es sich dabei wiederum um eine Form von Bereichsinvarianz, da sie nicht direkt die kontrafaktischen Aussagen betrifft, die sich auf die Erklärung eines konkreten Ereignisses beziehen. Objekte zu unterschiedlichen Zeitpunkten, „gealterte" Objekte, sind in dem Sinne ähnlich „andere" Objekte wie tatsächlich verschiedene Objekte. Doch wir können den Zugriff auf kontrafaktische Situationen (oder andere mögliche Welten) nur so simulieren, dass wir ähnliche Objekte in verschiedenen Situationen untersuchen oder dasselbe Objekt nacheinander unterschiedlichen Situationen aussetzen. Die so gewonnenen Daten haben jedoch nur dann eine Aussagekraft für den Ursprungsfall, wenn wir von einer Bereichsinvarianz ausgehen.

Was macht Generalisierungen wie (HG) für uns so spannend? Das sind gerade *Vorhersagen*, die wir für tatsächliche Manipulationen und Interventionen benötigen. Dazu sind wir darauf angewiesen, stabile Eigenschaften mit zuverlässigen Vermögen zu entdecken, die wir in möglichst vielen weiteren Situationen wiederfinden. Im Falle einer einzelnen Feder, die (HG) bisher zu gehorchen scheint, hätten wir dagegen kaum gute Gründe anzunehmen, dass dieser funktionale Zusammenhang in Zukunft fortbesteht. Eine solch isolierte Eigenschaft, die auch nicht auf anderen grundlegenden Eigenschaften der Materie zu supervenieren schiene, passt nicht gut zu unserer Vorstellung von grundlegenden Zusammenhängen zwischen Eigenschaften und ihren Vermögen. In einer Welt ohne solche Zusammenhänge gäbe es kaum Orientierungs- und Planungsmöglichkeiten. Zum Glück leben wir nicht in einer derartigen Welt.

In Fällen von Krankheiten oder sozialen Zusammenhängen wird das Problem noch deutlicher. Verschwindet eine Krankheit bei einem Patienten *nach* der Gabe eines Medikaments oder kommt es zu einem wirtschaftlichen Abschwung nach einer Steuererhöhung, hätten wir in einer „irregulären" Welt keine guten Gründe anzunehmen, hier läge ein (kausales) nomisches Muster zu Grunde. Dieselben Ausgangsbedingungen für dieselbe Person oder denselben Staat werden wir wohl nie wieder hinbekommen, um kontrafaktische Aussagen darüber zu testen, was ohne diese Maßnahmen passiert wäre. Und selbst wenn, würde das zumindest verlangen, dass hier zeitlich stabile Eigenschaften vorliegen, von denen wir daher auch zu späteren Zeitpunkten dieselben Reaktionen erwarten dürfen wie zu dem früheren Zeitpunkt. De facto sind wir also auf Annahmen über zugrunde liegende stabile Vermögen angewiesen. Die können wir in der Praxis nur dadurch erhalten, dass sie in vielen gleichartigen Situationen ebenso am Werk sind, die wir deshalb für unsere Beurteilung mit heranziehen

III.5 Nomische Muster und Invarianz

können. Ohne Bereichsinvarianz gelangen wir also nicht zu unseren Erklärungen.

Ist das bloß ein rein epistemisches Problem? Könnte Woodward nicht sagen: Ja, wir haben Schwierigkeiten, ohne Bereichsinvarianz nomische Muster nachzuweisen, aber wenn wir sie irgendwoher bekämen, wäre die Erklärungsstärke nicht davon betroffen. Doch dieser Einwand passt nicht wirklich kohärent zu seiner Anbindung von Erklärung und Erklärungsstärke an die Praxis und Zwecke, die wir mit unseren Erklärungen verbinden. Wir möchten insbesondere Wissen von einem auf einen anderen Fall übertragen dürfen, um dort sinnvoll eingreifen zu können. Es passt ebensowenig zu seiner Betonung der empirischen Testbarkeit seiner Bedingungen. Es handelt sich zumindest um ein recht grundlegendes erkenntnistheoretisches Problem. Es ergäbe sich für ihn jedenfalls keine einheitliche überzeugende ontologische Auffassung unserer Welt, und nicht zuletzt ist die Bereichsinvarianz gerade unser bester Indikator für die *Zentralität* der nomischen Muster, die ihrerseits für Woodward ein Maß der Erklärungsstärke darstellt. Seine Beschränkung auf die funktionale Invarianz sollte daher aufgegeben werden.

Für einen dispositionalen Essentialisten dürfte die Bedeutung der Bereichsinvarianz offensichtlich sein. Sie belegt erst die erforderlichen notwendigen Zusammenhänge zwischen bestimmten Eigenschaften und ihren Vermögen und ist unser wichtigster Hinweis, dass hier Instanzen eines echten nomischen Musters vorliegen und wir nicht nur akzidentellen Zusammenhängen aufsitzen.

Mein Fazit ist damit, dass wir die woodwardsche Konzeption von Invarianz um eine sehr wichtige Dimension ergänzen müssen, nämlich die Bereichsinvarianz. Es ist gerade ein wesentliches Ziel wissenschaftlicher Forschung, solche Art von Generalisierungen zu finden, da nur sie es gestatten, Therapien für Krankheiten zu finden oder Vorhersagen für neue Situationen und Objekte zu treffen. Es bleibt aber seine Einsicht bestehen, dass als unterer Schwellenwert für Erklärungen die funktionale Invarianz unter wenigstens einer Testintervention erforderlich ist.

Es sieht nicht besonders redlich aus, wenn wir für alle derartigen Fälle von invarianten Generalisierungen trotzdem von Naturgesetzen sprechen wollen, die nur eben sehr starke CP-Bedingungen aufweisen. Deshalb wurde die weiterreichende Konzeption der nomischen Muster eingeführt. Damit sollte sich auch der Streit um die korrekte Verwendung des Begriffs „Naturgesetz" erübrigen. Nomische Muster sind invariante Generalisierungen, die relativ stabile, intrinsische Dispositionen von Objekten oder Systemen darstellen, wodurch sich ihre Erklärungskraft erklären lässt, denn sie sind insbesondere in der Lage, auf W-Fragen zu antworten, und sie müssen dazu nicht die strengen Anforderungen an echte Naturgesetze erfüllen.

III.6 Natürliche Arten

Ein weiteres Stichwort gehört außerdem in diesen ganzen Problemkomplex, nämlich das der *natürlichen Arten*, auf das wir oben schon im Zusammenhang mit der Konzeption von Lowe gestoßen waren. Die Vorstellung, dass es in unserer Welt viele natürliche Arten gibt, ist eng mit den bisherigen Ausführungen verknüpft. Natürliche Arten beschreiben Gruppen von Objekten oder Systemen, die durch Eigenschaften gekennzeichnet sind, die gemeinsame (kausale) Vermögen oder besser Bündel solcher Vermögen aufweisen. Natürliche Begriffe für natürliche Arten teilen die Natur an ihren tatsächlichen Nahtstellen auf. Sie teilen die Gegenstände in Kategorien oder Gruppen von Objekten ein, die sich innerhalb gewisser Grenzen kausal ähnlich verhalten. Hier zeigt sich der Zusammenhang zur Bereichsinvarianz.

Denken wir an die Aufteilung aller chemischen Stoffe. Die beruht zunächst auf der Einteilung in die chemischen Elemente. Die Objekte aus demselben Element etwa Platin mit Ordnungszahl 78 sind jeweils untereinander sehr ähnlich in zahlreichen (physikalischen) Eigenschaften. Das betrifft die Dichte, Schmelzpunkt, chemische Eigenschaften (Platin ist korrosionsbeständig, beständig gegen viele Säuren, aber guter Katalysator für verschiedene Prozesse) und vieles mehr. Weiterhin werden die Elemente in Haupt- und Nebengruppen eingeteilt, für die sich wiederum sehr große Gemeinsamkeiten zeigen. Wir wissen heute, dass diese Gemeinsamkeiten ihre Basis in der Zusammensetzung und dem Aufbau der jeweiligen Atome haben (Kerne: Protonen und Neutronen, Schale: Elektronen). Man könnte geradezu sagen, hier hätten wir es mit einem idealen Fall von natürlichen Arten zu tun. Ähnlich ist es noch bei den meisten einfachen chemischen Verbindungen aus den Elementen. Bei den Stoffgemischen nehmen die Gemeinsamkeiten langsam ab.

Außerdem kennen wir das Konzept der natürlichen Arten aus der Biologie. Hier wird aber auch schon deutlich, dass es unterschiedliche Kategorisierungen geben kann, die für unterschiedliche Zwecke unterschiedlich gut geeignet sind. Die Einteilungen im Bereich der biologischen Systematik stellen zum Teil ganze Hierarchien von Gattungen, Untergattungen, Arten und Unterarten zur Verfügung. Die Einteilungsgesichtspunkte können dabei unterschiedlich sein, je nach Zweck oder Anwendungsbereich. So gibt es morphologische Systematiken, chronologische (hauptsächlich in der Paläontologie), reproduktive Artbegriffe oder phylogenetische (evolutionäre) Einteilungen. Daneben gibt es andere Einteilungsmöglichkeiten wie die in Parasiten und andere Tiere. Oder auch stärker subjektive wie „schmackhaft" oder „Gemüse" bzw. „Obst" und ähnliches. Insbesondere möchte ich mit dem Kon-

III.6 Natürliche Arten

zept der natürlichen Arten nicht die Behauptung verbinden, dass es nur eine natürliche Kategorisierung geben könne. Unsere Gegenstände weisen unterschiedliche Eigenschaften auf und können danach oder nach Gesichtspunkten ihrer Funktion für uns eingeteilt werden. Es gibt viele Nahtstellen in der Natur, die wir für unsere Einteilungen nutzen können.

Die Beispiele legen allerdings nahe, dass es grundlegendere natürliche Einteilungen und weniger grundlegende gibt. Welche Einteilungen besonders grundlegend sind (also z. B. die in Elementarteilchen oder die in chemische Elemente) ist eine Frage an die empirische Forschung und lässt sich nicht leicht beantworten. Wesentlich ist, dass die Instanzen einer solchen natürlichen Art einige intrinsische dispositionale Eigenschaften gemeinsam haben, die dazu führen, dass sie sich in bestimmten Situationen ähnlich verhalten. Wir können dann auch mit Lowe von ihrer *Natur* sprechen.

Nur anhand von natürlichen Arten können wir Extrapolationen von einzelnen untersuchten Exemplaren der Art auf andere vornehmen, und nur dann finden wir eine geeignete Bereichsinvarianz, auf die wir für Erklärungen angewiesen sind (vgl. Sankey 1997). Die gemeinsamen Eigenschaften können komplexeren Typs sein und selbst nur auf komplexe Systeme zutreffen, die sich auf eine bestimmte Weise verhalten. Für das Erklären können wir uns auf diese komplexen Eigenschaften berufen, ohne diese auf grundlegendere Eigenschaften reduzieren zu müssen.

Wenn Funktionalisten in den Sozialwissenschaften Recht haben, dass ganze Gesellschaften die deutliche Tendenz zeigen, gerade solche Institutionen zu entwickeln, die für ihr Überleben förderlich sind, dann dürfen wir uns in Erklärungen auch auf diese recht abstrakte Eigenschaft berufen. Um weitere Details dieser Institutionen erklären zu können, sind wir sicherlich auf viele weitergehende Informationen über die Gesellschaften angewiesen. Allerdings ist das Antezedens des obigen Konditionals umstritten. Ob menschliche Gesellschaften tatsächlich eine klare derartige Tendenz als intrinsische Eigenschaft aufweisen, ist eine Debatte für die entsprechenden Fachdisziplinen (s. dazu Kap. V). So gibt es jeweils aufschlussreiche Debatten anhand von fachwissenschaftlichem Wissen darüber, ob „Vitamine" eine natürliche Art beschreibt (vermutlich nicht, da zu heterogen) oder „Gemüse" (vermutlich auch nicht, da relational) oder intentionale Zustände bzw. Emotionen solche natürliche Arten darstellen.

Wie schwierig und umstritten die Einteilung sein kann, zeigt sich am „grue"-Beispiel von Nelson Goodman. Goodman hat das Beispiel hauptsächlich als Problem für das induktive Schließen entwickelt. In leichter Abwandlung können wir graun definieren:

1. x ist graun := x wurde untersucht und ist grün oder x wurde nicht untersucht und ist blau.
2. x ist graun := x ist grün vor 2010 und x ist blau ab 2010.

Beide Varianten, das neue Prädikat graun zu definieren, führen uns in Schwierigkeiten, wenn wir aufgrund von graun extrapolieren: Alle bisher untersuchten Smaragde waren graun, also sind Smaragde vermutlich alle graun. Das passt nicht zu unseren üblichen Schlüssen, nach denen Smaragde vermutlich alle grün sind. Trotzdem stützt sich der Graun-Schluss auf dieselben Daten und dasselbe einfache Schlussverfahren wie unser üblicher Schluss. Das Prädikat graun scheint uns ungeeignet für Extrapolationen zu sein. Es bezieht sich nicht auf eine intrinsische bzw. natürliche Eigenschaft von Smaragden. In beiden Fällen handelt es sich um eine relationale Eigenschaft.

Ein naheliegender Lösungsversuch war immer zu behaupten, dass „graun" so definiert keine natürliche Art beschreibt. Das lässt sich dem Prädikat indes nicht einfach ansehen, und alle Auszeichnungsversuche, die sich auf sprachliche Analysen beschränken, kommen hier nicht weiter. Allerdings sind auch die grünen Dinge nicht ohne weiteres als natürliche Art einzustufen, da die Farbe nur wenige relevante kausale Auswirkungen hat. Für bestimmte Bereiche ist sie aber doch relevant und liefert dort eine natürliche Einteilung mit Erklärungswert, den graun nicht aufweist. Die bisherige bessere Verankerung in der Beschreibung unserer Umwelt bietet einen Hinweis in dieser Richtung. Doch letztlich muss die Forschung, etwa über die Entstehung bestimmter Farbwahrnehmungen, die entscheidenden Hinweise ergeben, welcher Begriff auf ein stabiles nomisches Muster hinweist und welcher dazu nicht geeignet ist.

III.7 Statistische Erklärungen II

Insbesondere das SR-Modell von Salmon für statistische Erklärungen gab bisher einen ersten hilfreichen Ansatz zu diesem Thema ab (s. II.7). Doch Salmon hoffte zunächst, sich für Erklärungen auf die Angabe der Wahrscheinlichkeitserhöhung bzw. statistischen Relevanz beschränken zu können. Leider erwies sich das letztlich als zu kurz gegriffen (ähnlich wie das für die Deduktion des Explanandums der Fall ist), und er setzte in späteren Arbeiten auf die zusätzliche Forderung eines kausalen Zusammenhangs. Dem kann ich im Prinzip folgen, setze aber mehr auf das allgemeinere Modell der Instantiierung einer Propensität, die auch strukturelle Zusammenhänge beschreiben kann, bei denen wir nicht ohne weiteres von einer kausalen Beschreibung sprechen können. Die kausalen Ansätze werden im nächsten Kapitel zur Sprache kommen.

III.7 Statistische Erklärungen II

Einige spezielle Aspekte von statistischen Erklärungen möchte ich aber vorziehen.

Als einer der Ersten hat Humphreys (1989) untersucht, wie Propensitäten in probabilistischen Erklärungen zu verstehen sind. Das ist ein umfangreiches komplexes Gebiet, so dass ich hier nur einige der Resultate nennen möchte. In Kapitel II geht er detailliert auf ontologische Fragen ein und unterscheidet auch zwischen den Eigenschaften eines Systems S und solchen, die dazu eher extern sind. Ereignisse werden explizit als die Veränderung oder das Besitzen (hier: die Instantiierung) von Eigenschaften beschrieben, die durch Zufallsvariablen dargestellt werden können. Dazu werden rein empiristische Auffassungen von kausalen Beziehungen als bloßen Regularitäten überzeugend zurückgewiesen. Um schließlich eine *beitragende Ursache* („contributing cause") definieren zu können, ist er vor allem noch auf die Einführung sogenannter *neutraler Zustände* N für einen Faktor A angewiesen. Manchmal können wir N einfach als die Abwesenheit des Faktors A verstehen, in anderen Fällen ist das jedoch nicht so einfach. Welchen Beitrag ein bestimmter Wirkstoff für die Heilung einer Krankheit liefert, wird vielleicht eher im Vergleich zu einem Placebo deutlich. Die Gabe des Placebos kann dann als neutraler Zustand angesehen werden. Eine *beitragende Ursache* A für E wird schließlich definiert durch:

(BU) $P(E/A) > P(E/N)$

Ein beitragender Faktor bietet also eine Erhöhung der *objektiven Auftretenswahrscheinlichkeit für E* gegenüber dem neutralen Zustand N. Wenn wir konkrete Ereignisse E erklären möchten, handelt es sich hier um objektive *Einzelfallwahrscheinlichkeiten*. Also sind wir an dieser Stelle auf eine bestimmte Konzeption von Propensitäten angewiesen.[12]

Wir müssen aber ebenso hemmende Faktoren („counteracting causes") berücksichtigen, wenn wir bestimmte Ereignisse probabilistisch erklären möchten. Für die gilt die Ungleichung (BU) in der anderen Richtung, d.h., sie verringern die Wahrscheinlichkeit, dass E auftritt, verglichen mit dem neutralen Zustand. Nach Humphreys haben entsprechende Erklärungen daher eine etwas komplexere Form, in der auch die hemmenden Faktoren explizit aufgeführt werden müssen. Da es sich bei ihm um eine kausale Erklärungstheorie handelt, wird sie im nächsten Kapitel näher besprochen.

Salmons Konzeption erlaubte darüber hinaus Erklärungen, bei denen das Explanandum E durch das Explanans eine recht geringe Wahrscheinlichkeit erhielt, und sogar solche, in denen seine Wahrscheinlichkeit durch das Explanans verringert wurde. So konnte dasselbe Explanandum M sowohl E wie auch non-E erklären. Anders als im IS-Modell kommt es nur darauf an, dass alle statistisch relevanten Faktoren genannt werden. Erhöht die Gabe g eines Medikaments die Heilungschancen von

10 auf 20%, so kann g herangezogen werden, um die Heilung zu erklären, denn es war schließlich positiv relevant für die Heilung. Das scheint mir recht plausibel zu sein. Sobald wir Faktoren angeben können, die die Wahrscheinlichkeit gegenüber dem neutralen Zustand nur etwas erhöhen, sind sie geeignete Kandidaten für eine statistische Erklärung. Allerdings wird die Erklärung ceteris paribus umso besser, je größer die Wahrscheinlichkeitserhöhung und die Endwahrscheinlichkeit ausfällt (ob ein Differenzmaß am besten das Ausmaß der Erhöhung wiedergibt oder ein anderes, soll hier nicht weiterverfolgt werden).

Aber nach Salmon könnte g selbst im Falle der Nicht-Heilung zur Erklärung herangezogen werden. Das wirkt recht unplausibel und wird besser in der humphreysschen Erklärungskonzeption im nächsten Kapitel beschrieben. Überhaupt werden auch andere Schwierigkeiten der Konzeption wie die Beschränkung der Ungleichung (BU) auf möglichst *homogene Klassen* von Situationen im Rahmen der Kausalansätze besser verständlich. So sind gelbe Finger zwar statistisch relevant für das Auftreten von Lungenkrebs, wir würden den Krebs jedoch nicht mit Hilfe der gelben Finger erklären wollen. Die Zusammenhänge sind vielmehr so, dass das Rauchverhalten der Personen sowohl die gelben Finger wie auch das vermehrte Auftreten von Lungenkrebs erklärt. Es stellt eine gemeinsame Ursache (einen „common cause") von beidem dar. Man sagt auch, dass das vorgängige Rauchverhalten in diesem Fall die beiden anderen Faktoren statistisch voneinander abschirmt:

(*) P(Lungenkrebs/gelbe Finger & starker Raucher) =
P(Lungenkrebs/keine gelben Finger & starker Raucher)

Das besagt insbesondere, dass es einem starken Raucher im Hinblick auf sein Krebsrisiko nicht hilft, seine Finger vom Nikotin zu befreien. Der entscheidende Faktor ist die systemische Belastung durch das Rauchen – nicht das Aussehen der Finger. Das brachte Salmon schließlich zu der Forderung, die statistische Relevanzbedingung für alle solche Klassen zu fordern, in denen alle anderen relevanten Faktoren außer A gleich sind. Dann zeigt (*), dass die gelben Finger nicht mehr statistisch relevant für unser Krebsrisiko sind.

Allerdings bleibt die Schwierigkeit, dass statistische Relevanz bzw. das Vorliegen von Korrelationen eine symmetrische Beziehung ist, während das Erklären asymmetrisch ist. Das spricht wiederum für eine Kausalanalyse. Doch bevor wir die anschauen, möchte ich auf ein anderes Problem statistischer Erklärungen zu sprechen kommen.

Nehmen wir an, wir hätten eine gefälschte Münze mit einem kleinen Gewicht auf Seite „Kopf" eingebaut, so dass häufiger Zahl kommt. Es sei P(Zahl) = 0,6. Nun erhalten wir in einem Wurf einmal Zahl. Danach in 10 Würfen 6-mal Zahl und schließlich in 100 Würfen 63-mal Zahl. Können wir hier die Abweichung vom neutralen Zustand einer fairen

III.7 Statistische Erklärungen II

Münze (also das Gewicht und die dadurch hervorgerufene abweichende Propensität) heranziehen, um diese Ergebnisse zu erklären? Das ist nicht so leicht, denn diese Ergebnisse könnten auch bei einer fairen Münze auftreten. War das Zusatzgewicht also tatsächlich wirksam in diesen Fällen? Oder anders ausgedrückt: Manifestierte sich die Propensität tatsächlich?

Das ist in solchen Fällen kaum zu entscheiden. Der einzig konsistente Zugang scheint zu sein, dem Gewicht in jedem Wurf einen gewissen Einfluss zuzusprechen, in dem keine Faktoren erkennbar sind, die den Einfluss des Gewichts aufheben können. Wie groß der ist, das wird jeweils durch die Propensitätsänderung gegenüber dem neutralen Zustand bestimmt.

Viele Autoren schlagen angesichts solcher und anderer Probleme gerne vor, lieber ganz auf Einzelfallwahrscheinlichkeiten und Erklärungen für Einzelfälle in probabilistischen Situationen zu verzichten. Man kann dann vielleicht erst für größere Fallzahlen vom Einfluss statistischer Faktoren sprechen. Das scheint mir aus mehreren Gründen keine attraktive Option zu sein. Zunächst liefe es darauf hinaus, dass uns etwa die Quantenmechanik in Einzelfällen nicht mehr erklären könnte, warum ein bestimmter Atomkern zerfallen ist. Wir müssten unsere Erklärungsgewohnheiten im Alltag und in der Wissenschaft ändern, wüssten aber noch nicht einmal zu sagen, ab welchen Fallzahlen wir wieder unter Bezugnahme auf die probabilistischen Einflüsse erklären dürften.

Noch bedeutsamer ist allerdings eine innere Inkonsistenz dieses Vorschlags, denn jede endliche Folge von Experimenten stellt auch selbst wieder einen Einzelfall dar. Zehn Würfe mit der Münze sind ein einzelnes Zufallsexperiment aus einer Reihe von Experimenten mit jeweils zehn Münzwürfen. Gegenüber einem einzelnen Münzwurf ist hier nur der Ergebnisraum größer und weist eine komplexere Wahrscheinlichkeitsverteilung auf. Die einzig saubere Lösung wäre dann, ganz auf statistische Erklärungen zu verzichten. Das käme m.E. jedoch einer Aufgabe weiter Bereiche der Wissenschaft gleich. Wir sollten stattdessen versuchen über den Tellerrand der deterministischen Modelle unserer Welt hinauszugehen und die ungewohnten probabilistischen Erklärungen zu akzeptieren. Diese Debatte hat letztlich weitreichende Konsequenzen, die ich an dieser Stelle nur andeuten kann.

Relevant werden solche Fragen überall dort, wo wir wissen möchten, ob wir bestimmten Faktoren einen Beitrag (bzw. eine Mitverantwortung) an einer Entwicklung geben sollen. Finden wir in der Nähe eines Atomkraftwerks eine erhöhte Gammastrahlung und wissen außerdem, dass die zu erhöhten Leukämieraten führt, dann sollten wir auch für einzelne Leukämiefälle im Bereich dieser erhöhten Strahlung diese als eine Teilerklärung dieser Fälle betrachten. Man beachte allerdings, dass dazu zunächst die angegebenen Antezedensbedingungen nachgewiesen werden müssen. Als neutralen Zustand müssen wir in diesen Fällen nicht etwa die Abwesenheit von radioaktiver Strahlung betrachten, sondern die „natürliche" Strahlung ohne Kraftwerk.

Auf ähnliche Probleme stoßen wir in der Frage: „Sind die Wirbelstürme in der Karibik auf die Klimaerwärmung zurückzuführen?". Nach unserer Kenntnis ist für Wirbelstürme vor allem die Wassertemperatur des Meeres (speziell über 27 °C) verantwortlich. Sollten wir weiterhin der Ansicht sein, dass die Klimaerwärmung ein statistischer Faktor für die Erhöhung dieser Wassertemperatur ist, dürfen wir auch die Wirbelstürme zum Teil auf die Klimaerwärmung zurückführen. Die Zurückhaltung von Klimaforschern in der Beantwortung der obigen Frage ginge somit teilweise auf ein falsches Verständnis von statistischen Erklärungen bzw. statistischer Kausalität zurück. An diesen Stellen können wir erkennen, wie ein spezielles Erklärungsmodell letztlich sogar politische oder juristische Konsequenzen haben kann.

Ein weiterer Aspekt statistischer Erklärungen scheint mir noch bemerkenswert. Strevens (2000) belegt, dass die herrschende Meinung inzwischen besagt, die Höhe der Wahrscheinlichkeit für das Explanandum-Ereignis sei nicht von Bedeutung für die Güte einer Erklärung (ganz im Gegensatz zu dem ursprünglichen IS-Ansatz von Salmon). Für die Vertreter des Statistischen-Relevanz-Ansatzes ist eine Erklärung demzufolge ideal, wenn sie alle relevanten Fakten aufführt. Ob dabei eine hohe Wahrscheinlichkeit herauskommt oder nicht, ist dann völlig bedeutungslos. Doch das passt nicht wirklich zur Erklärungspraxis. Strevens erläutert das mit Hilfe von Beispielen aus der statistischen Mechanik. Nehmen wir an, wir hätten einen Behälter, der durch eine Mittelwand in zwei Hälften geteilt wird. In der ersten Hälfte befinden sich alle Luftmoleküle des Behälters, in der zweiten keine. Nach dem Herausziehen der Trennwand verteilen sich die Luftmoleküle in Sekundenbruchteilen auf beide Hälften. Die statistische Mechanik erklärt das damit, dass jedes Molekül nun dieselbe Chance besitzt, sich in einer der beiden Hälften aufzuhalten und die ungefähren Gleichverteilungen auf beide Hälften eine extrem viel größere Wahrscheinlichkeit aufweisen (durch viel mehr Konstellationen verwirklicht werden) als die einseitige Verteilung. Entscheidend für diese Erklärung ist die Höhe der jeweiligen Wahrscheinlichkeiten. Sollten sich die Moleküle doch wieder alle in einer Hälfte versammeln, hätte die statistische Mechanik keine entsprechende Erklärung anzubieten. Hier würden wir eher vermuten, dass es nun doch einen Maxwellschen Dämon geben müsste. Also sollte auch der SR-Ansatz ergänzt werden um das weitere Kriterium der Wahrscheinlichkeitshöhe als Maß für die Erklärungsgüte. Er bietet damit allerdings nur noch einen mehrdimensionalen Maßstab für die Qualität von Erklärungen an, der keine einfache Reihung der Güte von Erklärungen mehr erlaubt.

IV. Kausales Erklären

Die Instanzen von nomischen Mustern stehen typischerweise im Ursache-Wirkungs-Zusammenhang. Lässt sich diese Beziehung genauer charakterisieren, und welche Bedeutung hat das für unsere Konzeption des Erklärens?

Die Grundidee der kausalen Erklärungsansätze resultiert aus einer einfachen Beobachtung. In vielen Fällen erklären wir ein Ereignis, indem wir seine Ursache benennen (oder die längere kausale Vorgeschichte erzählen). Warum ist das Fenster zersprungen? Weil ein Stein dagegen geflogen ist. Dabei wird nicht einmal ein Gesetz bemüht. Allerdings könnte es natürlich immer noch implizit im Spiel sein, wenn Hempel und seine Anhänger Recht haben. Doch die alternative schlichte Idee lautet: Eine Erklärung eines Ereignisses hat (eine) seine Ursache zu benennen.

Auch die Asymmetrie der Erklärungsbeziehung und viele weitere intuitive Beispiele deuten darauf hin, dass uns Erklärungen typischerweise die Ursachen des Explanandumereignisses E angeben. Demnach wäre das zusätzliche Wissen, das wir von einer Erklärung erwarten dürfen, die Angabe der kausalen Zusammenhänge zwischen Ereignissen oder Phänomenen und nicht unbedingt die Kenntnis von nomischen Mustern, die Typen von Ereignissen miteinander verbinden.

IV.1 Singuläre Erklärungen

Die kausale Erklärungskonzeption geht vor allem dort einen eigenständigen Weg, wo sie darauf abhebt, konkrete Ereignisse auf singuläre Weise ohne Bezugnahme auf Gesetze zu erklären. Zu einem konkreten Ereignis E geben wir seine konkrete Ursache U in dieser speziellen Situation an und das war's. Diese Tendenz fanden wir schon bei Woodward, der zumindest die Bereichsinvarianz für Kausalbeziehungen außen vor lassen wollte. Doch so naheliegend diese Idee zunächst aussieht, so erweist sie sich bei genauerem Hinsehen als problematisch.

Wir reden in Erklärungen oft so, als ob es nur um Ursachen ginge. Warum ist das Auto aus der Kurve getragen worden? Es ist zu schnell in die Kurve gefahren worden.

> (*) Das zu schnelle Fahren (U) war die Ursache des Unfalls (E) und auch seine Erklärung.

In dieser Erklärung steckt aber schon mehr, als nur die Information, dass das eine Ereignis die Ursache des anderen war. Wir könnten ansonsten auf ein konkretes Ereignis ebenso anhand seiner Raum-Zeitlichen-Lokalisierung Bezug nehmen:

(**) U ist das Ereignis, was zu t_1 an x passiert und E ist das Ereignis, was zu t_2 an y passierte und U ist Ursache von E.

Haben wir in (**) aber E schon erklärt, wenn wir sagen, *dass es von dem Ereignis verursacht wurde, das zu t_1 an x passierte*? Überhaupt nicht. Wir sind keinen Schritt weiter, solange wir nicht weitere Dinge über das Ereignis U wissen und wodurch es mit E zusammenhängt. Die bloße Information, das eine Ereignis sei die Ursache des anderen, befördert unser Verständnis des Unfalls noch nicht. In (*) werden relevante Informationen darüber, welche Eigenschaften des einen Ereignisses den Ausschlag gaben, bereits mit angedeutet. Es wird darauf hingewiesen, welche Eigenschaft von U (bzw. welcher spezielle kausale Faktor), nämlich die Geschwindigkeit des Autos (und z. B. nicht seine Farbe), verantwortlich ist für das Ereignis E. Auch der erforderliche Zusammenhang wird vorausgesetzt. Lassen wir diese Zusammenhänge beiseite wie in (**), wird deutlich, wie wenig das Ganze noch nach einer Erklärung ausschaut.

Die hohe Geschwindigkeit eines Autos erhöht seine Wahrscheinlichkeit, die Straße in einer Kurve vorzeitig zu verlassen. Das ist ein genereller Zusammenhang, den wir als schwach gesetzesartig einstufen können. Ohne diese zusätzlichen Informationen liegt offensichtlich noch keine Erklärung vor. Das zeigt sich, wenn wir uns kurz einmal vorstellen, diese Annahmen wären falsch. Hätte etwa die Geschwindigkeit normalerweise nichts mit einer Unfallgefahr zu tun, würde der Hinweis auf die hohe Geschwindigkeit uns nicht weiterhelfen. Es wäre wie die folgende Erklärung für den Unfall: „Der Fahrer hat blaue Augen." Das mag auf verschlungenen Wegen eine Ursache des Unfalls sein (seine Beifahrerin war z. B. so fasziniert davon, dass sie ihn leichtsinnigerweise während der Fahrt zu küssen versuchte), aber nur wenn wir diese Wege tatsächlich erfahren, erhalten wir eine Erklärung.

Eine Erklärung muss folglich nicht nur deutlich machen, dass U das Ereignis E verursacht hat, sondern vor allem angeben, welcher spezielle Zusammenhang zwischen U und E besteht. Also etwa, welchen gesetzesartigen Zusammenhang wir zwischen den Eigenschaften von U und E ausmachen können oder welcher (kausale) Mechanismus bzw. Prozess von U zu E führte. Damit eine Erklärung vorliegt, muss vermutlich meist ein Kausalzusammenhang bestehen, aber die erklärungstypische Information ist vor allem ein Wissen über die nomischen Zusammenhänge oder Mechanismen, die hier instantiiert wurden. Dabei werden die kausalen Mechanismen oft als etwas Schwächeres als Naturgesetze betrachtet (wie die nomischen Muster auch). Ob sie grundsätzlich andere Gesichtspunkte ins Spiel bringen können, ist aber heftig umstritten und wird in IV.4 weiter erörtert.

IV.2 Kausalitätskonzeptionen

Um besser zu verstehen, was unser Verständnis von Kausalität zur Erklärungsdebatte beitragen kann, werde ich zunächst die prominentesten Ansätze zur Kausalität kurz ansprechen. Der wohl grundlegendste ist die kontrafaktische Abhängigkeitskonzeption. Dahinter steht die Intuition, dass eine Ursache den entscheidenden *Unterschied* dafür ausmachen muss, ob eine Wirkung eintritt oder nicht. Ohne die Ursache wäre demnach auch die Wirkung nicht eingetreten.

Kontrafaktische Kausalität. Diese klassische Vorstellung zur Definition von Kausalität geht bereits auf Hume zurück, nämlich die, dass

(U) A verursacht B.

gerade bedeutet, dass B *kontrafaktisch* von A abhängt bzw. gleichzusetzen ist mit:

(KA) Hätte A nicht stattgefunden, hätte auch B nicht stattgefunden.

Dabei sind A und B etwa konkrete Ereignisse. Das erste Problem ist natürlich, das kontrafaktische Konditional (KA) so zu explizieren, dass wir es besser verstehen als die Aussage (U). In die entsprechenden Debatten um die genaue Bedeutung von (KA) möchte ich nicht eintreten, sondern nur die Grundidee von David Lewis (1973, 1986) kurz referieren. Für ihn lässt sich (KA) am besten innerhalb der Mögliche-Welten-Semantik explizieren. Allerdings benötigen wir auf der Menge der möglichen Welten eine *Ähnlichkeitsbeziehung*, die eine lexikalische Ordnung darstellt. Zunächst zählt für die Ähnlichkeit von möglichen Welten, dass sie sich im Hinblick auf die geltenden Naturgesetze möglichst ähnlich sein sollten, und erst in zweiter Linie zählen auch die einfachen Geschehnisse in den Welten und ihre Ähnlichkeit. Jedenfalls besagt (KA) für Lewis dann, dass in der von unserer Welt nachstgelegenen Welt, in der A nicht vorliegt, B ebenfalls nicht vorliegt. Das ist bei Lewis allerdings nicht immer eindeutig festgelegt, da die Ähnlichkeitsbeziehung immer *ganze Welten* in Beziehung setzt, womit auch ein Ausgleich zwischen beiden Aspekten möglich ist.

Die Idee von (KA) erscheint durchaus attraktiv, denn damit wir sagen können, dass es tatsächlich A war, das B hervorgebracht hat, muss klar sein, dass das Auftreten von A für das Vorliegen von B in irgendeinem Sinn auch *erforderlich* oder sogar „*notwendig*" war. Wäre B in jedem Fall, also auch ohne A, eingetreten, dann hätte A nicht die geforderte Bedeutung für B: „Ohne das Zufrieren der Straße wäre es nicht zu dem Unfall gekommen." In solchen Fällen scheint (KA) nur das umzusetzen, was wir von einer Kausalbeziehung erwarten. Aber selbst die kontrafaktische Abhängigkeit wird sich nicht als hinreichend starke Relevanzbeziehung erweisen.

Zunächst baut Lewis seine Idee noch einen Schritt weiter aus, indem er zu *kausalen Ketten* übergeht.

> (KKA) A verursacht B gdw. es eine Kette von Ereignissen $C_1 = A, C_2,..., C_n = B$ gibt, in der jedes C_{j+1} vom vorhergehenden C_j gemäß (KA) kontrafaktisch abhängig ist.

So kann Lewis gewährleisten, dass Verursachung *transitiv* ist, was ihm am Herzen liegt, obwohl die kontrafaktische Abhängigkeit das nicht ist.

Diese Definition lässt sich auch auf die probabilistische Verursachung erweitern, wobei dann (KA) neu formuliert werden müsste:

> (KA*) Hätte A nicht stattgefunden, wäre die Wahrscheinlichkeit für das Auftreten von B kleiner gewesen.

Damit (KA*) zu verstehen ist, benötigen wir allerdings bereits eine Konzeption von singulärer Wahrscheinlichkeit bzw. Propensität oder wir hätten zu erläutern, wie wir die Wahrscheinlichkeit in (KA*) anders verstehen können.

Die wichtigsten Probleme der Konzeption finden sich aber in den Fällen von „*Preemption*" (Zuvorkommen). Manchmal kommt ein Ereignis A einem anderen Z darin zuvor, B zu verursachen. Dann versagt jedoch unsere Konzeption von Kausalität als kontrafaktischer Abhängigkeit, denn auch wenn A nicht stattgefunden hätte, wäre B trotzdem eingetreten, weil es von Z hervorgebracht worden wäre. Typisch ist der Fall zweier Attentäter (Scharfschützen), die auf einen Diktator angesetzt wurden. Nehmen wir an (A) Schütze 1 schießt, trifft und (B) der Diktator stirbt. Doch Schütze 2 (ein ebenso perfekter Schütze) wartete, ob Schütze 1 tatsächlich schießt und wäre sonst (Z) für den Schützen 1 eingesprungen. In dem Fall war das Ereignis (A) nicht tatsächlich erforderlich für das Ableben des Diktators (B), denn Schütze 2 hätte die Tat sonst erledigt. (B) hängt hier nicht in der erwünschten Weise kontrafaktisch von (A) ab.

Diesen Fall von „early preemption" kann Lewis noch mit Hilfe der kausalen Ketten lösen. Es gibt zumindest noch Zwischenereignisse C in der Kette, die von A nach B führt, nämlich die fliegende Kugel des Schützen 1, von denen B kontrafaktisch abhängt. Diese sind selbst wiederum nur vom Schuss von Schütze 1, also (A) kontrafaktisch abhängig.

IV.2 Kausalitätskonzeptionen

So haben wir jedenfalls den Fall angelegt und so soll auch (KA) verstanden werden (für die Experten: als nicht „backtracking"). Dann ist B von C kontrafaktisch abhängig und C von A. Damit kann Lewis die tatsächlichen kausalen Zusammenhänge korrekt rekonstruieren.

Leider lassen sich die Gegenbeispiele weiter verbessern, so dass dieser einfache Ausweg versperrt bleibt; etwa in Form von „late preemption" oder sogar „trumping preemption" (vgl. Schaffer 2000). Dabei kommt das Zuvorkommen erst in letzter Sekunde vor oder findet nur in Form eines „Übertrumpfens" statt, so dass sich keine geeigneten Zwischenereignisse mehr angeben lassen, die die kontrafaktische Konzeption retten könnten. Ein Beispiel für das Übertrumpfen stellt der Fall dar, dass ein Leutnant einer Kompanie den Befehl „links um" erteilt und genau gleichzeitig ein Feldwebel denselben Befehl gibt. Die Kompanie gehorcht dem ranghöheren, dem Leutnant, doch es ist klar, dass auch ohne seinen Befehl die Kompanie sich genauso verhalten hätte, weil sie dann dem Befehl des Feldwebels gefolgt wäre. Hier finden wir noch nicht einmal die hilfreichen Zwischenereignisse, die eine Kausalkette zur Rettung der Analyse (KKA) ergeben könnten (vgl. Menzies 2001).

Einen anderen Weg zur Rettung der kontrafaktischen Analyse stellt die *Verfeinerung* unserer Konzeption von Ereignissen dar. Im Falle der beiden Scharfschützen könnte man auch so argumentieren: Das Auftreffen der Kugel des zweiten Schützen und der Tod des Diktators durch diese Kugel (E2) wäre im Detail jedenfalls ein anderes Ereignis als der Tod durch die Kugel des ersten Schützen (E1). Man kann sagen, dass das spezielle Ereignis E1 tatsächlich kontrafaktisch von dem Schuss des ersten Schützen abhängig ist, denn wenn der nicht geschossen hätte, wäre der Diktator zwar auch erschossen worden, aber eben auf andere Art und Weise (E2), und (E1) hätte nicht stattgefunden. Indem wir hier von zwei verschiedenen Ereignissen sprechen (dem etwas früheren und dem etwas späteren und jeweils etwas unterschiedlichen Ableben des Diktators), können wir die Analyse retten.

Ein erster Preis, den man dafür zu bezahlen hätte, wäre allerdings, dass der Weg zu Generalisierungen in weitere Ferne rücken würde. Um viele Preemption-Fälle mit Hilfe der Verfeinerung zurückweisen zu können, sollten Ereignisse nicht als Instantiierungen recht allgemeiner Eigenschaften betrachtet werden, sondern wären in all ihrer Individualität zu betrachten. Doch gerade die Zusammenhänge zwischen allgemeineren Typen von Ereignissen interessieren uns besonders in der Wissenschaft. Außerdem hätte dieser Weg den großen Nachteil, dass bei einer derart feinen Individuierung von Ereignissen viele neue Verbindungen als Verursachung eingeführt würden, die uns als ungeeignet erscheinen. Die kontrafaktische Abhängigkeit wird zu sensibel gegenüber kleinsten Einflüssen auf den kausalen Prozess. Bereits eine Fliege, die den Weg der Kugel kreuzt, verändert die Kugel ein wenig und auch den Weg der Kugel. Dieser spezielle Tod des Diktators hätte also nicht stattgefunden ohne die Fliege. Unsere Analyse müsste die Fliege als Ursache des Tods (jedenfalls dieses Tods) des Diktators ansehen. Oder: Ein Mittagessen vor der Einnahme eines Giftes verzögert dessen Resorption. Damit verlangsamt sich dessen Wirkung. Der tatsächliche Tod ist von diesem Mittagessen kontrafaktisch abhängig und wäre nach (KA) eine Ursache davon. Das sieht nicht besonders einleuchtend aus und führt uns zudem weiter weg von sinnvollen erklärenden Zusammenhängen. Wir möchten daher die Individuierung von Ereignissen nicht ganz so fein vornehmen und nicht mit solchen „fragile events" arbeiten.

Es ist auch fraglich, ob sich „trumping preemption" Fälle damit ausschalten lassen, denn das Ereignis des Loslaufens der Soldaten auf den Befehl des Leutnants hin mag in allen intrinsischen Eigenschaften genau gleich dem Loslaufen auf den Befehl des Feldwebels hin sein. Wie sollten wir dann noch von unterschiedlichen Ereignissen sprechen können?

Viele andere Beispiele sind ebenfalls nicht leicht im kontrafaktischen Ansatz (oder anderen Ansätzen) aufzuklären. Verspricht mir meine Nachbarin, während meiner Abwesenheit meine Blumen zu gießen und unterlässt es dann, würden wir zu Recht sagen, ihr Unterlassen hätte das Ableben meiner Blumen verursacht. Sie würde vielleicht das Bedürfnis verspüren, es wieder gut zu machen. Das passt zur kontrafaktischen Analyse: Hätte sie gegossen, hätten meine Blumen überlebt. Dasselbe gilt allerdings auch für Angela Merkel. Hätte sie gegossen, hätten meine Blumen ebenfalls überlebt. Trotzdem kommt es uns recht weit hergeholt vor, die Bundeskanzlerin kausal für das Blumensterben verantwortlich zu machen (und vielleicht noch viele andere Personen, wenn wir annehmen, es sei ihnen im Prinzip möglich gewesen, da mein Garten von außen gut zugänglich ist). Hier scheinen andere (pragmatische?) Gesichtspunkte neben der kontrafaktischen Abhängigkeit ins Spiel zu kommen. Wie sieht es mit anderen Ansätzen zur Kausalität aus?

Wahrscheinlichkeiten. Eine generelle Idee besagt, dass eine Ursache U vor allem die Wahrscheinlichkeit für das Auftreten von E (der Wirkung) erhöht.

(KW) U ist Ursache von E gdw. $P(E/U) > P(E/\text{non-}U)$

Dabei ist mit $P(A/B)$ die Wahrscheinlichkeit gemeint, die A hat, wenn schon bekannt ist, dass B der Fall ist (bzw. wenn schlicht B gilt). Man sagt auch: „die Wahrscheinlichkeit von A unter der Annahme B".

Leider hilft uns (KW) noch nicht viel weiter, wenn wir Wahrscheinlichkeiten an relative Häufigkeiten koppeln, wie das üblich ist. Man

IV.2 Kausalitätskonzeptionen

denkt dabei vielleicht zunächst an sinnvolle Beispiele wie: Rauchen erhöht die Wahrscheinlichkeit für die Entwicklung eines Lungenkrebses. Doch derartige statistische Informationen sind im Allgemeinen oft weit entfernt von kausalen Beziehungen. Auch gelbe Finger sind korreliert mit Lungenkrebs, und das Vorliegen gelber Finger liefert so einen Hinweis auf die Entwicklung von Lungenkrebs. Dieser Hinweis hat aber noch nichts mit den Ursachen von Lungenkrebs zu tun. Hier gibt es eine gemeinsame Ursache (das vorgängige Rauchen), die sowohl die gelben Finger wie auch den Lungenkrebs verursacht. Dementsprechend können wir die gelben Finger auch nicht zum Erklären von Lungenkrebs heranziehen.

Außerdem sind derartige Korrelationen *symmetrisch*, d. h., es gilt in (KW) auch $P(U/E) > P(U/\text{non-}E)$, Kausalität ist aber asymmetrisch. Man hoffte, dass wenigstens der folgende Zusammenhang zwischen Wahrscheinlichkeiten und Kausalität für zwei Größen (Zufallsvariablen) A und B besteht, den wir als „Common Cause"-Prinzip (von Reichenbach) bezeichnen:

(CCP) Wenn A und B korreliert sind (d. h. für zweiwertige Größen: $P(B/A) > P(B/\text{non-}A)$), dann gilt einer von den folgenden drei Fällen:
  i) A ist Ursache von B
  ii) B ist Ursache von A, oder
  iii) Es gibt eine gemeinsame Ursache C von A und B.

Für die gemeinsame Ursache wird meist noch verlangt, dass sie A und B statistisch voneinander *abschirmt* (bzw. die Korrelation also das gehäufte Zusammentreffen von A und B) erklärt. Man erwartet von C:

(*) $P(B/A \& C) = P(B/\text{non-}A \& C)$

(CCP) scheint ein sinnvolles regulatives Prinzip für die Wissenschaft darzustellen, d. h., wenn eine Korrelation zwischen zwei Größen vorliegt, forschen wir nach Kausalbeziehungen dafür und suchen insbesondere nach möglichen gemeinsamen Ursachen.

Leider hat sich auch dieses schöne Prinzip (CCP) nicht als wirklich haltbar erwiesen. Das ergab die Debatte darüber (vgl. Arntzenius 2005). Verschiedene Prozesse von anwachsenden Größen sind untereinander korreliert, ohne dass es irgendwelche kausalen Beziehungen geben muss (etwa der Brotpreis in England und das Ansteigen des Meeresspiegels in Venedig). Für Mikroprozesse (für Bereiche, für die die Quantenmechanik zuständig ist) gilt es nachgewiesenermaßen ebenfalls nicht mehr. Trotzdem wird es oft (oder ein ähnliches wie etwa das kausale Markovprinzip) in modernen Analysen von Kausalität angenommen (etwa bei Pearl 2000 oder Glymour et al. 2000).

Wenn wir eine probabilistische Konzeption dafür erhalten möchten, was Kausalität ist (und nicht nur dafür, wann erste Indizien für eine Kausalbeziehung vorliegen), müssen wir auf stärkere (metaphysischere)

Konzeptionen von Wahrscheinlichkeit zurückgreifen. Wir müssen dann P(B/A) > P(B/non-A) so lesen, dass A in konkreten Instanzen die jeweilige Einzelfallwahrscheinlichkeit („chance" oder „Propensität") für das konkrete Auftreten von B erhöht hat. Nur in diesem Fall lässt sich das Auftreten von A als ein kausaler Einfluss für das Auftreten von B auffassen. So geht etwa Humphreys (1989) vor. Allerdings muss er noch weitere Bedingungen hinzunehmen, um dafür Sorge zu tragen, dass A tatsächlich wirksam wird. Wir könnten sagen, es dürfen in der speziellen Situation keine *Gegengifte* gegen A vorliegen. Daher verlangt er, dass diese Erhöhung der Chance für B durch A für einen bestimmten Bereich von Bedingungen Z vorliegt. Er verlangt für eine *beitragende Ursache* A daher:

(HKW) A ist *beitragende Ursache* von B gdw. P(B/A & Z) > P(B/non-A & Z), für alle Randbedingungen Z einer bestimmten Art.

Den Details, welche Z wir hier im Auge haben müssen, kann ich hier nicht nachgehen. Die Grundidee dürfte hingegen verständlich sein. Außerdem wird non-A durch den in III.7 schon erwähnten neutralen Zustand ersetzt. Für uns ist aber vor allem von Interesse, dass Humphreys eine interessante Erklärungstheorie an diese Konzeption anschließt, die sich noch auf den zusätzlichen Begriff der *gegenwirkenden Ursachen* stützt. Für sie kehrt sich das Ungleichheitszeichen in (HKW) um. Humphreys (1989: § 34 ff.) macht uns sehr überzeugend darauf aufmerksam, dass wir genau genommen auch die gegenwirkenden Ursachen in unsere Erklärungen mit einbeziehen müssen. Eine Erklärung liefert vor allem eine Aufstellung der beitragenden und der gegenwirkenden Faktoren und hat die Form:

(HE) Y trat in S zu t auf, weil F und trotz G.

Dabei bezieht er sich mit „Y" auf eine Eigenschaft bzw. einen Wechsel der Eigenschaft, „S" auf ein System zu einem bestimmten Zeitpunkt t. „F" bezeichnet eine Liste von beitragenden Ursachen bzw. Faktoren und „G" eine von gegenläufigen. Dem kann ich beipflichten, wenn mit „Faktoren" gerade die kausal relevanten Eigenschaften gemeint sind und dabei auch schon ihre nomischen Zusammenhänge im Blick sind. Ohne diese Zusammenhänge greift die Konzeption dagegen zu kurz.

Trotzdem liefert sie zwei wichtige Ergebnisse, die Humphreys sorgfältig begründet: 1. Auch die gegenwirkenden Faktoren können in eine Erklärung hineingehören. 2. Die Wahrscheinlichkeiten, auf die wir uns dabei stützen müssen, sind Propensitäten. Damit fällt allerdings ein wesentlicher Anreiz für diesen Ansatz weg. Empiristen waren deshalb so erfreut über den Wahrscheinlichkeits-Ansatz, weil er sich als naheliegende Verallgemeinerung der Regularitätenkonzeption darstellte.

IV.2 Kausalitätskonzeptionen

Wahrscheinlichkeiten waren angekoppelt an relative Häufigkeiten und damit direkt beobachtbar. Humphreys verdeutlicht an vielen Beispielen, dass diese Hoffnung enttäuscht werden musste, wenn wir mit den Wahrscheinlichkeiten tatsächlich eine Analyse von Kausalität vornehmen wollen. Doch die Propensitäten, auf die wir uns stattdessen stützen müssen, sind selbst kaum besser verständlich und genauso schwer beobachtbar wie die Kausalverknüpfung. Der Gewinn durch (HKW) ist daher vor allem für Empiristen nicht so groß wie erhofft. Sie würden monieren, dass hier der Begriff der Kausalität durch den der Tendenz oder der Propensität ersetzt wird, diese Begriffe aber eigentlich so eng verwandt zum Kausalitätskonzept sind, dass wir noch nicht wirklich viel darüber erfahren haben. Jedenfalls dann nicht, wenn alles, was wirklich zählt, beobachtbare Zusammenhänge sind. Trotzdem ist es sicher wichtig, diese Verbindung zwischen Kausalität und Wahrscheinlichkeit explizit zu machen.

Prozesse. Eine Vorstellung, die schon bei Bertrand Russell zu finden ist, ist die, dass ein kontinuierlicher Prozess von einer Ursache U zu ihrer Wirkung W führt. Wir identifizieren die Kausalverbindung anhand dieses Prozesses. Wir können den Weg einer Kugel aus einem Gewehrlauf bis in das Herz des Diktators verfolgen, sehen dort die Schäden, die sie anrichtet, und sagen deshalb, dass dieser Schuss den Diktator getötet hat. Eine kontrafaktische Abhängigkeit mag nicht gegeben sein (weil sonst ein anderer den Diktator getötet hätte) und auch eine Wahrscheinlichkeitserhöhung muss nicht unbedingt vorliegen (der andere Schütze könnte der bessere Schütze sein). Trotzdem wissen wir, dass es *diese* Kugel war, die den Diktator ins Jenseits schickte. Wir können den ganzen Vorgang (zumindest im Prinzip) mitverfolgen. Also wissen wir, was die Ursache für das Ableben des Diktators war.

So weit so gut. Schwierig wird es, wenn wir versuchen, diese Idee zu präzisieren. Was unterscheidet *einen* Prozess von einem anderen? Finden hier nicht dauernde Überlagerungen und Vermengungen statt? Wie isolieren wir dann bestimmte Prozesse? Was setzt sie in Gang? Wie interagieren sie miteinander? Wesley Salmon versuchte 1984 diese Fragen umfassend zu beantworten und berief sich dazu auf das sogenannte „mark transmission"-Prinzip (MT) von Reichenbach.

> MT: Let P be a process that, in the absence of interactions with other processes would remain uniform with respect to a characteristic Q, which it would manifest consistently over an interval that includes both of the space-time points A and B (A - B). Then, a mark (consisting of a modification of Q into Q*), which has been introduced into process P by means of a single local interaction at a point A, is transmitted to point B if P manifests the modification Q* at B and at all stages of the process between A and B without additional interactions. (Salmon 1984, 148).

Die Idee ist, dass ein Prozess dadurch gekennzeichnet werden kann, dass er ein Zeichen bzw. eine Markierung weitergeben *kann*. Das ist eine Veränderung, die wir an einer Stelle an ihm vornehmen und die er mitnimmt. Das ist typisch für Prozesse, die durch die Bewegung eines Objekts charakterisiert werden können. Zum Beispiel unsere Kugel im Diktatorbeispiel ließe sich mit Farbe oder durch eine Kerbe markieren und sie würde diese Markierung anschließend weiter transportieren. Sogenannte *Pseudoprozesse* können das nicht. Ein Schatten, der sich über eine Wand bewegt, kann nicht auf diese Weise markiert werden. Bringe ich im Schattenbereich einen hellen Fleck an, nimmt ihn der Schatten nicht weiter mit.

Leider bleibt der Grundbegriff der Markierung recht umstritten und es finden sich viele Gegenbeispiele. Wenn der Schatten über einen langen Zaun streicht und wir werfen den Zaun um, wobei sich der Schatten verändert und diese Veränderung auch erhalten bleibt, haben wir den Schatten dann nicht doch markiert? Was ist mit sehr kurzen oder Mikroprozessen, die vielfach ineinander greifen? Kann man dort überhaupt sinnvoll von Markierungen sprechen? Die Diskussion drehte sich um nett ausgedachte Gegenbeispiele, und Salmon stieg daraufhin auf die neuen Prozesstheorien von Phil Dowe um. Dowe verlangt von einem Prozess vor allem, dass er eine bestimmte Erhaltungsgröße (also z. B. Energie) mit sich führt. In Dowe (2004) gibt er die folgenden Prinzipien dafür an:

CQ1. A causal process is a world line of an object which possesses a conserved quantity.

CQ2. A causal interaction is an intersection of world lines which involves exchange of a conserved quantity.

Aber auch dieser Ansatz ist mit Problemen und Gegenbeispielen belastet. Man denke nur an eine Wasserwelle. Welche Objekte tragen dort die Erhaltungsgröße gemäß CQ1 mit sich fort? Die einzelnen Wassermoleküle bewegen sich nur auf und ab. Doch die Welle bewegt sich längs der Wasseroberfläche und kann dabei sogar gewaltige Energiemengen transportieren. Es ist schwierig, hier die Prozesse zu isolieren, die uns interessieren und als die relevanten kausalen Verbindungen zu betrachten sind. Der Ansatz fand daher nur wenige Anhänger, obwohl er sicherlich einige wichtige Intuitionen zur Kausalität aufgreift. Manches davon findet sich in der Vorstellung von kausalen Mechanismen (s. u.) wieder.

Manipulation und Intervention. Eine sehr gut ausgearbeitete Konzeption von Kausalität, die immer mehr Anhänger findet und gute Ansätze zeigt, um auch die Problemfälle von Kausalbeziehungen korrekt zu beschreiben (wie „trumping preemption" oder Verursachung durch

IV.2 Kausalitätskonzeptionen

Hemmung eines hemmenden Faktors oder Überdeterminierung u. ä.) ist der Manipulationsansatz zur Kausalität. Dessen Idee besagt, dass U Ursache von E ist, wenn ich durch Veränderung (Manipulation) von U auch E verändern kann.

Der Ansatz hat verschiedene Ursprünge, unter anderem in recht anthropomorphen Betrachtungsweisen von Kausalität, die Verursachung zu verstehen sucht in Analogie zum menschlichen Hervorbringen von bestimmten Handlungen. Davon haben sich die modernen Ansätze (etwa Pearl 2000 oder Woodward 2003) inzwischen verabschiedet. Man könnte sie eher als eine Verbesserung der ursprünglichen kontrafaktischen Ansätze beschreiben.

Viele komplexe kausale Zusammenhänge lassen sich nicht gut durch den Prozessansatz beschreiben. Wenn wir durch Gabe von Cortison (C) das Immunsystem einer Person mit latenten Herpesviren unterdrücken und sie daraufhin eine Herpesinfektion (H) entwickelt, so können wir zu Recht sagen: C war die Ursache von H. Doch der Prozess führt zunächst nur von C zum Immunsystem und nicht weiter. Dessen Schwäche ist zwar ein wichtiger Faktor für das Auftreten von H, aber es ist offensichtlich, dass ein Prozessvertreter der Kausalität dies nur mit größten Verrenkungen nachzeichnen könnte. Der Prozess kann keine Markierung von C bis H übertragen. Der erste Teilprozess interagiert auch nicht mit dem zweiten Teil. Von Energieerhaltung kann ebenso wenig die Rede sein. Das erkennt man ebenso in ähnlichen Beispielen. Wenn wir in einem großen gespannten Katapult den Sicherungsstift ziehen, so dass ein größerer Felsbrocken davon geschleudert wird, so steht die eingesetzte Energie beim Ziehen des Stiftes in keiner Relation zu der Energie, die der Felsbrocken dadurch erhält. Von der Übertragung von Markierungen oder Erhaltung eines Impulses kann keine Rede sein. Hier setzt die Manipulationskonzeption ein. Es genügt demnach, dass ein funktionaler Zusammenhang vorliegt, der sich durch Interventionen ausnutzen lässt, um den kausalen Zusammenhang zu bescheinigen.

> (MK) A verursacht B gdw. Es gibt eine Intervention I an A und würde I durchgeführt, würde sich B verändern (oder für probabilistische Kausalität die Wahrscheinlichkeitsverteilung von B).

Dabei sind A und B Variablen, die bestimmte Faktoren (Eigenschaften) darstellen. Außerdem ist (MK) auf eine bestimmte Menge von Variablen V zu relativieren, die auch in die Definition des Interventionsbegriffs eingehen (vgl. dazu III.5). Die Konzeption ist eng angebunden an den Ansatz der kausalen oder strukturellen Modelle, in denen die Grundgrößen durch Gleichungen wie (G) [in III.4: $Y = F(X) + U$] miteinander in Beziehung gesetzt werden. Damit stellen sie auch enge Beziehungen zu einer bestimmten Vorgehensweise in den Sozialwissenschaften her. Sowohl Pearl (2000) wie auch Woodward (2000) plädieren geradezu dafür, diesen Ansatz umfassender als bisher in der Medizin und den Sozialwissenschaften einzusetzen. Die technischen Details und weitergehenden Schwierigkeiten und die genauen Erklärungstheorien (Woodward 2003 und Halpern/Pearl 2005) können hier nicht ausführlicher diskutiert werden. Aber auf die Zusammenhänge zur Instanzenkonzeption von Erklärung möchte ich zumindest eingehen. Das Konzept der Interventionen und seine Bedeutung als Indikator für nomische Muster wurden in III.5 bereits diskutiert.

Die Ansätze passen gut zueinander. Während die Manipulationskonzeption die Kausalbeziehung allerdings stärker über die „Symptome" bestimmt, geht der Instantiierungsansatz vor allem auf die zugrunde liegenden Wahrmacher ein. Welche Eigenschaften müssen vorhanden sein (instantiiert sein), damit die geforderten modalen Beziehungen existieren? Hier bietet der dispositionale Essentialismus eine naheliegende Antwort. Woodward besteht darauf, dass die modalen Konzepte unverzichtbar sind und jede rein empiristische Analyse zu kurz greift. Er spricht auch von „capacities", die vorliegen müssen, damit seine Analyse von invarianten funktionalen Zusammenhängen im Sinne von (G) wahr ist. Seine Ausarbeitung der Konzeption bezieht sich aber mehr auf eine symptomatisch-epistemische Analyse. Das hat den Vorteil, dass die enge Beziehung zur Praxis deutlich wird, insbesondere die Zusammenhänge zur empirischen Testbarkeit idealerweise in Form von kontrollierten Experimenten. Die modale Formulierung deutet aber auch an, wo wir darüber hinausgehen müssen.

IV.3 Nichtkausale Erklärungen?

Inwiefern sind Erklärungen tatsächlich als kausale Erklärungen zu betrachten? Welchen Beitrag zum Erklären liefert die Information, dass es sich um eine Kausalbeziehung handelt? Das möchte ich an einigen Beispielfällen erörtern. Beginnen wir mit einem Beispiel aus der statistischen Mechanik. Ein Container ist bei Zimmertemperatur durch eine Zwischenwand in zwei Hälften A und B aufgeteilt. Nur in A ist Luft und in B nicht. Die Zwischenwand wird nun plötzlich entfernt und kurz danach ist die Luft ziemlich gleichverteilt auf beide Hälften (vgl. III.7). Wieso? Die Gleichverteilungszustände haben eine höhere Entropie und alle Systeme streben zur größeren Entropie. Auf der Mikroebene bedeutet das einfach, dass es sehr viel mehr Mikrozustände gibt, die einen (approximativen) Gleichverteilungszustand realisieren als solche, die einen Zustand wie den ursprünglichen realisieren. Nehmen wir etwa an, wir hätten ein 4 Teilchen-System. Jedes Teilchen kann in A

IV.3 Nichtkausale Erklärungen?

oder B sein. Da sie ungeordnet in alle Richtungen fliegen, gehen wir davon aus, beides wäre letztlich gleichwahrscheinlich. Für alle-Teilchen-in-A gibt es nur einen Mikrozustand. Für 2-in-A-und-2-in-B sind es immerhin schon 6 Mikrozustände, wie man leicht ausprobieren kann. Die Gleichverteilung ist also 6 mal so wahrscheinlich wie der Ausgangszustand. Mit wachsender Anzahl der Teilchen wächst dieser Faktor sehr schnell an. (Für 2n Teilchen ist die Zahl 2n über n, da es darum geht eine n-elementige Menge aus einer 2n-elementigen auszusondern.) Nehmen wir noch gewisse Unschärfen hinzu, so dass der Ursprungszustand nur *fast alle* Teilchen in A erfordert und das Gleichgewicht nur eine Fast-Gleichverteilung, so wächst das Verhältnis weiter. Für normale Gase sind die Zahlen gigantisch und die einseitige Verteilung ist so unwahrscheinlich, dass wir sie als praktisch ausgeschlossen betrachten können. In einem Mol, also für Helium gerade vier Gramm Material, sind ca. $6 \cdot 10^{23}$ Atome enthalten. Eine unvorstellbar große Zahl. Unser statistisches Modell erklärt uns so, wieso sogleich nach dem Öffnen der Zwischenwand eine Gleichverteilung des Gases eintreten wird. Es gibt eben viel mehr Mikrozustände, die wir als Gleichverteilung bezeichnen, als Zustände mit einseitiger Konzentrierung des Gases.

Ist das eine Kausalerklärung? Im weiten Sinn des Wortes sicherlich. Aber nicht in dem einfachen Sinn, dass hier aufgezeigt wird, wie man von einer Ursache über einen bestimmten Prozess zu einer Wirkung (dem Explanandum-Ereignis) gelangt (vgl. Sober 1983). Vielmehr berufen wir uns auf einen allgemeinen statistischen Zusammenhang, ohne uns mit dem genauen Prozess auseinanderzusetzen, durch den es zu dem Gleichgewichtszustand kommt. Natürlich sind alle zugrunde liegenden Prozesse kausale Prozesse. Doch die Erklärung nennt nicht einfach ein Ereignis als Ursache für den Eintritt der Gleichverteilung. Es ist nicht das *Entfernen* der Zwischenwand, was die Moleküle nun antreibt und zu der Gleichverteilung führt, sondern die Statistik der Mikrozustände. Fassen wir den Begriff der Kausalerklärung so weit, dass er das einschließt, so wird die Information, dass eine Kausalerklärung vorliegt, dadurch weniger aussagekräftig. Jedenfalls haben wir uns von den einfachen Redeweisen entfernt, nach denen eine Erklärung eines Ereignisses eine Angabe seiner Ursachen oder seiner kausalen Vorgeschichte ist. Vielmehr liegt eine spezielle Form von *Gleichgewichtserklärung* vor, wonach ein Zustand dadurch erklärt wird, dass er ein Gleichgewicht darstellt, aber nicht genau beschrieben wird, wie man von einem früheren Zustand dorthin gelangt.

Ein weiteres Beispiel dazu: Kausalitätstheoretiker halten die Asymmetrie von Inferenz und Erklärung als erklärbar durch die Asymmetrie der Kausalbeziehung. Aus dem Pendelgesetz lässt sich die Schwingungsdauer T ableiten und so erklären anhand der Länge L eines Pendels (und der Schwerkraft g). Umgekehrt lässt sich auch die Länge des

Pendels ableiten aus dem Gesetz zusammen mit der Kenntnis von T (und g). Doch diese Ableitung würden wir nicht als Erklärung der Pendellänge akzeptieren. Warum nicht? Wir denken, dass eine Erklärung der Pendellänge sich eher auf die Absichten desjenigen, der das Pendel hergestellt hat, beziehen sollte. Doch was unterscheidet die beiden ursprünglichen Ableitungen? Die Kausalerklärer behaupten, sie hätten eine Antwort und das sei ein großer Vorteil ihres Ansatzes: Die erste Ableitung gebe einen kausalen Zusammenhang wieder und die zweite nicht. Das ist indes nicht so einfach zu erkennen, denn im Pendelgesetz (wonach Pendellänge und Pendelfrequenz umgekehrt proportional sind) finden sich z. B. keine Hinweise auf einen zeitlichen Zusammenhang, wie wir ihn zwischen Ursache und Wirkung erwarten sollten. Es ist statt dessen ein reines Koexistenzgesetz. Natürlich können wir uns darauf berufen, dass wir jedenfalls (auf der Erde) die Schwingungsdauer nur anhand der Pendellänge *beeinflussen* können. Das ist aber noch kein zwingendes Argument, um von Ursache und Wirkung zu sprechen. Hier droht eine weitere Aufweichung des Kausalitätsbegriffs.

Betrachten wir kurz ein weiteres Beispiel aus der Physik. Das sogenannte Zwillingsparadoxon. Nehmen wir ein Zwillingspaar Fritz und Franz. Fritz bleibe auf der Erde, während Franz mit einer sehr schnellen Rakete in das Weltall fliegt und dann wieder zur Erde zurückkehrt. Die spezielle Relativitätstheorie sagt nun vorher (und das ist experimentell überprüfbar), dass der daheimgebliebene Fritz beim Zusammentreffen älter ist als Franz. Der Unterschied hängt von der Reisegeschwindigkeit ab (groß wird er nur für Geschwindigkeiten nahe der Lichtgeschwindigkeit) und bedeutet nicht nur, dass Fritz sich älter fühlt, weil ihm die Zeit aufgrund seines ereignislosen Lebens langweiliger erschienen ist. Der Unterschied ist objektiv messbar. Gibt es dafür eine Ursache? Ist zum Beispiel das Abbremsen der Rakete und die Beschleunigung in die Heimatrichtung eventuell eine solche Ursache? Leider nein. Davon ist der Effekt völlig unabhängig, wie uns die Relativitätstheorie erklärt: Denken wir uns etwa Drillinge mit Tom als Drittem. Franz fliege nur in einer Richtung von der Erde weg. Tom komme ihm irgendwo genau entgegen und sei beim Vorbeifliegen genauso alt wie Franz. Tom fliege auch nur in einer Richtung und trifft sich auf der Erde mit Fritz. Auch Tom ist dann jünger als Fritz, obwohl in unserer neuen Geschichte keine Beschleunigungen mehr vorkommen müssen.

Das ist also ein Effekt, der ganz von der seltsamen Raum-Zeit-Geometrie in der speziellen Relativitätstheorie bestimmt/hervorgerufen wird. Die auf dem Weg von Franz liegenden Zeiträume in dieser Raum-Zeit sind in der Summe kleiner als die des Raum-Zeit-Wegs von Fritz. So ungewöhnlich ist unsere Welt nun einmal. Sollen wir nun sagen, die Raum-Zeit-Geometrie sei eine *Ursache* für das Zwillingsphänomen? Auch das klingt zumindest ungewöhnlich. Die Raum-Zeit-Geometrie

IV.3 Nichtkausale Erklärungen?

ist schließlich kein Ereignis und auch keine zeitlich begrenzt auftretende Eigenschaft, sondern eine universelle Eigenschaft unseres physikalischen Raum-Zeit-Gefüges. Zumindest wird hier wiederum eine recht allgemeine Auffassung von Ursachen verlangt, um diesen Fall noch in einen intuitiven Kausalerklärungsansatz aufnehmen zu können. Oder wir müssten sagen, dass im Rahmen der Kausalerklärung dieses Phänomen nicht erklärbar ist.

Das würden die Kausalerklärer wohl zumindest bei mathematischen Erklärungen behaupten. Man könnte sagen, der Zwischenwertsatz und seine Begründung erklären uns, warum eine stetige reelle Funktion f: [a, b] → R mit f(a) < 0 und f(b) > 0 eine Nullstelle besitzt. Das hängt mit der Vollständigkeit der reellen Zahlen zusammen. Der Beweis erfolgt anhand einer Intervallschachtelung. Intuitiv nutzt man aus, dass bei einer stetigen Funktion die Funktionswerte f(x) und f(y) sich schließlich kontinuierlich aufeinander zu bewegen müssen, wenn es x und y tun. So erwischt man die Null entweder als Funktionswert oder man schachtelt sie langsam ein und erhält sie als Grenzwert, der wegen der Vollständigkeit von R auch tatsächlich existiert. So erklärt der Zwischenwertsatz bzw. sein Beweisverfahren, warum f eine Nullstelle aufweisen muss.

Spätestens hier ist klar, dass es sich nicht mehr um eine kausale Erklärung handelt. Wir können solche Beispiele natürlich ausschließen und einwenden, es handele sich eben nicht um *empirische* Erklärungen, und nur für die wollen wir eine Theorie entwerfen. Schöner wäre es allerdings, wenn sich auch hier eine gewisse Kontinuität erkennen ließe, denn schließlich treffen wir auf einige typische Merkmale unserer Erklärungen, wie z.B. die Beantwortung von Warum-Fragen, die uns bestimmte Zusammenhänge verstehen lassen. Die Deduzierer und Vereinheitlicher können eher versuchen, die Kontinuität aufzuzeigen, die dort besteht. Der Zwischenwertsatz nutzt bestimmte genuine Eigenschaften der reellen Zahlen, aus denen sich solche Ergebnisse ableiten lassen. Hier gibt es durchaus noch strukturelle Ähnlichkeiten zu empirischen Erklärungen.

Wie können die unterschiedlichen Kausalansätze mit diesen Fällen umgehen? Das möchte ich vor allem für den Manipulierbarkeitsansatz verfolgen. Wie sieht für ihn eine Erklärung aus? Das ist schon ein gutes Stück entfernt von der klassischen Redeweise der Kausalerklärer, wonach die Erklärung eines Ereignisses E einfach in der Angabe seiner Ursache besteht.

(KKE) U erklärt E gdw. U ist Ursache von E.

Die klassische Redeweise hat m.E. mit allen genannten Beispielen große Schwierigkeiten, während das für den Manipulierbarkeitsansatz schon besser aussieht. Hier beruft man sich auf die invariante, zugrunde liegende Gleichung (G) [Y = F(X) + U] und erklärt, warum die Größe Y einen bestimmten Wert y annimmt. Vernachlässigen wir einfach die Komplikationen, die sich aus der Berücksichtigung des probabilistischen Anteils U ergeben, so finden wir:

> (MKE) Y = y wird dadurch erklärt, dass (G) gilt und unter bestimmten Interventionen invariant ist und dass X = x (Ausgangsbedingung) der Fall ist und dass gerade y = F(x) ist.

Das gibt nur die Grundidee etwa bei Woodward (2003: 203) an (vgl. auch Halpern/Pearl 2005: Teil II). Die Ausformulierungen dort sehen etwas komplexer aus. Die Gleichung G wird dabei so verstanden, dass sie uns die Ursachen X für die Größe Y liefert. Das wird an unserem konkreten Beispiel aus III.5 wohl anschaulicher. Nehmen wir also an, die Größe Y beschriebe das Pflanzenwachstum einer bestimmten Pflanze. X beschreibt die Größen, von denen das Wachstum im Sinne unserer Gleichung (G) abhängig sei. Nehmen wir dazu an, es seien die Größen X1 für den jeweiligen hinzugefügten Dünger und X2 für die jeweilige Wassermenge. G sei nun so gestaltet, dass Y in einem bestimmten Bereich zumindest monoton wachsend von X1 und X2 abhinge. U gibt die Unsicherheiten an, die dabei bestehen. Etwa gewisse Zufallsschwankungen oder auch die Einflüsse noch nicht berücksichtigter weiterer Größen. U beschreibt hier eine Wahrscheinlichkeitsverteilung um den jeweiligen Funktionswert F(x) herum (hier mit: x = <x1, x2>).

Doch wenn wir U beiseite lassen, können wir ein konkretes Größenwachstum unserer Pflanze von y = 1,2 m so erklären, dass es sich ergibt aus der konkreten Düngermenge x1 und der Menge an Wasser x2, die der Pflanze zugeführt wurden. Daraus erklärt sich (im Invarianzbereich und relativ zu einer bestimmten Menge V an betrachteten Variablen) das Wachstum von 1,2 m als Ergebnis: 1,2 = F(<x1, x2>).

Die Instantiierungserklärer würden sagen, dass (MKE) den Instantiierungserklärungen sehr nahe kommt. Die nomischen Muster werden in Form der Grundgleichung G explizit erwähnt und die Instantiierungsforderung wird von den Kausalerklärern ersetzt durch die (modale) Invarianzbedingung. Dass es sich um eine Kausalerklärung handelt, tritt nicht mehr so explizit in Erscheinung wie bei (KKE), aber es steckt natürlich in dem Verständnis der Gleichung G mit den Faktoren X als (Typ-) Ursachen von Y und in der Ausgangsbedingung X = x, die die aktuelle Ursache spezifiziert.

Welche unserer Beispiele lassen sich nun durch (MKE) erklären? Das ist nicht so klar. Welche funktionale Gleichung lässt sich im Falle der statistischen Erklärung heranziehen? Denken wir etwa an die Boltzmann-Gleichung S = k log W, die einen Zusammenhang beschreibt zwischen Entropie S und Wahrscheinlichkeit W der Mikrozustände eines Zustands. Oder den Gesetzen der Thermodynamik, wonach die

IV.3 Nichtkausale Erklärungen?

Entropie eines (abgeschlossenen) Systems immer zunimmt. Beim Ausgleich der Teilchen zwischen den beiden Hälften beobachten wir eine deutliche Entropiezunahme. Aber eine kausale Gleichung, die dafür verursachende Faktoren identifiziert, ist nicht in Sicht. Die Instantiierungserklärer sind dagegen nicht zwingend auf entsprechende *kausale* Muster angewiesen. Es genügt in solchen Fällen, wenn sich ein nomisches Muster realisiert. In unserem Beispiel wäre das etwa, dass es eine sehr allgemeine Tendenz zu wahrscheinlicheren Zuständen und gewissen Gleichgewichtszuständen gibt. Gleichgewichtserklärungen besagen etwa, dass ein bestimmter Zustand deshalb eintritt, weil er ein stabiler Zustand ist und weil er eine höhere Auftretenswahrscheinlichkeit hat als andere. Diese Muster sind nicht zwingend von dem Typ, dass sie bestimmte Größen benennen, die als Ursachen für die Veränderungen anderer Größen gelten können.

Ähnliches gilt für das Zwillingsparadox. Der genaue Altersunterschied wird beeinflusst durch die Geschwindigkeit der Rakete relativ zur Struktur der Raum-Zeit. In der speziellen Relativitätstheorie können wir die noch als feste Hintergrundgröße betrachten, doch das geht in der allgemeinen Relativitätstheorie nicht mehr. Ist sie dort eine Art kausaler Faktor X für unsere Gleichung G? Selbst diese Redeweise erscheint uns seltsam. Und sie ist auch nicht so einfach durch Interventionen direkt veränderbar. Es gibt vielmehr komplexe (holistische) Zusammenhänge zwischen der Raum-Zeit und der Materie, die wir eher als (gleichzeitige) wechselseitige „Beeinflussung" beschreiben können (vgl. Bartelborth 1993). In solchen Beispielen stößt die (MKE) an ihre Grenzen, vor allem wenn wir die grundlegende Idee der Kausalerklärer aus (KKE) beibehalten wollen.

Für die mathematische Erklärung sind wir sicher eher bereit, sie einfach zurückzuweisen als ein Beispiel, das außerhalb des Bereichs des empirischen Erklärens liegt, den wir hier nur im Blick haben. Trotzdem kann man die Parallelen zu empirischen Erklärungen erkennen, und es scheint mir nur natürlich, sich die genauer anzuschauen. Auch hier führen wir allgemeine Phänomene auf zugrunde liegende (stabile) Prinzipien zurück. Wir zeigen, dass der Zwischenwertsatz eine Instanz einer allgemeinen Eigenschaft der reellen Zahlen darstellt. Ohne diese Analogien überstrapazieren zu wollen, scheint mir auch hier ein Grundprinzip des Erklärens sichtbar zu werden.

Ich möchte nicht behaupten, dass die Manipulierbarkeitskonzeption keine Ressourcen besitzt, um diese Fälle besser zu beschreiben. Aber wir sollten uns fragen, ob es wirklich zwingend ist, sich in Erklärungen auf *kausale* nomische Muster zu beschränken und was wir damit genau gewinnen. Kausale Muster sind asymmetrisch und besitzen zumindest implizit eine zeitliche Struktur. Im Falle der Zusammenhänge von Raum-Zeit und Materie oder von Gleichgewichtserklärungen in der Ökonomie, der Biologie oder der Physik ist es nicht so offensichtlich, dass wir die darin vorfinden. Wir finden stabile Muster mit einer gewissen Vereinheitlichungskraft, die nicht klar ersichtlich kausale Muster darstellen.

Was wird dann aus der *Asymmetrie* von Erklärungen? Sie hat vermutlich etwas mit der Manipulierbarkeit bestimmter Größen zu tun. Im Falle des Pendels können wir die Pendelfrequenz nicht direkt beeinflussen, sondern nur über die Pendellänge. Deshalb scheint uns die Pendellänge geeignet, um damit die Pendelfrequenz zu erklären, aber nicht umgekehrt. Trotzdem können wir kaum ruhigen Gewissens sagen, die Pendellänge sei die *Ursache* der Pendelfrequenz, denn wir haben es mit einem Koexistenzgesetz zu tun. Sind das vielleicht nur pragmatische Aspekte des Erklärens? Das ist weiter zu untersuchen. Unsere erklärenden Muster sind jedenfalls typischerweise asymmetrisch.

Was ist der genaue Anteil am Erklären, den wir erhalten, wenn wir sagen, dass eine Ursache-Wirkungsbeziehung vorliegt? Das scheint mir nicht so klar zu sein. Die Debatte um Kausalität hat zunächst keine völlig überzeugenden Erläuterungen der Beziehung anzubieten. Das Beste ist noch die Stabilität im Rahmen der Manipulierbarkeitskonzeption, die sich allerdings nicht auf den wesentlichen Faktor der Bereichsinvarianz erstreckt. Die Stabilitätsforderung für die erklärende Generalisierung ist auch für die Instantiierungserklärung ein gutes Indiz (Symptom) für das Vorliegen einer echten Erklärung, aber der entscheidende Punkt ist dort eigentlich, dass das darauf hindeutet, dass wir es mit der Beschreibung einer grundlegenden Eigenschaft eines Objekts zu tun haben.

Trotzdem muss man zugestehen, dass die meisten tatsächlichen Erklärungen als Kausalerklärungen aufgefasst werden können, wobei allerdings der verbindenden Generalisierung eine entscheidende Erklärungsaufgabe zufällt. Außerdem bleibt der Aspekt der Asymmetrie der Erklärung, der intuitiv (wenn auch mit den genannten Einschränkungen) zugunsten einer kausalen Erklärungskonzeption spricht. Vielleicht kann die Redeweise von kausalen Mechanismen diese beiden Dinge zusammenführen: einerseits die Redeweise von Kausalverhältnissen zwischen zwei Ereignissen und andererseits den Wunsch, in einer Erklärung etwas Genaueres über den Weg von der Ursache zur Wirkung bzw. die Art des Zusammenhangs zu erfahren.

IV.4 Kausale Mechanismen

Für Hempel mussten Erklärungen eine Subsumtion unter Gesetze liefern. Für Woodward, Pearl und andere Kausalerklärer sind keine Ge-

IV.4 Kausale Mechanismen

setze (nicht einmal Ceteris-paribus-Gesetze) erforderlich, sondern Erklärungen geben schlicht die Ursachen an. Allerdings sind Ursachenbehauptungen auch für diese Autoren mit einer Generalisierung verknüpft, die nomischen Charakter in dem Sinn hat, dass sie invariant gegenüber Interventionen sind und zudem kontrafaktische Fragen beantworten können. Die Beispiele wie die des Autounfalls zeigen, wieso wir auf die Generalisierungen für eine Erklärung angewiesen sind. Es gibt außerdem eine Gruppe, die noch weniger für eine Erklärung zu verlangen scheint, nämlich einen kausalen Mechanismus.

Dazu zunächst einige Überlegungen, was das ist. Der Begriff des Mechanismus kommt in der Debatte um kausale Erklärungen immer wieder vor (etwa bei Jon Elster) und erscheint uns naheliegend und anschaulich. Doch wenn es darum geht, genauer zu beschreiben, was ein Mechanismus ist, kommen meist weniger hilfreiche Erläuterungen. So finden wir bei Elster (1998) „Roughly speaking, mechanisms are frequently occurring and easily recognizable causal patterns that are triggered under generally unknown conditions or with indeterminate consequences." Die Anforderungen an einen Mechanismus sind hier nicht sehr hoch oder spezifisch. Nur dass es sich um ein leicht identifizierbares kausales Muster handelt. Weder müssen die auslösenden Bedingungen bekannt sein, noch muss der Mechanismus eine gewisse Zuverlässigkeit besitzen, noch wird verlangt, dass er mit einer bestimmten Detailliertheit beschrieben werden muss.

Oft wird hinzugefügt, dass es darum geht, dass hier die *Komponenten* eines komplexeren Systems in bestimmter Weise zusammenspielen und dadurch ein Ereignis hervorgebracht wird. Die genauere Beschreibung des Zusammenspiels dieser Komponenten liefert dann die Erklärung. (Manchmal geht es auch darum, dass es sich um eine Abfolge von kausalen Einzelschritten handelt, die wir wieder auflösen müssen, um den gesamten Vorgang besser zu verstehen.) Bei Machamer, Darden und Craver (2000: 3) findet sich die Beschreibung:

> (MDC) Mechanisms are entities and activities organized such that they are productive of regular changes from start or set-up to finish or termination conditions.

Am klarsten kommt diese Idee bei Woodward (2002a) zum Ausdruck, der als Ausgangspunkt die Charakterisierung von Glennan (1996: 52) nimmt:

> A mechanism underlying a behavior is a complex system which produces that behavior by ... the interaction of a number of parts according to direct causal laws.

Woodward stört daran hauptsächlich die Bezugnahme auf ein bestimmtes Kausalgesetz. Diese Forderung scheint ihm, wie auch den anderen Mechanismusvertretern zu stark zu sein.

Er erläutert seine Konzeption von Mechanismen an folgendem Beispiel aus der Physik: Ein Block mit Masse m rutscht eine schiefe Ebene hinunter. Dann ergibt sich seine Beschleunigung aus zwei Kräften, die auf ihn einwirken. Zum einen die entsprechende Komponente aus der Erdanziehungskraft, die ihn nach unten beschleunigt und zum anderen die Reibungskraft, die ihn bremst. Dazu gibt er uns die hilfreiche Zeichnung:

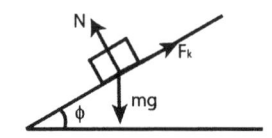

Grafik: Kräfte auf schiefer Ebene

Die Reibungskraft F_k ergibt sich aus der Kraft N, mit der der Block auf der Unterlage aufliegt, mal einer materialspezifischen Konstante μ_k.
So erhalten wir:

$F_k = \mu_k N = \mu_k mg \cos \phi$

Als abwärts gerichtete Kraft resultiert $mg \sin \phi$, so dass sich insgesamt ergibt:

$F_{gesamt} = mg \sin \phi - \mu_k mg \cos \phi$

Wenn wir das in der Bewegungsgleichung $F = ma$ einsetzen, erhalten wir für die Beschleunigung

(*) $a = g \sin \phi - \mu_k g \cos \phi$

Diese Gleichung (*) beschreibt nach Woodward den gesamten Mechanismus, der zu der Beschleunigung des Blocks führt. Daran kann man seines Erachtens zwei Dinge gut erkennen. Erstens handelt es sich nicht um ein Gesetz im starken Sinne des Wortes. Es ist nur eine spezielle (invariante) Generalisierung für einen ganz bestimmten Anwendungsbereich. Zweitens sieht man das Zusammenspiel zweier Komponenten, in diesem Fall der beiden beteiligten Kräfte. Das bringt Woodward mit seiner Idee zusammen, dass solche Komponenten eine gewisse Eigenständigkeit aufweisen müssen, um als Komponenten gelten zu können. Bei dem Ökonomen Haavelmo heißt das noch „Autonomie" und bei Woodward „Modularität". Das meint, dass es im Prinzip möglich sein muss, die einzelnen Komponenten zu verändern (mit Hilfe der „Teilmechanismen"), ohne dass dabei notwendigerweise die anderen Kom-

IV.4 Kausale Mechanismen

ponenten mit verändert werden. Jeder Teilmechanismus kann in diesem Fall so durch eine Gleichung beschrieben werden, dass in jeder Gleichung die unabhängigen Größen durch eine Intervention verändert werden können, ohne dass sich dadurch die Zusammenhänge zwischen den anderen Variablen verändern, d. h. ohne dass die anderen Gleichungen deswegen verändert werden müssen (vgl. Woodward 2003: 328 ff.). Zusammen ergibt das:

> (MECH) a necessary condition for a representation to be an acceptable model of a mechanism is that the representation (i) describe an organized or structured set of parts or components, where (ii) the behavior of each component is described by a generalization that is invariant under interventions, and where (iii) the generalizations governing each component are also independently changeable, and where (iv) the representation allows us to see how, in virtue of (i), (ii) and (iii), the overall output of the mechanism will vary under manipulation of the input to each component and changes in the components themselves. (Woodward 2002b, S375)

Das ist schon eine ganz schöne Darstellung der Grundidee. Bei einem Mechanismus handelt es sich einfach um einen Komplex von Komponenten eines Systems, die durch bestimmte nomische Generalisierungen beschrieben werden. Es handelt sich also insbesondere um eine Verfeinerung von gröberen Beschreibungen eines Systems. Woodward betont aber auch, dass wir diese feineren Mechanismen nicht immer kennen müssen. Selbst gröbere Beschreibungen des ganzen Systems haben oft schon eine gewisse Erklärungskraft.

Die Vertreter des Mechanismenansatzes haben daneben oft noch ganz andere Dinge im Sinn. Ihnen ist vor allem die Bedingung (ii) ein Dorn im Auge. Sie behaupten, dass die Angabe von Mechanismen sogar dann erklären kann, wenn keine Regularitäten vorliegen. Bei Cartwright und Elster gibt es Beispiele dafür, dass in einer Situation zwei gegenläufige Mechanismen am Werk sind und es unterbestimmt bleibt, welcher sich durchsetzt. Das erzeugt ihrer Meinung nach die nötige Irregularität dafür, dass Woodwards Ansatz hier versagt. Wir können auch erst im Nachhinein bestimmen, welche der Tendenzen sich durchgesetzt hat, und dürfen diese post hoc zur Erklärung heranziehen.

Fangen wir mit einem einfachen medizinischen Beispiel an, das auch James Bogen (2005) erwähnt. Wir wissen inzwischen, dass 80% der Magengeschwüre und praktisch alle Zwölffingerdarmgeschwüre durch das Bakterium Helicobacter pylori verursacht werden. Wir kennen einigermaßen den Mechanismus dieses Vorgangs. Bogen zitiert:

> …the protective mucous coating of the stomach and duodenum, which allows acid to get through to the sensitive lining beneath. Both the acid and the bacteria irritate the lining and cause a sore, or ulcer. H. pylori is able to survive in stomach acid because it secretes enzymes that neutralize the acid. This mechanism

allows H. pylori to make its way to the „safe" area – the protective mucous lining. Once there, the bacterium's spiral shape helps it burrow through the mucous lining.
(http://healthlink.mcw.edu/article/956711536.html)

Das Problem ist dabei, dass in den westlichen Industrienationen ungefähr 20% der Vierzigjährigen und im Alter über 60 sogar 50% der Bevölkerung den Helicobacter pylori in sich tragen, jedoch nur sehr wenige davon ein Magengeschwür entwickeln oder überhaupt Magenbeschwerden aufweisen. Nach Bogen liegt also keine stabile Generalisierung vor. Wir können insbesondere nicht sagen, dass bestimmte Menschen ein Magengeschwür bekämen, wenn wir sie mit dem Helicobacter pylori infizieren würden. Trotzdem gibt uns die Beschreibung des Mechanismus eine Erklärung, warum diejenigen ein Magengeschwür bekommen haben, die tatsächlich eines entwickelt haben.

Dem würde ich zunächst zustimmen. Auch ohne eine genauere Angabe des Mechanismus, die etwas über die Zusatzbedingungen aussagt, unter denen Menschen ein Magengeschwür entwickeln, wenn sie den Helicobacter pylori aufweisen, verfügen wir bereits über eine erste noch ungenaue Erklärung. Allerdings ist der Mechanismus nicht ganz so unzuverlässig, wie Bogen behauptet. Die Generalisierung:

(1) Die Infektion mit dem Helicobacter pylori erhöht die Wahrscheinlichkeit für ein Magengeschwür.

erscheint zumindest relativ stabil. Eine Eradikation des Bakteriums mit Antibiotika–Kombinationen führt zu einer ziemlich sicheren Verbesserung der Beschwerden und der Verhinderung von Magengeschwüren. Die Infizierung mit dem Helicobacter pylori erhöht dagegen die Wahrscheinlichkeit für die Beschwerden, was wir daran erkennen können, dass bei einer größeren Gruppe, die wir infizieren würden, ein gewisser Prozentsatz die Beschwerden bekäme. Die Entdecker Marshall und Warren haben das im kleinen Selbstversuch plausibel gemacht (vgl. Thagard 1999). Der Versuch ist zwar prinzipiell durchführbar, allerdings stoßen wir dabei auf ethische und praktische Schwierigkeiten.

Die Frage für die Erklärungsdebatte ist eher, was mit Hilfe von (1) und dem genannten Mechanismus genau erklärt wird und was nicht. Um das zu bestimmen, ist der Ansatz von Lipton (vgl. II.8) hilfreich. Für Lipton erklären wir immer Kontraste. Nehmen wir an, wir hätten zwei Versuchspersonen M1 und M2 mit Helicobacter pylori und eine O ohne Helicobacter pylori. M1 entwickelt ein Magengeschwür, die anderen nicht. Dann kann unser Mechanismus erklären, warum M1 und nicht O ein Magengeschwür bekommen hat, aber er kann nicht erklären, warum M1 und nicht M2 ein Magengeschwür bekommen hat. Das ist genau das, was wir uns von der Generalisierung (1) erwarten dürfen. Sie kann den ersten Kontrast erklären und den zweiten nicht.

IV.4 Kausale Mechanismen

Unsere Aussage (1) leistet genau das und beschreibt grob die Eigenschaft dieser Infektion (eine erhöhte Neigung/Anfälligkeit für die Bildung von Magengeschwüren), die wir nun zu Erklärungszwecken heranziehen können.

Wir kennen inzwischen sogar noch mehr Details. In der Wikipedia finden wir:

> Das Bakterium kann mittels des Enzyms Urease, das es an seiner Oberfläche anlagert, im sauren Magensaft überleben: Das Bakterium nistet sich in den Schleim ein, der die Magenschleimhaut vor Zerstörung schützt. Durch die Urease wird die Säure neutralisiert und es bildet sich eine Ammoniakwolke um das Bakterium. Es provoziert eine Immunantwort des Körpers. Da jedoch die Verteidigungszellen des Körpers in dem Schleim und in der sauren Umgebung des Magens nicht überleben können, zerfallen sie und geben giftige Substanzen in die Umgebung ab. Somit ist die Entzündung der Magenschleimhaut ein Prozess, der durch die ungenügende Reaktion des Körpers auf den Helicobacter entsteht. Diese Reaktion kann zu einem Magengeschwür (sprich Ulcus) führen. Die Infektion mit dem Bakterium bedingt i. a. eine verstärkte Sekretion von Magensäure.
>
> Einen weiteren, möglicherweise noch wichtigeren Faktor für die Entstehung der Entzündungsreaktion entdeckte ein internationales Forscherteam am Institut Pasteur in Paris. Demnach dringt das Bakterium mit einem nadelartigen Fortsatz in die Zellen der Magenschleimhaut ein. Hierbei wird eine Substanz namens Peptidoglycan injiziert – der Keim selbst bleibt außerhalb der Zellen. Im Inneren der Zellen bindet das Peptidoglycan an ein spezifisches Rezeptormolekül, wodurch eine Reaktionskette in Gang gesetzt wird, die letztlich zur Entzündung der Magenschleimhaut führt. Offensichtlich wird H. pylori im Gegensatz zu vielen anderen pathogenen Keimen ohne diesen Eindringvorgang nicht vom Immunsystem erkannt, da die dafür zuständigen Oberflächenrezeptoren der Zellen nicht an das Bakterium binden.
>
> Literatur: Jérôme Viala et al.: Nature Immunology (Online-Vorabveröffentlichung, DOI: 10.1038ni1131)
> [Enzyklopädie: Helicobacter pylori. DB Sonderband: Wikipedia Frühjahr 2005, S. 195361]

Der von den Forschern entdeckte Injektionsmechanismus kommt nicht bei allen Stämmen von H. pylori vor. Dies erklärt, warum nur ein Teil der infizierten Menschen an Magenschleimhautentzündung erkrankt.

Sollten sich diese Vermutungen bewahrheiten, verfügen wir über eine deutlich *bessere* Erklärung, die auch den zweiten Kontrast erklären kann und die Generalisierung, die durch den neuen Mechanismus gestützt wird, ist noch informativer, weil sie nicht nur über kleine Wahrscheinlichkeiten spricht, sondern wieder den Charakter einer praktisch sicheren Regularität besitzt:

> (1*) Die Infektion mit dem Stamm des Helicobacter pylori, der Peptidoglycan in die Zellen der Magenschleimhaut injiziert, führt zu der Ausbildung von Magengeschwüren, wenn die Betroffenen keine säurebindenden (Antacida) oder säurehemmenden Medikamente (Protonenpumpenhemmer oder H2-Antagonisten) einnehmen.

In (1*) sind die Einschränkungen oder Ceteris-paribus-Bedingungen gleich schon etwas genauer spezifiziert. Aus der Zeit vor der Entdeckung des Helicobacter pylori weiß man nämlich schon, dass eine längere Einnahme von Medikamenten, die die Säure neutralisieren, auch die Entstehung der Magengeschwüre verhindern kann. Das sind in diesem Beispiel die „Gegengifte" gegen den in (1*) beschriebenen Mechanismus. Leider führen die nicht zu einer dauerhaften Heilung, was wiederum für die Annahme spricht, dass der Helicobacter pylori die tiefere Ursache der Magengeschwüre darstellt.

Der Mechanismus beruht hier auf bestimmten Generalisierungen, die zusammen (1*) stützen. Die sind in der folgenden Richtung zu suchen:

(1A) Unser Immunsystem greift bestimmte Keime, die in den Körper gelangt sind, mit unterschiedlichen Verfahren an.

(1B) Die Injektion von Peptidoglycan in Zellen der Magenschleimhaut führt zu Entzündungsreaktionen.
etc.

Derartige Generalisierungen scheinen aber auch schon wieder die woodwardschen Anforderungen zu erfüllen. Sie beschreiben autonome, invariante Zusammenhänge zwischen bestimmten Faktoren, die wir im Prinzip auch unabhängig voneinander experimentell testen können. Es dürfte offensichtlich sein, dass die neuen Erklärungen besser sind als die von Bogen erwähnten. Das belegt, wie die Erklärungsgüte der Mechanismenerklärungen wächst mit der Verbesserung der Generalisierungen, die zur Verfügung stehen, und das passt sehr gut zur woodwardschen Konzeption (MECH).

Schwieriger wird es da schon mit einem Phänomen, das Jon Elster beschreibt. Er nimmt an, dass wir es besonders in den Sozialwissenschaften oft mit *gegenläufigen* Mechanismen zu tun haben und erst im Nachhinein wissen können, welcher sich durchgesetzt hat. Den müssen wir dann zur Erklärung heranziehen. Damit verfügen wir über keine stabilen Generalisierungen mehr, aus denen sich Vorhersagen oder kontrafaktische Aussagen ableiten ließen. Kehren wir also wieder zu Elsters Konzeption von Mechanismen zurück:

Roughly speaking, mechanisms are frequently occurring and easily recognizable causal patterns that are triggered under generally unknown conditions or with indeterminate consequences. *They allow us to explain but not to predict.* An example from George Vaillant gives a flavor of the idea: „Perhaps for every child who becomes alcoholic in response to an alcoholic environment, another eschews alcohol in response to the same environment" (Vaillant 1983, p. 65). Born reactions embody mechanisms: doing what your parents do and doing the opposite of what they do. We cannot tell ahead of time what will become of the child of an alcoholic, but if he or she turns out either a teetotaller or an alcoholic, we may suspect we know why (Elster 1998; kursiv von mir).

IV.4 Kausale Mechanismen

Hier sind nach Elster zwei Mechanismen am Werk: 1. Kinder nehmen sich das Verhalten ihrer Eltern zum Vorbild. 2. Kinder wollen gerade nicht so werden wie ihre Eltern und tun das Gegenteil von dem, was ihre Eltern tun. Leider wissen wir nicht, welcher davon sich durchsetzen wird.

Er greift auch noch ein Beispiel von Nancy Cartwright (1983: 51 f.) auf, in dem sie beschreibt, wie sie Kamelien in ihren Garten gepflanzt hat und erklären möchte, wieso diese eingegangen sind. Sie hatte die Kamelien in noch warmen Dünger gesetzt. Kamelien benötigen nun einerseits reichhaltige Erde, mögen aber keine Wärme. Da sie trotz bester weiterer Pflege eingegangen sind, schloss Cartwright, dass die *Wärme* des Düngers den Ausschlag gegeben hat. Doch klare Vorhersagen oder einfache Generalisierungen waren in diesem Fall nicht möglich. Sie wusste nicht, welcher der beiden Effekte sich durchsetzen würde. Allerdings sind auch hier einige kontrafaktische Aussagen möglich:

(a) Wäre der Dünger nicht warm gewesen, wären die Kamelien wahrscheinlich gut gediehen.

(b) Wäre der Dünger warm und nährstoffarm gewesen, so wären die Kamelien auch eingegangen (wahrscheinlich sogar schneller).

Wir erhalten somit einige einfache Generalisierungen, die allerdings zu wenig Invarianzen aufzuweisen scheinen, um als wirklich gute nomische Generalisierungen und damit ideal erklärungstauglich gelten zu können. In (a) ist außerdem nur von einer Wahrscheinlichkeit die Rede, weil unsere Überlegungen natürlich weit entfernt von definitiven Vorhersagen angesiedelt sind. Doch das müssen Cartwright und Elster auch einräumen, meinen aber, der Mechanismus

(KAM) Kamelien gedeihen nicht auf warmen Böden.

reiche zumindest für eine Post-hoc-Erklärung des Eingehens der Kamelien aus. Damit wir von (KAM) annehmen können, dass damit tatsächlich der relevante Mechanismus für das Eingehen der Kamelien benannt wird, müssen wir allerdings zumindest Annahmen wie (a) unterschreiben, denn (KAM) sollte wenigstens den Unterschied (die Ursache) gegenüber anderen Situationen benennen, der zum Ableben der Kamelien geführt hat. Dann erfüllt (KAM) allerdings bereits die Minimalbedingung von Woodward. Die Frage bleibt allerdings, wie gut die hier gegebene Erklärung tatsächlich ist. Zumindest scheinen Cartwright und Elster darauf angewiesen zu sein, dass man mit (KAM) überhaupt schon eine Erklärung liefert.

Was sind letztlich die genauen Unterschiede zu Woodwards Konzeption? Zunächst scheint (KAM) nicht sehr stabil zu sein und ist vermutlich zu schwach für eine gute Erklärung. Außerdem gibt es diesen

Konflikt zwischen zwei Mechanismen, der keine Vorhersage gestattet, wer als Sieger daraus hervorgeht. Damit ist man jedoch nicht so weit von Woodwards Ansatz entfernt. Woodward (und auch der Nomische-Muster-Ansatz) erlaubt Grade von Invarianz und damit auch Grade der Erklärungsstärke. Es muss nur mindestens eine *Testintervention* geben. Das scheint für (KAM) der Fall zu sein, denn wenn wir die Kamelien in einen ganz warmen Boden pflanzen (bei gutem Dünger), gehen sie ein, während wenn wir sie in einen kalten Boden pflanzen (bei gutem Dünger), werden sie (wahrscheinlich) gut gedeihen. Das ist ausreichend, um von einer schwachen Erklärung durch (KAM) zu sprechen und schließt nicht aus, dass noch weitere Faktoren im Spiel sind, die in eine andere Richtung ziehen. Das sind die Fälle, für die wir in III.7 argumentiert haben, dass die Höhe der Wahrscheinlichkeit für das Explanandum über die Qualität der Erklärung mitentscheidet.

Ob wir in Elsters extremen Beispiel der möglichen Alkoholiker-Kinder auch schon über eine Erklärung verfügen, kann man dagegen mit guten Gründen bezweifeln. Hier verfügen wir nach seiner Schilderung über keine weiteren Anhaltspunkte, dass es sich um invariante Generalisierungen handelt:

(i) Kinder tun, was ihre Eltern tun.
(ii) Kinder tun das Gegenteil von dem, was ihre Eltern tun.

Wissen wir tatsächlich nicht mehr als (i) und (ii) und insbesondere nichts über ihre Anwendungsbedingungen, weist unser Hintergrundwissen einfach eine Inkonsistenz auf, und wir sollten auch intuitiv nicht erwarten, dass wir über eine Erklärung verfügen. Denken wir an einen Psychologen, der den Alkoholismus seiner Patienten einfach anhand von (i) und (ii) „erklärt", je nachdem, wie es gerade passt. Er kann unser Verständnis dafür, wann ein Kind sich zum Alkoholiker entwickelt, nicht wirklich vertiefen. Er scheint geradezu der Idealtyp von Wissenschaftler zu sein, gegen den sich Popper immer gewandt hat: den „Alles-Erklärer". Eine Erklärungstheorie, die das als nicht brauchbare (wissenschaftliche) Erklärung einstuft, scheint mir recht damit zu haben, irgendwo Grenzen zu ziehen.

Retten können wir das Beispiel höchstens, indem wir „Gegenteil" in (ii) so verstehen, dass mit der Aussage „(i) oder (ii)" wenigstens einige Verhaltensweisen der Kinder ausgeschlossen sind. Sie werden entweder starke Alkoholiker oder entschiedene Anti-Alkoholiker, aber keinesfalls Gelegenheitstrinker. Dann hätten wir mit „(i) oder (ii)" wieder eine schwache Generalisierung, die bestimmte kontrafaktische Fragen beantworten kann. Sind (i) und (ii) jedoch schwächer zu verstehen, erhalten wir eine Erklärung wie die des Meteorologen, der erklären möchte, warum es heute geregnet hat: „Es hat geregnet, weil es jeden Tag entweder regnet oder nicht regnet." Hier ist jede Erklärungsleistung verloren-

IV.4 Kausale Mechanismen

gegangen. Diese Generalisierung bietet keine empirischen Informationen mehr an und kann somit auch kein Verstehen befördern.

Elster unterscheidet noch zwischen zwei Typen von Mechanismen: Solchen, bei denen wie im Falle der Kamelien zwei gegenläufige Teil-Mechanismen (meine Redeweise) tatsächlich am Werk sind (und ausgelöst wurden) und nur der Sieger nicht vorher zu ermitteln ist (Typ B), und solchen, bei denen unklar ist, welche von zwei (oder mehr) möglichen Kausalketten nun tatsächlich ausgelöst wird, wo wir also nicht so genau wissen, welcher Teil-Mechanismus ausgelöst wird (Typ A). Für Typ A bietet er uns das folgende Beispiel:

> Environmental stimuli can trigger one of three mutually incompatible fear reactions: flight, fight or freeze. We know something about the conditions that will trigger these reactions. Thus „in response to a painful shock, animals will typically show increased activity, run, jump, scream, hiss or attack a suitable target (e.g., ‚mother animal') in their vicinity; but, in response to a stimulus associated with shock, the animal will most likely freeze and remain silent. The brain mechanisms that mediate these two kinds of reactions are quite distinct" (Gray 1991, p. 244). But although we can identify the conditions that trigger freeze versus either fight or flight, we do not know which will trigger fight versus flight. (Elster 1998)

Hier wissen wir etwas über die beiden Teil-Mechanismen (Flucht versus Angriffsreaktion) und können nur nicht sagen, wann welcher ausgelöst wird.

Elster glaubt, dass diese Konstellation von unterschiedlichen Teil-Mechanismen ganz typisch für die (Sozial-) Wissenschaften ist, und bietet dazu weitere Beispiele vor allem aus der Psychologie und der Ökonomie an („Mechanisms often come in pairs").

> Or take another pair of mechanisms: adaptive preferences versus counteradaptive preferences (sour grapes versus forbidden fruit). Both phenomena are well known and easily recognizable: Some people prefer what they can have, while others tend to want what they do not or cannot have. Yet it would be absurd to assert that all people fall in one of these two categories. (Elster 1998)

Auch bei diesen Teil-Mechanismen können wir nach Elster nicht erwarten, sie einfach an bestimmte Typen von Menschen zu binden und so doch wieder eine gewisse Vorhersagbarkeit zu erhalten. Diese Fälle sind für Woodwards Ansatz kein Problem, da er nur auf die funktionale Invarianz im Einzelfall schaut, aber sie könnten eine Schwierigkeit für die Forderung nach Bereichsinvarianz mit sich bringen. Um das wirklich beurteilen zu können, müsste man sie allerdings viel genauer rekonstruieren. Zunächst sieht es eher nach bloßen erkenntnistheoretischen Schwierigkeiten aus: Wir *wissen* schlicht nicht, welcher Mechanismus ausgelöst wird, und können daher keine guten Vorhersagen treffen.

Für die tatsächliche Überlagerung gegenläufiger Mechanismen (Typ B) müssen wir jeweils genau anschauen, wie sich die Fälle beschreiben lassen. Die Instantiierungskonzeption ist jedenfalls gerade für solche Überlagerungen konzipiert worden. So lassen sie sich verstehen als Instantiierungen bestimmter Vermögen, denen allerdings „Gegengifte" entgegenwirken, die aber nicht so stark sind, dass sie die Auswirkungen der Vermögen ganz verhindern. Da wir in vielen Fällen über keine klaren Verrechnungsmöglichkeiten für gegenläufige Effekte verfügen, können wir auch nicht vorschreiben, dass bestimmte Vorhersagemöglichkeiten konstitutiv für das Erklären seien. Sie sind allerdings schon *Indikatoren* für die Erklärungsstärke – jedoch nicht mehr. So weit sollten wir Elster entgegenkommen.

Mit der Forderung nach Mechanismen verbindet Elster außerdem die Idee des *methodologischen Individualismus*. Relevante Mechanismen sind für ihn jedenfalls auf der individuellen Ebene angesiedelt. Nur so können wir in den Sozialwissenschaften hoffen, den Versuchungen der scheinbaren Kausalität („spurious causality") zu entkommen. Er erläutert das anhand eines Gedankenexperiments. Nehmen wir an, jemand stellt die Hypothese auf:

(H1) Arbeitslosigkeit führt zu Kriegen.

und kann zumindest zeigen, dass es eine enge Korrelation zwischen Arbeitslosigkeit und Kriegen gibt. Bis zum Beleg, dass diese Korrelation ein Indiz für einen kausalen Zusammenhang ist, bleibt noch eine große Kluft. Für Elster lässt sich diese nur überbrücken, wenn wir den detaillierteren Mechanismus (auf der Ebene der Individuen) aufdecken können. Versuchen etwa bestimmte Politiker mit einem Krieg neue Märkte im Ausland zu erschließen? Oder glauben sie, dass neue Jobs in der Rüstungsindustrie entstehen, oder wollen sie von ihrem eigenen Versagen ablenken? Hier sind viele Zusammenhänge denkbar. Ob wir die wirklich kennen müssen, um damit (H1) zu etablieren, oder ob sich andere Wege dafür auch auf der Makroebene finden lassen, diese Frage möchte ich auf das nächste Kapitel verschieben. Offensichtlich ist aber wohl, dass erst die Kenntnis dieser Mechanismen eine wirkliche Erklärung unserer Korrelation und tieferes Verständnis bietet. Die Erklärung wird zumindest deutlich verbessert.

Elster sieht an dieser Stelle allerdings einen Gegensatz seiner Mechanismus-Erklärungen zu Gesetzes-Erklärungen, der mir bisher nicht überzeugend begründet erscheint und der auch darauf beruht, dass Elster fälschlicherweise annimmt, man könnte mit statistischen Gesetzen keine Erklärungen in konkreten Einzelfällen anbieten. Elster wählt seine Beispiele aus einem Grenzbereich recht schwacher Erklärungen mit schwachen Generalisierungen. Doch solange wir sie so verstehen, dass die Generalisierungen eine gewisse Invarianz aufweisen, stellen sie

IV.4 Kausale Mechanismen

auch schwache nomische Muster dar und bieten somit keine echte Alternative zu dem woodwardschen Ansatz. Sonst bieten sie aber auch keine Erklärungen mehr. Außerdem vermengt er die Debatte immer wieder mit erkenntnistheoretischen Problemen. Solange wir nicht wissen, welcher Mechanismus am Werk war (analog: was die tatsächliche Ursache war), wissen wir auch nicht, welche der möglichen Erklärungen die richtige ist. Das sind sicher ganz typische Probleme der wissenschaftlichen Praxis, aber sie bieten keine alternative Erklärungskonzeption, sondern betreffen alle Ansätze.

Es ist höchstens so, dass die Mechanismus-Erklärungen manchmal zu liberal wirken. Elster selbst weist uns auf die reale Gefahr der *Trivialisierung* und damit der womöglich inhaltsleeren „Erklärung" hin. So finden wir schnell für unterschiedliches Verhalten entsprechende Mechanismen, die sie „erklären". Man sagt etwa „Gleich und Gleich zieht sich an", oder „Gegensätze ziehen sich an", je nachdem, wie man es gerade benötigt. Wir kennen viele solcher Phänomene in der Alltagspsychologie. Menschen, die unter Druck gesetzt werden, sich konform zu verhalten, beugen sich entweder diesem Druck oder sie werden erst recht trotzig und verhalten sich umso mehr anti-konform. Ohne jegliche Vorhersagekraft (und damit auch ohne entsprechende empirische Testbarkeit) scheinen die Mechanismus-Erklärungen der Beliebigkeit anheimzufallen. Sie sind m.E. eher Erklärungsskizzen, die um eine genauere Bestimmung von Triggerfaktoren ergänzt werden müssen, um Gehalt zu bekommen. Nur unsere Hoffnung, dass das im Prinzip möglich ist (wenn wir auch nur bei statistischen Generalisierungen landen), lässt uns diese Erklärungen vorläufig akzeptieren. Eine allzu liberale Erklärungstheorie akzeptiert dagegen wieder den Alles-Erklärer und verpasst ihre Chance, uns zu erklären, was das Erklären für uns so spannend macht. Mangelnde Vorhersagbarkeit bedeutet in vielen Fällen also nicht gleich, dass keine nomischen Eigenschaften und Generalisierungen zu finden sind, sondern besagt nur, dass wir die tatsächlich instantiierten Muster noch nicht hinreichend bestimmen können. Unser epistemischer Vertrauensvorschuss in bestimmte Theorien wird dabei von Elster als ontologische Liberalität des Erklärens missverstanden.

Mechanismen beschreiben oft komplexere Situationen, in denen mehrere dispositionale Eigenschaften instantiiert sind, die für ein Resultat bedeutsam sind. Dann kommt es typischerweise zu einer Überlagerung der Effekte dieser Dispositionen, wobei wir nur selten über Regeln verfügen, wie die Gesamteffekte zu berechnen sind. Wir haben meist keine einfache Regel wie die Kräfteaddition in der Mechanik (s. o.: Block auf schiefer Ebene), wo diese durch eine Vektoraddition dargestellt werden kann.

Im Verlaufe dieser Situationen kann es schwierig sein, vorherzusagen, ob die Auslösebedingungen bestimmter Dispositionen realisiert werden. Diese Unkenntnis reduziert allerdings die Erklärungsstärke, und wir suchen deshalb weiter nach einer genaueren Bestimmung der Triggerfaktoren und einer womöglich quantitativen Angabe der Wirkungen, die uns zumindest statistische Vorhersagen erlaubt. Anhand von Experimenten können wir diese Faktoren oft besser isolieren, weshalb die Experimente auch so eine große Rolle in der Wissenschaft spielen. Jedenfalls sind Mechanismen keine magischen Hilfsmittel, die uns Phänomene ganz ohne nomische Zusammenhänge verstehen lassen, sondern die Überlagerungen von Faktoren verdecken diese grundlegenderen Zusammenhänge nur. Doch ohne die dahinter stehenden Kräfte und Dispositionen anzunehmen, können wir nicht verstehen, wie es zu diesen Mechanismen kommen kann. Die von Elster beschriebenen Phänomene entsprechen den Problemen aus der Gesetzesdebatte. Gesetze sind eben nicht mit Regularitäten zu identifizieren, sondern mit dem Wirken grundlegender Dispositionen, die zwar immer aktiv sind, aber sich durch vielfältige Überlagerungen nicht immer in derselben Weise manifestieren können. Trotzdem kommen wir um die Klärung gewisser stabiler Generalisierungen in Verbindung mit Ursachenerklärungen nicht herum, das hatte unsere Debatte in IV.1 schon begründet. Woodwards Darstellung von Mechanismen zeigt die Wege auf, wie eine Präzisierung von Mechanismen aussehen kann. Ich würde sie nur um die ontologischen Erläuterungen ergänzen, die uns verständlich machen, wieso wir nicht erwarten dürfen, dabei auf einfache Regularitäten zu stoßen. Bisher können die Mechanismenvertreter jedenfalls weder eine echte Alternativkonzeption zu den bisherigen Erklärungsansätzen offerieren, noch können ihre Beispiele überzeugend belegen, dass wir es hier mit einem Erklärungstyp zu tun haben, der ganz ohne stabile Generalisierungen auskommt. Sie zeigen allerdings die Wege auf, wie wir von einfachen Erklärungen zu komplexeren gelangen.

Fazit: Erklärungen sind typischerweise Kausalerklärungen. Es bleibt allerdings die Frage, inwieweit uns diese Information zu einem besseren Verständnis des Erklärens verhilft. Singuläre Kausalbeziehungen ohne nomische Beziehungen zwischen Ursachen und Wirkungen (sollte es sie geben) erklären alleine jedenfalls nicht. Eine Erklärung muss immer den nomischen Zusammenhang mit angeben, der zum Explanandumereignis geführt hat. Außerdem erweist sich das Konzept der Kausalität nicht als metaphysisch harmloser als das der nomischen Muster. Es stellt sich eher als ein weiterer Grundbegriff heraus, der sich einer empiristischen Reduktion erfolgreich widersetzt. Selbst die Hinzunahme modaler Konzepte reicht nicht aus, um ihn vollständig zu explizieren.

Insbesondere scheinen alle Kausalansätze selbst auf nomische Muster angewiesen zu sein. Im kontrafaktischen Ansatz dienen die Naturgesetze dazu, die Ähnlichkeit zwischen möglichen Welten festzulegen.

IV.4 Kausale Mechanismen

Im Wahrscheinlichkeitsansatz sind wir auf echte Propensitäten angewiesen. Der Prozessansatz scheint zumindest von der Bestimmung der wesentlichen Erhaltungsgrößen abhängig zu sein und funktioniert im Übrigen nicht besonders gut. Die Kausalbeziehung verhilft uns daher nicht zu einem konkurrierenden Erklärungstyp, der erklärt, ohne auf nomische Muster angewiesen zu sein. Selbst Woodward ist auf Wahrmacher für seine modalen Bedingungen in Form von „capacities" angewiesen, und sogar der Mechanismenansatz beruht auf nomischen Mustern, selbst wenn ihre Vertreter das nicht immer akzeptieren.

Außerdem verbleiben die Beispiele von Erklärungen, in denen man nicht mehr in einfacher Weise von Kausalerklärungen sprechen kann. Daher stehen die nomischen Muster im Zentrum des hier vertretenen Erklärungsansatzes und nicht die Kausalbeziehung. Trotzdem würde ich das nicht als ein Konkurrenzverhältnis sehen, sondern die nomischen Muster sind im Normalfall kausale Muster und die Redeweise, wonach Erklärungen Ursachen angeben, scheint mir eine überwiegend zutreffende und hilfreiche Ergänzung des Nomischen-Muster-Ansatzes darzustellen.

V. Erklären in den Sozialwissenschaften

Es gibt seit Anbeginn der Erklärungsdebatte die Behauptung, dass Erklärungen in den Sozialwissenschaften eine ganz andere Struktur haben als die in den Naturwissenschaften. Wir stoßen hier nicht auf echte *Naturgesetze*, können nicht so einfach von *Kausalerklärungen* sprechen und haben es immer mit *einzigartigen* Kombinationen von Umständen bzw. Faktoren zu tun. Eventuell sollte man lieber davon sprechen, dass die Sozialwissenschaften uns ein *empathisches Verstehen* ermöglichen und keine Erklärungen. Wir werden sehen, dass hier tatsächlich besondere Umstände vorliegen, die wichtige neue Aspekte für die Erklärungsdebatte eröffnen, die aber keineswegs alles umstoßen, was wir bisher kennen gelernt haben.

In den Sozialwissenschaften gibt es kaum Beispiele für klare Naturgesetze. Wir finden vielmehr Generalisierungen, die oft statistischer Natur sind und mit starken Ceteris-paribus-Klauseln abgeschwächt werden. Trotzdem können wir darauf möglicherweise Erklärungen stützen. Allerdings haben wir es gerade auf der Makroebene mit einer Vielzahl von Einflussfaktoren und ihrer komplexen Überlagerung zu tun, was Kausalerklärungen sehr erschwert. Daneben spielen besonders auf der Mikroebene Überlegungen zur Rationalität der Akteure (sowie das Prinzip der Nachsicht) eine wichtige Rolle, die keine einfache Entsprechung in der Naturwissenschaft finden und nicht besonders gut zu Kausalerklärungen zu passen scheinen.

Eine ebenso wichtige Debatte (wichtiger als die entsprechende in der Naturwissenschaft) ist die über die richtige *Erklärungsebene*. *Methodologische Individualisten* verlangen, dass alle Erklärungen auf der Ebene der Individuen einer Gesellschaft angesiedelt werden und sich nur auf die Handlungen und Motive dieser Individuen beziehen – etwa auf ihre Überzeugungen und Wünsche. *Holisten* (z. B. Funktionalisten) glauben dagegen, dass bestimmte Erklärungen auch auf der Makroebene von sozialen Strukturen (Normen, Regeln, Institutionen, sozialen Rollen etc.) angesiedelt sein können. Zu den prominenten Individualisten gehörte schon der Wissenschaftstheoretiker John Stuart Mill, während der Soziologe Emile Durkheim einer der prominentesten Holisten war.

Eine Zwischenposition, die von vielen Wissenschaftstheoretikern heute vertreten wird, und die mir recht plausibel erscheint, ist die Forderung nach einer *Mikrofundierung der Erklärungen* (MF). Sie besagt, dass die Generalisierungen, die wir auf der Makroebene finden, für sozialwissenschaftliche Erklärungen allein (meistens) zu schwach sind und diese daher einer MF bedürfen. Die besteht darin, dass wir zusätzlich zur Makroerklärung den *kausalen Mechanismus* wenigstens ungefähr angeben müssen, der die zu erklärenden Ereignisse hervorgebracht hat. Dieser ist aber auf der individuellen Ebene angesiedelt. Es geht darum, anhand von individuellen Geschichten bestimmte Makroerklärungen als plausibel auszuweisen. Dabei wird jedoch nicht verlangt, dass alle Informationen im Explanans auf der individuellen Ebene angesiedelt sind. Hier können durchaus soziale Strukturen die Rahmenbedingungen darstellen, die wie z.B. moralische Normen oder soziale Institutionen die individuellen Anreizstrukturen verändern können. Dadurch unterscheidet sich die MF von einem methodologischen Individualismus, der verlangt, dass alle sozialen Gegenstände auf ihre individuelle Basis reduziert werden. Die MF verlangt nur eine Darstellung der Handlungen der beteiligten Individuen, die es auf der Grundlage unserer psychologischen Theorien und der vorliegenden Situationsbeschreibung für typische Individuen nachvollziehbar macht, was zu den jeweiligen Makrobeziehungen geführt hat.

Sollte die MF-Forderung richtig sein, so beeinflusst das nachhaltig unsere Vorstellung vom Erklären in den Sozialwissenschaften. Wir hätten primär nach Theorien und Handlungserklärungen für einzelne Menschen zu suchen. Die Psychologie würde zu der grundlegenden Disziplin in den Sozialwissenschaften werden, wie es die Physik für die Naturwissenschaften ist.

Harold Kincaid und andere Wissenschaftstheoretiker sowie viele Sozialwissenschaftler glauben dagegen, dass es überzeugende Beispiele von reinen Makroerklärungen gibt und sich die Argumente der Individualisten und Mikrofundierer damit entkräften lassen. Gerade auf der Makroebene kann es Strukturen geben, die erklärend wirken, die aber auf der Mikroebene, auf der sie supervenieren, durch eine Vielzahl von unterschiedlichen Instanzen realisiert werden. Die ihnen gemeinsame Struktur wird eventuell erst auf einer Makroebene erkennbar. Doch zunächst zu den Mikrofundierern.

V.1 Mikrofundierung, Gesetze und Kausalität

Insbesondere Daniel Little argumentiert ausführlich und überzeugend für die Mikrofundierung, deshalb sollen seine Überlegungen hier im Vordergrund stehen. Daneben gibt es viele andere Befürworter. Von Jon Elster über Vertreter aus der Ökonomie oder Public-Choice-Ansätzen bis hin zu analytischen Marxisten. Die Gründe für die Mikrofundierung sind ebenfalls recht unterschiedlich und werden meist an

Beispielen diskutiert, denen ich hier nicht detailliert nachgehen kann. Aber die Grundidee lässt sich als These der Mikrofundierung in etwa so ausdrücken:

> (MF) Jede Erklärung sozialer Phänomene ist nur dann als gelungen zu betrachten, wenn man auch über eine (ungefähre) Darstellung des kausalen Mechanismus auf der Ebene der Individuen verfügt, wie diese Phänomene entstehen.

Für andere Disziplinen scheint diese Forderung so nicht erhoben zu werden. Wir kennen etwa in der Medizin Beispiele dafür, dass bestimmte Zusammenhänge bekannt waren, wie der, dass Rauchen Lungenkrebs verursacht, und zu Erklärungen für die Zunahme der Lungenkrebsraten bei Frauen herangezogen wurden, weil deren Rauchverhalten sich geändert hat, auch ohne dass die Mikro-Mechanismen genau bekannt waren; oder dafür, dass der Helicobacter pylori Magengeschwüre verursacht, auch ohne die Mikro-Mechanismen zu kennen.

Kausalität und Unterbestimmtheit. Nun ist die Frage zu beantworten, wie es zu diesen Unterschieden kommt. Ein wichtiger Punkt ist dabei meines Erachtens die Möglichkeit, in der Medizin bestimmte Studien und kontrollierte Experimente mit größeren Fallzahlen durchzuführen, über die wir für viele makrosoziale Behauptungen und Generalisierungen nicht in ähnlicher Weise verfügen.

Im Raucher-Krebs-Beispiel gab es lange und heftige Debatten darüber, ob die bekannten statistischen Zusammenhänge tatsächlich auf eine ursächliche Verknüpfung hindeuten. Die Debatte war nicht nur auf die massiven Einflussnahmen der Zigarettenindustrie zurückzuführen, sondern hatte daneben den wissenschaftlichen Hintergrund, dass es zumindest eine andere plausible Erklärung der meisten Daten gab und sich generell kausale Zusammenhänge (besonders probabilistische) nur schwer nachweisen lassen. Insbesondere die konstitutionelle Hypothese von Sir Ronald Fisher war schwer zu widerlegen, nach der sowohl die Nikotinsucht wie auch die Anfälligkeit für Lungenkrebs auf demselben Gen kodiert vorliegen könnten. Bei Vorliegen einer solchen gemeinsamen Ursache wären dann Einschränkungen des Rauchens zur Bekämpfung von Lungenkrebs nicht angebracht (vgl. Spirtes et al. 2000: Kap. 9.5). Erst eine schwedische Studie an eineiigen Zwillingen (jeweils einer Raucher, der andere Nichtraucher) brachte weitere Belege gegen die konstitutionelle Hypothese. In diesem Fall gelang es also, informative (entscheidende) Daten für den tatsächlichen Kausalzusammenhang zu finden, selbst ohne eine genaue Kenntnis der Mikrozusammenhänge. Dazu benötigte man aber ganz spezielle Daten, in denen viele Faktoren in einer Versuchs- und einer Kontrollgruppe nachweislich gleich waren. Das können wir auf der Ebene ganzer Gesellschaften in der Regel weder vorfinden noch herstellen.

Auch für den Helicobacter-pylori wurde zunächst heftig bezweifelt, dass er für die Magengeschwüre verantwortlich sein könnte. Man hielt ihn eher für eine unwesentliche Begleiterscheinung (oder sogar nur für einen „Messfehler", d. h. eine Verunreinigung der Proben). Zwei Phänomene sprachen gegen die Begleiterscheinungsthese: 1. Eine Infektion mit dem HP (im Selbstversuch) löste eine schwere Gastritis aus. 2. Entsprechende Eradikationen des HP mit Antibiotika heilten die Magenbeschwerden nachhaltig. Das sind die aus der Sicht der Manipulationskonzeption besten Hinweise auf die kausale Verantwortlichkeit des HP. Ähnliche Manipulationen und Experimente sind auf der Ebene ganzer Gesellschaften jedoch kaum jemals durchführbar.

Schlägt jemand eine allgemeine Steuersenkung um 20% vor und behauptet, sie würde über eine Belebung der Wirtschaft mittelfristig sogar mehr Geld in die Kassen des Staates spülen, so werden wir trotzdem nicht in einem Experiment erforschen, ob seine Behauptung stimmt. Zu groß ist zunächst die Gefahr, dass der Staat endgültig Pleite geht. Wenn wir es trotzdem ausprobierten, würde uns die Kontrollgruppe fehlen. Bei einer tatsächlich folgenden Wirtschaftsbelebung wüssten wir nicht, ob nicht andere Faktoren dafür verantwortlich waren. Hier finden sich wesentliche erkenntnistheoretische Unterschiede für makrosoziologische und medizinische Theorien.

Ontologische Reduktion. Zunächst sollte man jedoch einem Missverständnis vorbeugen. Sowohl die Vertreter der Mikrofundierung wie auch die methodologischen Individualisten argumentieren nicht einfach ontologisch: Jede gesellschaftliche Organisation oder Institution setzt sich aus Individuen und ihren Handlungen zusammen, und daher gibt es keine weiteren Entitäten sozialer Art. Also muss eine sozialwissenschaftliche Theorie vor allem diese Individuen beschreiben. So einfach ist der Zusammenhang sicher nicht. Auch wenn wir die ontologische These unterschreiben, folgt daraus keineswegs gleich, dass die beste Ebene für Erklärungen die individuelle sein muss. So schnell lassen sich die „Holisten" nicht beiseite stellen. Es lässt sich eben nicht a priori ausschließen, dass gerade auf der Makroebene gesetzesartige/kausale Zusammenhänge zu finden sind, die uns besonders gut zu Erklärungszwecken dienen können. Das wird später anhand von Beispielen erläutert werden.

Zu schwache Gesetze. Die tatsächlichen Argumente gehen vielmehr in die Richtung, dass die sozialwissenschaftlichen Generalisierungen zu schwach sind (Little: „phenomenal regularities"), um sie zu Erklärungen heranzuziehen. Dafür würden wir stärkere Generalisierungen („governing regularities") benötigen, die stabiler sind unter einer grö-

ßeren Zahl von Änderungen der Randbedingungen, was sich auch in ihrer größeren Vorhersagekraft zeigt.
Eine Regularität wie

> (1) „Handfeuerwaffen wiegen weniger als 10 kg." (ein Beispiel von Little)

mag zwar wahr sein, weist aber nicht auf die tatsächliche Erklärung dafür hin, warum bestimmte Waffen unterhalb dieser Schwelle liegen. Sie gibt uns keine Beschreibung der zugrunde liegenden Mechanismen, die hier am Werk sind. Es handelt sich nicht um eine Beschreibung genuiner kausaler Vermögen von Handfeuerwaffen. Die Regularität (1) beruht auf den speziellen Eigenschaften bzw. Beschränkungen der Personen, für die sie konstruiert wurden. Von hier aus sind Erklärungen zu konstruieren, die uns wirkliche Einsichten und ein Verstehen ermöglichen können. Die Regularität (1) kann das nicht leisten.

Ähnlich sieht das für typische Generalisierungen in den Sozialwissenschaften aus:

> (2) Staaten mit niedrigem Bruttosozialprodukt (pro Kopf) haben eine hohe Säuglingssterblichkeit.

Auch die Regularität (2) mag zwar wahr sein und sogar eine gewisse Vorhersagekraft besitzen. Sie kann sogar bestimmte kontrafaktische Aussagen stützen, was für ihre Anwendbarkeit von besonderer Bedeutung ist. Eine Steigerung des Bruttosozialprodukts würde voraussichtlich in den meisten Ländern tatsächlich zu einer Abnahme der Säuglingssterblichkeit führen. Trotzdem sagt uns (2) noch nicht, was in den Ländern passiert, d.h. wie der kausale *Zusammenhang* dort aussieht. Durch welche kausalen Mechanismen führt das Bruttosozialprodukt zu einer bestimmten Säuglingssterblichkeit? Diese Frage sollte uns eine Erklärung der erhöhten Säuglingssterblichkeit schon beantworten können, sonst besteht immer die große Gefahr, dass wir es nur mit einer zufälligen Korrelation zu tun haben. Wie könnte der Mechanismus aussehen? Little gibt dazu folgende Vermutung an:

> The mechanism is presumably something like this. Low GNP causes low personal income and low state revenues. Low personal income entails low ability to pay for nutrition and health care. This leads to poor average maternal health. Low government revenues entail low ability to pay for publicly funded health and nutrition programs. This also leads to poor average maternal health. But if the state devotes a substantial fraction of its resources to public health, these causal connections do not go through, and we should expect an exception to the rule. Thus the exception of Sri Lanka, which is a country whose per capita GNP is roughly that of India, but whose infant mortality rate is comparable to that of many European countries.
>
> So: there are phenomenal regularities among social phenomena, and these can be discerned through familiar forms of empirical investigation; but they do not serve an important explanatory function within the social sciences. (Little 1998, 2000).

Erst diese tiefergehende Analyse (bzw. Erklärungsskizze) liefert uns interessante Einsichten und markiert wichtige Stellen für eine mögliche Manipulation. Sie beruht jedoch auf Regularitäten auf der Mikroebene. Sie bemüht die Motivlage und Möglichkeiten der Eltern und politischen Entscheidungsträger, um uns die Zusammenhänge zu erläutern. Hierbei geht es allerdings nicht um konkrete Elternpaare, sondern um typische Eltern und typische Vertreter aus der Politik und ihre Situation.

Erst die Mikroanalyse zeigt also, an welchen Stellen man gezielt eingreifen könnte, um die Säuglingssterblichkeit zu senken. Und sie liefert erst den Spielraum für Erklärungen, warum in bestimmten Ländern wie etwa Sri Lanka die Regularität (2) nicht gilt. Hier könnten wir bestimmte Rahmenbedingungen, Traditionen und Wertvorstellungen auf Sri Lanka genauer untersuchen, die eine etwas andere Ressourcenverteilung als die in Indien bewirken. Auf der Makroebene ließe sich das zunächst nur als schlichte Ausnahmebedingungen aufnehmen, ohne dass dadurch verständlich würde, wieso gerade Sri Lanka zu den Ausnahmen gehört. Deutlich wird in solchen Fällen, dass die Mikrofundierung unsere Erklärungen tatsächlich verbessert. Das schließt jedoch nicht zwingend aus, dass die Erklärungen bereits ohne die MF eine erste schwache Erklärung darstellen.

Free Rider Probleme. Der Übergang zur Mikroebene ist häufig keineswegs einfach zu vollziehen und bietet wesentliche neue Einsichten, sollte er denn gelingen. Wir können versuchen, die Teilnahme der Menschen an den Montagsdemonstrationen 1989 in Leipzig damit zu erklären, dass die Menschen mit den Lebensverhältnissen in der DDR unzufrieden waren und deshalb dagegen protestierten, um sie zu verändern. Damit haben wir aber schon den typischen Fehlschluss von den Interessen einer Gruppe auf die Entscheidungssituation des Einzelnen vollzogen, der wesentliche Aspekte außer Acht lässt. Wie bei anderen öffentlichen Gütern stellt sich die Situation für jeden Teilnehmer der Demonstrationen eigentlich anders dar. Der Erfolg der Proteste wird von seiner speziellen Teilnahme nicht abhängen. Anderseits setzt er sich mit seiner Teilnahme einem nicht kalkulierbaren Risiko für Leib und Leben aus. Die Führung der DDR hätte auch ein gewaltsames Durchgreifen der Ordnungskräfte anordnen können, was zu Verletzten oder sogar Toten hätte führen können. Rational wäre es daher gewesen, einfach zu Hause zu bleiben und abzuwarten, was bei den Protesten herauskommt. Da das ebenso für die anderen Teilnehmer gilt, wäre es nie zu entsprechenden Aufständen gekommen. Auch in anderen Beispielen der Erzeugung öffentlicher Güter wäre eine Kooperation zum Scheitern verurteilt. Doch de facto kommt sie oft zustande. Wir müssen also genauer untersuchen, welche Bestandteile auf der Mikroebene hinzukommen, die diese Kooperation ermöglichen, und unter welchen

Bedingungen sie scheitert. Typischerweise wird man hier auf soziale Normen Bezug nehmen, wie etwa die, seinen Beitrag zu einem gemeinsamen Projekt tatsächlich beizusteuern und eben nicht nur ein Nutznießer im Sinne eines „free riders" zu sein. Die Normen können auch noch spezifischer sein oder allgemeiner, wie die Norm der bedingten Kooperation, die wir später noch diskutieren werden.

Ein strikter methodologischer Individualist könnte die Berufung auf eine soziale Norm nur akzeptieren, wenn wir sie selbst haarklein auf die individuelle Ebene reduziert (übersetzt) hätten. Das dürfte im Normalfall allerdings mit erheblichen Schwierigkeiten verbunden sein, die Wissenschaftstheoretiker ausführlich diskutiert haben (vgl. Kincaid 1996: Kap. 5). Ein Mikrofundierer ist auf solche strikten Forderungen nicht festgelegt. Er glaubt durchaus, dass es auch makrosoziale Kausalbeziehungen geben kann. Nur sind die erkenntnistheoretischen Probleme so groß und die Überlagerungen durch viele Faktoren so vielfältig, dass wir ohne die Mikroebene keine Erklärungsbehauptungen begründen können. Ohne eine echte Übersetzung zu verlangen, wird er allerdings zumindest erwarten, dass wir das Vorliegen einer bestimmten sozialen Norm auf der Mikroebene mit Mikro-Daten belegen.

Das könnte z. B. so aussehen, dass bei Geltung einer Norm N (etwa: „Tue nicht X.") in einer bestimmten Gruppe wir bei den meisten Individuen der betreffenden Gruppe die folgenden Verhaltensdispositionen antreffen: 1. Man tendiert dazu, X zu vermeiden. 2. Man neigt dazu, diejenigen zu bestrafen (auch ganz uneigennützig), die sich nicht an X halten. 3. Man akzeptiert eher die Strafen, falls man doch einmal X getan hat, als vergleichbare Einschränkungen, falls kein Regelverstoß vorliegt. Kritiker werden Zweifel an allen Bestimmungen dieser „Übersetzung" oder Operationalisierung anbringen, und für komplexere Normen im Rahmen bestimmter sozialer Institutionen wird es noch schwerer, eine einigermaßen brauchbare Anbindung an die Mikroebene zu formulieren. Der Mikrofundierer fordert jedenfalls nicht die Übersetzbarkeit solcher Erklärungsbestandteile, sondern darf sich darauf stützen, wenn anderweitige Belege dafür gegeben sind, dass eine entsprechende Norm gilt.

Fazit Mikrofundierung: Zusammen gibt es erkenntnistheoretische, pragmatische und erklärungstheoretische Gründe für die MF-These. Ohne den Weg über die Mikroebene zu gehen, bleiben uns tiefergehende Einsichten verwehrt, die sich aus der Free-rider-Problematik ergeben und die weitergehende Erklärung von Ausnahmen zu sozialen Generalisierungen bleibt außen vor. Das größte Problem ist aber das erkenntnistheoretische, dass die Generalisierungen auf der Makroebene im Regelfall zu schwach und zu wenig testbar sind. Wir haben keine guten Indizien dafür, dass es sich um kausale nomische Muster handelt,

V.1 Mikrofundierung, Gesetze und Kausalität

solange wir über keine Mikrofundierung verfügen, die wenigstens erste Anhaltspunkte dafür bietet und sich selbst auf testbare Generalisierungen stützt.

Wir hatten uns darauf verständigt, dass wir für das Erklären darauf angewiesen sind, herauszufinden, ob wir es mit kausalen Beziehungen und grundlegenden intrinsischen Eigenschaften mit einer gewissen Stabilität zu tun haben oder nur mit zufälligen Korrelationen. Das sehen wir den Daten oder Generalisierungen normalerweise nicht gleich an. Wir benötigen dafür ganz spezielle Daten oder ein gediegenes Hintergrundwissen über die Mechanismen in dem betreffenden Bereich, das uns hilft zu entscheiden, ob eine starke makrosoziale Generalisierung mit Erklärungskraft vorliegt oder nicht. Über diese Daten verfügen wir auf der Makroebene normalerweise nicht und können auch keine geeigneten Experimente anstellen, um sie zu gewinnen.

Auch wenn wir auftretende Unterbestimmtheiten reduzieren möchten (wie im Rauchen-Lungenkrebs-Beispiel), benötigen wir bessere Daten. Der Weg der Mikroanalyse kann helfen, diese Unterbestimmtheiten zu verkleinern, und viele andere Wege bieten sich in den Sozialwissenschaften leider nicht an. Auf der Mikroebene können wir am ehesten hoffen, die grundlegenden (dispositionalen) Eigenschaften von Menschen einigermaßen ermitteln zu können (auch anhand von Experimenten). Jedenfalls versprechen wir uns für die Mikroanalyse bessere Ausgangsdaten als die, über die wir auf der Makroebene verfügen, gerade im Hinblick auf kausale Beziehungen und nomische (invariante) Muster. Allerdings ist die Frage, wie sich daraus die Makro-Muster ergeben, die dann erklärungsrelevant sind, selbst keineswegs einfach zu beantworten.

Der Mikrofundierer hat demnach keine grundsätzlichen Gründe gegen Erklärungen auf der Makroebene, aber erkenntnistheoretische. Auch soziale Objekte wie soziale Gruppen (Staaten, Institutionen, etc.) können im Prinzip intrinsische stabile Eigenschaften aufweisen, die wir im Prinzip zu Erklärungszwecken heranziehen können. Aber in der Praxis sind die beobachtbaren Regularitäten aufgrund der vielfältigen Überlagerungen von Mustern so schwach, dass wir auf der Makroebene allein nicht erkennen können, ob eine intrinsische Eigenschaft dahinter steht bzw. ein kausales nomisches Muster vorliegt oder wir nur zufällige Korrelationen bzw. Muster beobachten, die durch gemeinsame Ursachen entstanden sind. Die MF-These hat eine ziemliche Plausibilität auf ihrer Seite, doch wie hilfreich sie dabei sein kann, die Erfolgsquote der Sozialwissenschaften zu verbessern, hängt primär davon ab, wie gut unsere Theorien auf der Mikroebene sind. Hier müssten wir uns einer weitergehenden Bewertung der Psychologie zuwenden. Das ist hier natürlich nicht möglich, aber einige Aspekte dieser Bewertung lassen sich hier diskutieren.

Kritiker der MF-These werden die Mikroebene selbst nicht so optimistisch sehen. Sie weisen gerne darauf hin, dass die Psychologie zwar heute recht empirisch vorgeht, aber wenige Ansätze für Handlungstheorien anzubieten hat, mit denen andere Sozialwissenschaftler viel anfangen können. Viele Resultate der Psychologie beschreiben lokale psychische Phänomene für ganz bestimmte (Labor-) Situationen, sind aber kaum auf allgemeinere Entscheidungssituationen übertragbar. Der Sozialwissenschaftler ist weiterhin auf eine recht informelle Alltagspsychologie angewiesen, so dass der Schritt auf die Mikroebene als wenig hilfreich erscheint. Das hat sicher einen wahren Kern, wir beobachten heute in der Psychologie kaum großen Mut zur Theoriebildung, sondern eher ein Kleben an datennahen Hypothesen, aber ganz so pessimistisch wie die Kritiker müssen wir deswegen nicht sein.

Ob man der These der Mikrofundierung nun folgt oder nicht, wenn wir menschliches Handeln erklären möchten, sind wir immer auch darauf angewiesen, *individuelles* menschliches Handeln zu erklären. Auf der individuellen Ebene sind noch am ehesten Experimente möglich, die für die Entscheidung, ob es sich etwa um die tatsächlich kausal wirksamen Motive für eine Handlung handelt, besonders wichtig sind. Das zumindest können wir aus der Manipulationskonzeption mitnehmen: Das beste Indiz dafür, dass A Ursache für B ist, besteht darin, dass man mit einer Veränderung von A auch B verändern kann, und die besten Argumente für diesen Zusammenhang finden wir in kontrollierten Experimenten, in denen wir nur einen Faktor verändern und die anderen kontrollieren können. Psychologen unternehmen viele solcher Versuche, und deshalb erwarten wir uns von ihnen wichtige Einsichten und eine Grundlage für die Sozialwissenschaften. Doch leider finden wir dort keine umfassende Handlungstheorie, sondern nur viele kleinere Versatzstücke, die wir selbst etwa mit Hilfe unserer Alltagspsychologie zu einem Gesamtbild zusammenfügen müssen.

V.2 Interpretieren und Erklären

Für Handlungserklärungen in sozialen Kontexten gilt es zunächst zu identifizieren, um welche Handlung es sich überhaupt handelt. Wir müssen die Handlung verstehen und in ihren sozialen Kontext einordnen. Das ist ein interpretatives Unternehmen, das selbst eine komplexe Form der Hypothesenbildung und Auswahl darstellt (vgl. Bartelborth 1999b). Das kennen wir aus einfachen Beispielen: Wenn jemand nickt, kann das eine Reaktion der Zustimmung oder Ablehnung bedeuten, je nachdem, in welcher Kultur wir uns bewegen. Aber obschon es in Rumänien üblicherweise Ablehnung bedeutet, müssen wir noch berück-

V.2 Interpretieren und Erklären 141

sichtigen, ob der Nicker eventuell erkannt hat, dass wir Touristen aus Deutschland sind, die andere Gepflogenheiten haben, auf die er seine Antwort bereits abgestellt hat. In diesem Fall kann er damit auch Zustimmung meinen.

Dieses komplizierte Zusammenspiel von konventionellen und individuellen intentionalen Elementen kennen wir schon aus der Interpretation von Sprachhandlungen. Hans sagt zu Olaf: *„Du bist mir ein guter Freund."* Zunächst müssen wir die wörtliche Bedeutung der Äußerung verstehen. Das ist im Wesentlichen eine Angelegenheit von sprachlichen Konventionen. Doch um die Handlung zu verstehen, müssen wir darüber hinaus ermitteln, ob es sich um ein echtes Lob oder vielmehr einen Tadel in Form einer ironischen Äußerung handelt. Das verlangt eine weitergehende Analyse der Situation und insbesondere der Absichten von Hans (vgl. Bartelborth/Scholz 2002). Dann erst setzt die hier behandelte Erklärungsaufgabe richtig ein. Wir können etwa fragen, warum Hans den Olaf gelobt bzw. getadelt hat und warum er es auf diese Weise tat. Das Verstehen der Handlung und damit die Einordnung der Handlung ist hier ein Art Voraussetzung für die Erklärungsfrage. Wenn wir sehen, wie jemand einem anderen auf die Schulter haut, so kann das ein freundliches Schulterklopfen oder ein aggressives Schlagen sein. Je nachdem, wie wir es deuten, steht uns eine ganz andere Erklärungsaufgabe ins Haus.

Daniel Little beschreibt einen Außerirdischen, der jemanden sieht, der unter einer Leiter durchgeht, anhält, kurz die Leiter anschaut, seine Tasche fallen lässt, wieder schnell zurückgeht und dreimal mit der Hand auf einen Holzbalken klopft. Was müsste der alles wissen, um den Vorgang verstehen zu können? Er müsste Einiges über den kulturellen Hintergrund unseres Akteurs wissen, etwa über einen bestimmten Aberglauben (unter der Leiter durchgehen bringt Pech) und darüber, wie man sich laut diesem Aberglauben dagegen schützen kann (dreimal auf Holz klopfen). Das Fallenlassen der Tasche gehört dagegen nicht zu diesem Ritual und ist eventuell nur ein Teil des Schrecks des Betreffenden über den vermeintlichen Pechbringer. Das kann der Außerirdische nur verstehen, wenn er das Ritual als solches erkennt. Dazu benötigt er entsprechendes Wissen über unsere Kultur. Damit verfügt er auch schon über einen Teil der Erklärung für das Verhalten unseres Akteurs. Die Interpretation und das Erklären gehen hier Hand in Hand. In dem Moment, wo man den Aberglauben kennt und das Verhalten als abergläubisches Ritual einordnet, bietet man schon eine bestimmte Erklärung an. Der Akteur stutzte, wendete und klopfte auf Holz aus dem abergläubischen Wunsch heraus, drohendes Pech abzuwenden.

Es genügt allerdings wiederum nicht, die Rituale dieses Aberglaubens zu kennen, sondern man muss außerdem annehmen, dass es tatsächlich die entsprechenden Überzeugungen und Wünsche unseres

Akteurs waren, aus denen heraus er hier gehandelt hat, um diese Erklärung anzuerkennen. Eine bloße Einordnung als ein Verhalten gemäß bestimmter Rituale genügt nicht für eine Erklärung. Dazu müssen wir vielmehr die tatsächlich (kausal) wirksamen Motive unseres Akteurs bestimmen. Unser Unter-der-Leiter-Umkehrer Franz hatte vielleicht ganz andere Motive. Als er die Leiter sah, erinnerte er sich daran, dass er zu Hause die Leiter am Balkon stehen ließ – also schnell nach Hause, um sie wegzustellen. Das ist ja sonst geradezu eine Aufforderung an Einbrecher. Dabei sah er einen schönen Holzbalken, den er sich auch für sein Haus vorstellen konnte, und wollte ihn kurz fühlen und prüfen. Die Tasche war Franz schon lange lästig (ein misslungenes Geschenk), so dass die Gelegenheit gerade günstig schien, sie einfach loszuwerden, schließlich hatte er es eilig. Über Aberglauben kann Franz dagegen aufrichtig lachen. Daraus macht er sich nichts. Dann läge unsere erste Interpretation völlig daneben.

Die kleine Geschichte soll uns daran erinnern, dass unsere „Interpretation" genau genommen eine kausale Hypothese darstellt, die wir wie andere Erklärungshypothesen anhand von weiteren Daten begründen müssen. Sie gibt uns nicht nur Gründe für eine Handlung an, sie behauptet auch, die tatsächlichen Ursachen identifiziert zu haben. Es genügt nicht, aufzuzeigen, dass Franz bestimmte Gründe (Motive, intentionale Zustände) hatte, im Lichte derer seine Handlung plausibel war, sondern wir möchten die Motive darunter bestimmen, *derentwegen* er die Handlung ausführte. Dieses „derentwegen" scheint sich ganz auf unsere Konzeption von Kausalität und einer Welt zu beziehen, in der wir zwischen kausalen und zufälligen Verknüpfungen unterscheiden. Nur die kausalen zählen letztlich für das Erklären und unser Verstehen. Das gilt auch für den Bereich unserer Handlungen. Wir suchen nach den Motiven von Franz, die in dem konkreten Beispiel wirksam waren. Die dabei akzeptierten Hypothesen können falsch sein. Eine erste Überprüfung könnte z.B. ermitteln, ob Franz offen oder latent abergläubisch ist oder sich aus anderen Gründen auf entsprechende Rituale einlässt. Insbesondere müssen wir jedenfalls immer nach alternativen Erklärungen Ausschau halten, was typisch ist für einen Schluss auf die beste Erklärung.

Es ist sogar der Fall denkbar, dass Franz ein sehr abergläubischer Mensch ist und in dem konkreten Fall trotzdem aus anderen Motiven handelte. Ihm ist vielleicht nicht einmal aufgefallen, dass das Unterqueren der Leiter nach seiner Weltsicht eigentlich gefährlich sein sollte. Oder es war ihm heute nicht so wichtig wie der Schutz seines eigenen Hauses. Oder es lag ein komplexes Gemisch aus wirksamen Motiven vor. Hier sind viele Szenarien denkbar, und wir werden vermutlich nie sehr sicher sein können, alle wirksamen Motive und ihren jeweiligen Beitrag genau ermittelt zu haben. Trotzdem bleibt das unsere Zielvor-

V.2 Interpretieren und Erklären 143

stellung und Anforderung an ein Erklären, und wir werden zumindest versuchen, klare Fälle von relevanten und klare Fälle von irrelevanten Motiven voneinander zu unterscheiden. Jedenfalls suchen wir auch beim Verstehen nach den kausal wirksamen Motiven der Akteure. Sie entscheiden darüber, ob wir jemand wirklich verstehen oder nur denken, dass wir ihn verstanden haben, aber eigentlich daneben liegen.

Das Interpretieren ist daher im Normalfall eine Form des Schlusses auf die beste Erklärung (also eine Suche nach der richtigen Erklärung), nur dass wir dabei manchmal übersehen, dass wir eine *Erklärungshypothese* aufstellen. Im Fall von Franz glaubten wir, uns gut in seine Situation hineinversetzt zu haben und daher bereits zu verstehen, warum er so handelte. Doch „verstehen" ist ein Erfolgsverb, wir verstehen Franz nur, wenn wir dabei seine wahren Motive identifiziert haben. Das bloße Hineinversetzen in Franz und ein Nachempfinden, dass das seine Motive gewesen sein mögen, genügt nicht und erfüllt zumindest keine wissenschaftlichen Standards. Die verlangen, dass die Belege für eine Behauptung explizit gemacht werden und auch anderen für eine Überprüfung zur Verfügung stehen, also intersubjektiv zugänglich sind.

Oft wird hier eine Konkurrenzsituation zwischen *Verstehen* und *Interpretieren* auf der einen Seite und dem *Erklären* auf der anderen Seite gesehen. Doch in vielen Fällen sieht das Interpretieren eher nach einer wichtigen Vorarbeit für das Erklären aus und beinhaltet das Entwickeln von Hypothesen. Dabei unterscheidet es sich auch nicht zwangsläufig von der Interpretation von Daten in den Naturwissenschaften. Der Röntgenarzt weist auf einige weiße Flecke eines Röntgenbildes und deutet sie als einen Tumor. Er kann im Lichte seines Hintergrundwissens und einiger Erfahrung solche Einordnungen vornehmen, aber trotzdem handelt es sich weiter um eine Hypothese.

Anti-Naturalismus. Die Debatte zwischen *Naturalisten*, die hier eine Kontinuität zwischen Natur- und Sozialwissenschaften sehen, und den *Anti-Naturalisten*, die für die Sozialwissenschaften ganz andere Methoden erkennen, soll hier nicht weitergeführt werden. Doch ich möchte wenigstens einige kurze Anmerkungen zu den folgenden beiden Fragen hinzufügen, die für mich zentral in dieser Debatte sind, und dabei ein klein wenig auf die neuen Verfahren eingehen:

1. Handelt es sich bei der Interpretation (bzw. dem (empathischen) Verstehen) um ein neues Verfahren der Hypothesenbestätigung?
2. Handelt es sich um eine Alternative und Konkurrenz zum (kausalen) Erklären?

Wir interpretieren unter anderem Handlungen, Texte, Institutionen und Kunstwerke. Wir geben ihnen Bedeutung oder wir erkennen ihre

Bedeutung. Dabei wird das Interpretieren bzw. das Verstehen auf verschiedenen Stufen stattfinden (vgl. Scholz 1999). Denken wir zunächst an die Interpretation eines Textes, die in der hermeneutischen Tradition gerne als Vorbild für das Verstehen von Handlungen und anderen sozialen Objekten herangezogen wird. Auf einer ersten Stufe geht es hier darum, die Worte zu verstehen, aus denen sich der Text zusammensetzt. Darüber hinaus müssen wir die daraus gebildeten Sätze und ihren Zusammenhang in einer Geschichte verstehen. Und auf der dritten Stufe versuchen wir eventuell noch eine symbolische Interpretation. Im Schauspiel „Peer Gynt" von Henrik Ibsen tritt im fünften Akt ein fremder Passagier zu Peer. Die Interpreten sahen darin eine Verkörperung der Angst oder des Todes oder von Ibsen selbst, aber auch von Lord Byron oder dem Teufel (vgl. Føllesdal et al. 1988). Diese fünf unterschiedlichen Interpretationen geben einigen Textstellen eine Bedeutung, die über das in der Geschichte Gesagte klar hinausgeht. Sie ist auch nicht unbedingt zum Verstehen des Plots der Geschichte erforderlich. Ähnlich verfahren etwa Anthropologen wie Clifford Geertz, die als Symbolisten danach trachten, bestimmte Rituale als Symbole für andere Dinge zu erkennen. So sieht Geertz (1973: 412–455) die Hahnenkämpfe der Balinesen als ein Symbol für die Struktur ihrer Gesellschaft und den Kampf Gut gegen Böse. Das ist sicher spannender, als nur die Abläufe der Rituale zu beschreiben.

Eine erste Frage ist nun, was die Ziele bzw. Erfolgskriterien für diese Interpretationen sind. Das richtige Verstehen der Worte bezieht sich zunächst darauf, ob die Regeln der Sprache korrekt verstanden wurden. Es geht hier primär um sprachliche Konventionen. Daraus eine zusammenhängende Geschichte zu machen geht bereits darüber hinaus. Wir versuchen etwa zu verstehen, was der Autor uns erzählen wollte. Die wahren Absichten des Autors herauszufinden, wäre dann das Ziel unserer Interpretationen. Eventuell geht das Verstehen der Handlung aber schon darüber hinaus. Wir können Zusammenhänge in der Geschichte erkennen, die dem Autor selbst nicht aufgefallen sind. Im Normalfall geht schließlich die symbolische Interpretation klar über das hinaus, was der Autor im Sinn gehabt hatte. Was hier die Kriterien für eine richtige Interpretation sein könnten und ob es die überhaupt gibt, ist sicher kontrovers. Es gibt Anhaltspunkte für eine zum Teil konventionelle Symbolik innerhalb der jeweiligen Kultur, daneben mögen die Intentionen des Autors oder die des Interpreten eine Rolle spielen. Sicher wird jeder Interpret aufzeigen, dass seine Interpretation zu möglichst vielen Textstellen kohärent ist. Doch die Kohärenz allein kann zwar ein Indiz für eine korrekte Interpretation sein, bietet aber keinen eindeutigen Standard für Korrektheit, weil es viele gleich kohärente symbolische Interpretationen nebeneinander geben kann, wie schon das Beispiel von Peer Gynt nahe legt.

Føllesdal et al. (1988) lehnen die Bezugnahme auf die Intentionen des Autors als eine Form der *Humpty-Dumpty-Theorie der Bedeutung* ab. Humpty-Dumpty war eine Figur in Lewis Carrols „Through the Looking Glass", die gegenüber Alice behauptet, ihre Worte würden einfach das bedeuten, was sie wolle, dass sie es bedeuten. Das erscheint schon Alice nicht ganz geheuer. Es ist natürlich nicht so einfach. Die Bedeutung unserer Äußerungen ist zum Teil durch sprachliche Konventionen festgelegt und ich kann im Normalfall nicht einfach sagen, meine Behauptung, Fritz sei ein Dummkopf, sei ein Lob seiner kognitiven Fähigkeiten gewesen, weil ich mit „Dummkopf" immer das meinen würde, was andere unter „Genie" verstehen. Wenn Fritz uns diese Erklärung abnähme, wäre er wirklich ein Dummkopf.

Andererseits zeigen uns die Überlegungen von Herbert Paul Grice (1989), dass die Intentionen des Sprechers durchaus *mit* über die Bedeutung einer Äußerung bestimmen können. Jedenfalls ist Føllesdals Vorwurf im Hinblick auf die symbolische Interpretation sicher übertrieben. Für die Wortbedeutung ist diese einfache Theorie natürlich leicht zu verspotten, dass der Sprecher einfach selbst frei entscheiden könne, was seine Worte bedeuten. Für die symbolische Interpretation sieht das jedoch schon nicht mehr ganz so einfach aus, und wir haben dort im Normalfall keine klaren Regeln, die sie festlegen würden. Das richtige „Erraten" der Absichten des Sprechers kann in diesem Fall ein wesentlicher Teil unserer Interpretation seiner Handlungen sein.

Kommen wir dazu kurz auf die Interpretation von einfachen Sprachhandlungen bzw. Sprechakten zurück. Jemand sagt: „Im Garten ist ein Hund." Die wörtliche Bedeutung verstehen wir schnell, und sie ist auch nicht von einem Erraten der Absichten des Sprechers abhängig. Was er darüber hinaus für eine spezielle Handlung (d. h. welchen Sprechakt) damit vollzieht, das hängt schließlich doch von seinen Absichten ab. Möchte er uns nur informieren oder eher warnen oder sogar davon abschrecken, seinen Garten zu betreten? Oder denken wir an unser obiges Beispiel, in dem jemand sagt: „Du bist ein prima Freund." Ist das nun ein uneingeschränktes Lob oder eher das Gegenteil und eigentlich ironisch gemeint? Das hängt vor allem davon ab, *wie der Sprecher es gemeint hat*. Das versuchen wir herauszufinden, indem wir unser Wissen über ihn und seine Situation auswerten. Das sieht wieder der gewöhnlichen empirischen Hypothesenbildung sehr ähnlich.

Dabei spielt allerdings das sogenannte *Prinzip der Nachsicht* eine Rolle. Danach können wir nur solche intentionalen Profile sinnvoll zuschreiben, die in sich *rational* sind und im Wesentlichen *wahre Überzeugungen* enthalten (vgl. Scholz 1999, Bartelborth 1999b). Wir versuchen dabei die Innenperspektive des zu interpretierenden Akteurs so zu rekonstruieren, dass seine intentionalen Zustände zunächst intern möglichst kohärent sind, und darüber hinaus ist ein sinnvoller Bezug zu seiner Umgebung herzustellen. Das heißt, unsere Interpretationshypothese sollte auch eine gewisse *externe Kohärenz* aufweisen, wonach wir erklären können, wieso jemand mit den Eigenschaften des Akteurs in seiner speziellen Umgebung zu seinen Überzeugungen (und seinen Wünschen) gelangt ist.

Eine der wissenschaftstheoretischen Fragen ist dabei, ob dieses Prinzip der Nachsicht grundlegend anders ist als alles, was wir in den Naturwissenschaften finden. Es könnte *apriorischen* Charakter haben, und eine Form von notwendiger Voraussetzung dafür sein, dass jemand überhaupt über intentionale Zustände verfügt. Aber das wird ebenfalls wieder trefflich bestritten (vgl. Henderson 1993). Beim Verstehen anderer Menschen müssen wir zwar zunächst davon ausgehen, dass ihre Überzeugungen rational sind, um überhaupt erst einmal einen Zugang zu ihnen zu finden. Wir können jedoch schließlich Stück für Stück wieder davon abrücken und den Betreffenden immer mehr falsche und irrationale Meinungen zuschreiben.

Sollte dennoch ein apriorischer Kern des Prinzips der Nachsicht übrig bleiben, finden wir vielleicht Ähnliches in den Naturwissenschaften, wie z. B. die Annahmen darüber, dass komparative Begriffe immer transitiv sein müssen. Doch das ist nicht mein Thema. Mit dem „nachsichtigen" Interpretieren scheinen wir zunächst ein neues Verfahren zur Entwicklung von Hypothesen gegenüber den Naturwissenschaften gefunden zu haben. Das bedeutet indes noch nicht, dass es grundsätzlich neue Möglichkeiten der Hypothesenbestätigung eröffnet.

Die Debatte über Interpretationen und das Verstehen als besondere Methode der Sozialwissenschaften ist auch deshalb so umfangreich, weil unter diesen Stichworten viele unterschiedliche Dinge versammelt und verhandelt werden. In diesem Zusammenhang ist z. B. viel von *Subjektivität* die Rede, da wir die subjektive Sicht der Dinge durch die jeweiligen Akteure rekonstruieren müssen. Doch das bedeutet nicht, dass unsere Beschreibungen dieser Sicht damit selbst subjektiv werden. Sie müssen nicht durch uns als erkennende Subjekte gefärbt werden. Allerdings geht es viel stärker als in den Naturwissenschaften um nichtintrinsische Eigenschaften, die bestimmten Dingen zukommen. Im sozialen Bereich kann ein Stück Papier neben seinen physikalisch-chemischen noch relationale Eigenschaften aufweisen, die von großer Bedeutung sein können. Es kann sich um einen Geldschein oder einen Vertrag handeln. Diese Eigenschaften sind stark *relational* bzw. *sozial konstruiert*. Sie bestehen in einem komplizierten Geflecht von Beziehungen zu den Intentionen der Menschen einer sozialen Gruppe, und es gibt inzwischen einige Versuche, diese Beziehungen weiter aufzuschlüsseln.[13]

Hier liegen sicher wesentliche Unterschiede zu den Naturwissenschaften. Auch die in vielen relevanten Hinsichten (kulturelle und politische) Einzigartigkeit vieler Situationen, in denen Menschen entscheiden, zeigt deutliche Unterschiede und Probleme für sozialwissenschaftliches Erklären. Doch trotz einzigartiger kultureller Randbedingungen stoßen wir auf nomische Muster menschlichen Verhaltens, die wir zu Erklärungszwecken heranziehen können. Es ist letztlich eine empirische Frage, wie weit wir dabei kommen. Die rationale Entscheidungstheorie versucht meines Erachtens, zu einfache Muster zu isolieren und die Randbedingungen zu stark zu idealisieren. Doch das bedeutet nicht, dass wir mit Theorien, die mehr an die empirischen Gegebenheiten menschlichen Entscheidens angepasst wären, ebenfalls keine Chance auf überzeugende Erklärungen hätten, und viele positive Beispiele belegen das. Darauf werde ich weiter unten zurückkommen.

Fazit Interpretation: Interpretation ist wesentlich, um überhaupt die Erklärungsfrage sinnvoll stellen zu können. Wir müssen zuerst bestimmen, um welche Handlung es sich handelt, die wir erklären wollen, und unter welchen Rahmenbedingungen sie stattfindet. Auf die müssen wir in unserer Erklärung Bezug nehmen: etwa auf bestimmte soziale Normen oder Konventionen. Aber damit ist keineswegs eine Konkurrenzsituation zum Erklären gegeben. Das kann dadurch nicht einfach ersetzt werden. Jede Einordnung eines Verhaltens als Handlung eines bestimmten Typs stellt zwar einen ersten Erklärungsschritt dar, aber wir können anschließend trotzdem noch fragen, warum der Betreffende sich so verhalten hat und warum gerade jetzt. Deuten wir etwa ein Schulterklopfen als Lob, ist damit die Erklärungsfrage noch nicht beantwortet. Warum wurde gelobt, warum auf diese Weise und warum in diesem Moment? Letztlich müssen wir trotz aller sozialer Konventionalität immer auch auf eine Theorie menschlichen Verhaltens zurückgreifen, die die Forderung erfüllt, dass Motive eine Handlung nur erklären, wenn sie die tatsächlich wirksamen Motive darstellen. Und jede Konvention muss schließlich auch auf der Ebene der Individuen wirksam werden. Wir können gegen sie verstoßen und wir können sie nutzen, um damit bestimmte Handlungen zu vollziehen, müssen das aber nicht tun. Wann wir uns in einem bestimmten sozialen Umfeld zu bestimmten Handlungen entschließen und welche das sind, bleibt weiter zu *erklären*. Dem Erklären kommt somit auch in den Sozialwissenschaften schließlich eine eigenständige Funktion zu.

Das Interpretieren liefert meines Erachtens ebenfalls keine gänzlich neuen Verfahren, die uns zu bestimmten sozialwissenschaftlichen Hypothesen hinführen oder diese wissenschaftlich begründen könnten. Es kann das induktive Begründen solcher Hypothesen etwa anhand eines Schlusses auf die beste Erklärung somit nicht ersetzen. Das Einfühlen in die Situation eines Akteurs mag uns sehr dabei helfen, seine Handlungen zu verstehen, aber das allein ist kaum in Begründungen von

Hypothesen wissenschaftlich verwertbar, weil diese nach intersubjektiver Zugänglichkeit der Beweise verlangen. Der Psychiater oder der Detektiv werden ihre Vorgehensweise vielleicht darauf stützen und das möglicherweise auch zu Recht, aber sobald der Fall vor Gericht kommt, wird es nicht ausreichen, wenn der Detektiv sagt, er könne sich ganz genau vorstellen, dass der Angeklagte so eifersüchtig wurde, dass er deswegen den Mord begangen hat. Hier zählen letztlich nur die handfesteren Beweise. Er müsste seine intuitive Auswertung von Indizien explizit machen, so dass ihre Schlüssigkeit untersucht und bewertet werden kann. Genau dasselbe gilt in der Wissenschaft.

Oder er müsste alternativ nachweisen, dass er ein sehr zuverlässiger Gedankenleser ist, mit einer überwältigenden Trefferquote. Doch davon sind wir in der Wirklichkeit sehr weit entfernt. Daher kann die Empathie zwar als wichtiges heuristisches Hilfsmittel für den Forscher gelten, um zu spannenden Hypothesen zu gelangen, diese sind letztlich aber wieder ganz klassisch zu begründen. Wir müssen zeigen, dass sie viele unserer Daten gut erklären können, jedenfalls besser als ihre Konkurrenten. Selbst wenn wir den wichtigen Stellenwert empathischen Verstehens einräumen, bleibt also die Aufgabe des Erklärens weiter bestehen. Die möchte ich nun weiter untersuchen.

V.3 Spezielle Erklärungsmuster in den Sozialwissenschaften

Einordnungsfragen gibt es auch in den Naturwissenschaften. Wenn wir einen Lichtpunkt am Himmel sehen, kann es sich dabei um einen Kometen, Planeten, Stern, ein göttliches Zeichen oder etwas anderes handeln, und je nachdem, wie wir das Phänomen einordnen, werden die Erklärungsansätze für das Erscheinen des Lichtpunkts anders ausfallen. Wenn auf einem Messgerät eine 3 angezeigt wird, so ist das zu interpretieren, etwa als: Hier fließt ein Strom von 3 Milliampere.

Trotzdem gibt es große Unterschiede zwischen den Interpretationen in den Sozialwissenschaften und den Interpretationen in den Naturwissenschaften. Die Interpretationen in den Sozialwissenschaften müssen normalerweise die subjektive Sichtweise der jeweiligen Akteure rekonstruieren und ihre Befindlichkeiten: also unter anderem ihr *intentionales Profil* aus Wünschen, Zielen und Überzeugungen. Das ist ein komplexes Projekt und verlangt bereits nach umfassender Hypothesenbildung. Eine vergleichbare innere Sichtweise der Objekte der Physik existiert nicht. Diese Unterschiede werden manchmal dahingehend übertrieben, dass wegen der Individualität der jeweiligen Sichtweisen der Akteure keine allgemeinen Erklärungsmuster für unsere Akteure zu finden sind. Ob es aber genügend Gemeinsamkeiten der Menschen und ihrer Entscheidungssituationen für echte Erklärungen gibt, ist letztlich eine empirische Frage, die die Sozialwissenschaften selbst zu beantworten haben. Dabei spricht Vieles dafür, dass dem so ist, was auch unsere Beispiele belegen.

Welche Elemente müssen wir dann in einer Erklärung zusammensetzen, wenn uns eine Einordnung der Handlung gelungen ist? Ein Kernstück unserer Alltagspsychologie ist die Idee, dass Menschen oft bestimmte Ziele verfolgen und dazu mehr oder weniger explizit Überlegungen anstellen, wie sich die am besten verwirklichen lassen. Daraus ergeben sich starke Motive für bestimmte Handlungen. Besonders in der Ökonomie hat man versucht, das Verhalten von Konsumenten und Firmen allein darauf zurückzuführen, wobei man daneben weitergehende Annahmen über die Ziele anstellt. Die *Konsumenten* wollen mit ihren Mitteln möglichst viele der produzierten Güter erwerben und die *Firmen* ihre Gewinne maximieren. Außerdem wird dieses Kernstück unserer Alltagspsychologie in Form der *rationalen Entscheidungstheorie* (RET) und der *Spieltheorie* präzisiert und weitgehend formalisiert. Das ist ein wesentlicher Schritt weg von einer Alltagstheorie zu einem wissenschaftlichen Ansatz.

Wir gelangen schließlich durch Aggregation zu den entsprechenden makroökonomischen Größen (vgl. Hausman 1992). Für die Makroökonomie wird sogar häufig die Forderung formuliert, man solle sie auf die Mikroökonomie zurückführen. Das ist meist nicht im Sinne einer starken Reduktion gemeint (wie wir jedenfalls an konkreten Zurückführungen erkennen können), sondern eher im Sinne der Mikrofundierung. Und es hat sicher auch damit zu tun, dass es kaum eigenständige makroökonomische Ansätze gibt, die konsensfähig wären. Auf der Mikroebene besteht weitgehend Einigkeit über die Grundkonzeption, während wir in der Makroökonomik auf die unterschiedlichen Schulen stoßen wie etwa Keynesianer und Monetaristen.

Tatsächlich scheinen wir mit der Spieltheorie für Konsumenten und Firmen bereits bestimmte Marktphänomene wie das Ansteigen der Preise bei einer Verknappung bestimmter Güter oder einem Anstieg der Nachfrage recht gut (allerdings genau genommen nur qualitativ) erklären zu können.[14]

Leider zeigen viele Experimente, dass bereits die Grundannahmen der RET sich in vielen Situationen als empirisch falsch erweisen. Die empirischen Belege sprechen gegen die Transitivität unserer Präferenzen, gegen das sogenannte Reduktionsaxiom und belegen, dass sich unsere Präferenzen sogar umkehren können, wenn wir unsere Handlungsmöglichkeiten nur etwas anders beschreiben (vgl. Hausman 1992: Kap. 13). Da diese Phänomene überwiegend sehr stabil und systematischer Art sind, können wir nicht hoffen, dass sie sich für die RET als harmlose „Idealisierungsverluste" erweisen oder sie sich wieder „herausmitteln". Wir werden uns noch ausführlicher mit bestimmten Kooperationssituationen beschäftigen, in denen das ganz deutlich ist.

Die Psychologie ist daher schon vor einiger Zeit von der RET (dort „Erwartung-Wert-Theorie" genannt) abgerückt (vgl. Müsseler/Prinz 2002: Kap. 2a–2.2). In der Ökonomie gibt es inzwischen vorsichtige Ansätze in Richtung einer stärker an der Empirie orientierten behavioralen Entscheidungstheorie oder einer Konzeption der beschränkten Rationalität.[15] Trotzdem vermittelt die Spieltheorie meines Erachtens einige erste grundlegende Einsichten in die *Struktur von Entscheidungssituationen*, die für unser Erklärungsprojekt sehr hilfreich sein können. Sie gibt sogar Hinweise darauf, wie andere Aspekte unserer Psyche sinnvoll einbezogen werden können. Dazu möchte ich kurz ein Beispiel schildern.

Ein Element in menschlichen Interaktionen sind *Drohungen* und *Versprechen*. Die Spieltheorie erklärt uns, worum es dabei geht. In beiden Fällen behaupten wir, auf bestimmte Handlungsoptionen in der Zukunft zu verzichten, obwohl die eigentlich für uns die günstigsten wären. Wenn wir jemandem versprechen, ihm in Zukunft bei seinem Hausbau zu helfen, so behaupten wir damit, in der Zukunft nicht die bequemere Option zu ergreifen, stattdessen einfach vor dem Fernseher sitzen zu bleiben, sondern die anstrengendere Option zu wählen, ihn tatkräftig zu unterstützen. Oder wenn wir jemandem drohen, ihn zu verprügeln, sollte er uns bestehlen, so behaupten wir, uns in dem besagten Fall auf eine wilde Prügelei einzulassen, statt uns schlicht mit dem Verlust abzufinden und uns damit nicht der Gefahr auszusetzen, auch noch körperlich verletzt zu werden. Rational mag es in den zukünftigen Situationen eigentlich keinen Grund mehr für diese Handlungen geben. Wie können wir dann unsere Versprechen und Drohungen glaubwürdig machen? Dazu unternehmen wir bestimmte Anstrengungen wie etwa die, eine gewisse Reputation aufzubauen, deren Verlust selbst wiederum in unserer Rechnung zu Buche schlägt (vgl. Dixit/Nalebuff 1997). Hierbei können jedoch auch unsere Emotionen eine wichtige Rolle übernehmen. Wenn wir wissen, dass jemand leicht wütend oder sogar jähzornig wird, unterstützt das seine Drohung erheblich. Wut scheint ein wichtiges Mittel dafür zu sein, dass wir nicht so leicht über den Tisch gezogen werden können (vgl. Pinker 1998: Kap. 6). Von der Spieltheorie führt hier ein Weg zu Ergänzungen unserer Mikro-Erklärungen, die sogar zeigen, wie in diesem Fall Emotionen sinnvoll eingebracht werden können. Emotionen scheinen in diesen Fällen als relativ direkte Dispositionen zu bestimmten Verhaltensweisen zu funktionieren.

Ein anderes Problem für Erklärungen auf der Makroebene (und einen Pluspunkt für die Mikrofundierung s. o.) stellten bestimmte Dilemma-Situationen wie das Allmende-Dilemma bzw. „free rider" dar.

V.3 Spezielle Erklärungsmuster in den Sozialwissenschaften 151

Auch wenn alle Mitglieder einer Gruppe ein bestimmtes Ziel für diese Gruppe erreichen möchten, wird das nicht zu entsprechenden Handlungen führen, wenn es sich dabei um ein *öffentliches Gut* handelt. Das ist ein Gut, von dessen Konsum wir niemanden ausschließen können, wie etwa saubere Luft. Alle Bauern einer bestimmten Region mögen der Ansicht sein, dass ihre Ausbeutung durch den Großgrundbesitzer nun gewaltsam beendet werden sollte. Doch das führt keineswegs gleich zu einem Aufstand der Bauern. Keiner verspürt eine große Neigung, in diesem Aufstand sein Leben aufs Spiel zu setzen. Das können doch die anderen übernehmen. Die Vorteile durch den gestürzten Großgrundbesitzer würden sie auch ohne dieses Risiko erfahren. Die Spieltheorie beleuchtet hier die Struktur solcher Situationen und gibt somit auch vor, was eine Mikrofundierung nun genauer zu analysieren und zu erklären hat (vgl. Olsson 1965).

Tatsächlich kommt es trotz dieser Dilemma-Situation immer wieder zu Aufständen wie dem 1989 in der DDR (s. o.), allerdings auch immer wieder zu einem Scheitern bei der Erzeugung öffentlicher Güter (man denke etwa an das Energiesparen). Welche Mechanismen sind hier am Werk?

Wir werden die Spieltheorie also sicher erweitern müssen, zumindest um Dinge wie soziale Normen und Konventionen, Emotionen, Gewohnheiten (oder sogar Reflexe), spezielle Heuristiken und Charaktermerkmale (s. o.). Vieles davon kennt schon die Alltagspsychologie, aber die Sozialwissenschaften haben dazu jeweils viel weitergehende Einsichten anzubieten. Dem kann ich hier nicht nachgehen. Einige kurze Anmerkungen zu unserem Montagsdemo-Beispiel sollen genügen (vgl. Opp 1995, 40 ff.). Die Teilnehmer der Montagsdemonstrationen in Leipzig verspürten sicher einen gewissen moralischen Druck, bei den Demonstrationen mitzumachen, der über die rationale Kalkulation ihrer Vorteile hinausging. Den können wir eventuell der Norm zuschreiben, bei solchen Aktionen nicht nur der stille Nutznießer zu bleiben, sondern seinen Anteil daran zu übernehmen. Solche sozialen *Normen* sind in der Regel selbst nicht wieder auf „höhere Rationalität" reduzierbar (vgl. Elster 1989) und gehen daher über das Standardmodell rationalen Verhaltens hinaus.

Wir werden also auch zu erklären haben, wie die Normen wirksam werden. Inwiefern motivieren sie den Einzelnen, sich daran zu halten? Natürlich gibt es Sanktionen bei bestimmten Regelverstößen, aber die erklären oft bei weitem nicht den ganzen Einfluss der Normen, die häufig selbst dann funktionieren, wenn niemand zuschaut. Man spricht etwa davon, dass sie internalisiert sind. Sie gehen nicht bewusst in unsere Kalkulationen ein, sondern beeinflussen unsere Handlungen eher unbewusst auf einer subpersonalen Ebene. Die entsprechenden Mechanismen müssen wir weiter erforschen. Letztlich erwarten wir an solchen Stellen typischerweise *Instantiierungserklärungen*, die aufzeigen, wie die einzelnen Komponenten eines Systems (hier der Mensch) zusammenspielen, so dass das System als Ganzes bestimmte Eigenschaften oder Vermögen aufweist. Das kennen wir auch aus den Naturwissenschaften: Wenn wir etwa erklären möchten, wie es bestimmte Substanzen schaffen, Teile des sichtbaren Lichts zu reflektieren oder Supraleitfähigkeit aufzuweisen oder etwas anderes zu leisten.

Auch unsere *Emotionen* stellen schon gemäß der Alltagspsychologie einen wesentlichen Faktor für unsere Handlungen dar. Wir werden z. B. schnell wütend und sind zu Handlungen bereit, die uns in ruhigem Zustand als ziemlich dumm erscheinen. Die Auslösung von Gefühlen wird auch auf unseren Überzeugungen und Wünschen über die Welt beruhen, aber sie funktionieren letztlich anders als das Kalkulieren unserer Vorteile. Sie bilden eigenständige direkte Handlungsmotivationen. Die Teilnehmer der Montagsdemonstrationen mag auch ihre Wut auf das alte DDR-Regime mit auf die Straße getrieben haben. Die genauen Funktionen der Emotionen und ihre mögliche evolutionäre Bedeutung werden zunehmend besser verstanden. Die kognitive Psychologie behandelt sie nun nicht mehr so stiefmütterlich wie noch zu Beginn, als die Analogie zum Computer und seinen Kalkulationen allein im Vordergrund stand.

„Menschen sind Gewohnheitstiere" sagt schon der Volksmund. Wenn wir erklären möchten, warum der englische Geschäftsmann seinen Regenschirm selbst bei gutem Wetter mitnimmt, werden wir uns sicher auf bestimmte soziale Konventionen berufen können, aber ebenso auf seine Gewohnheiten. Er wird nicht lange darüber nachdenken, sondern seiner Gewohnheit folgend danach greifen.

Die Psychologie hat daneben eine ganze Reihe kleinerer Effekte in unserer Wahrnehmung und ihrer Verarbeitung, aber auch bei höheren kognitiven Funktionen nachgewiesen. Die sind leider nicht in einer umfassenden Theorie zusammengebunden, sondern stehen eher isoliert nebeneinander. Wir müssen sie trotzdem berücksichtigen und in unsere Erklärungen einbauen, da es sich meist um sehr stabile und systematische Effekte handelt. Ich fasse sie unter dem Stichwort (hier als Terminus technicus eingesetzt) der *Heuristiken* zusammen. Menschen handeln gemäß bestimmten Heuristiken, die sie verwenden, etwa um ihre Umwelt zu verstehen. Werden z. B. bestimmte Begriffe aktiviert („priming"), richtet sich ihre Aufmerksamkeit auf ganz bestimmte Dinge oder sie geben ihren Wahrnehmungen eine bestimmte Interpretation. Wir sind uns üblicherweise zu sicher in unseren Urteilen („overconfidence"); überschätzen, inwieweit andere uns zustimmen würden; schreiben den Grund für unser Versagen gern anderen zu; versuchen Dissonanzen in unserem intentionalen Profil nach bestimmten Verfahren zu reduzieren und vieles mehr.

V.3 Spezielle Erklärungsmuster in den Sozialwissenschaften 153

Eine Vielzahl solcher Heuristiken ist uns heute bekannt, und es kommen ständig weitere Heuristiken bzw. Effekte hinzu. Wie die verschiedenen genannten Aspekte zusammenspielen und sich überlagern, ist leider nicht genau bekannt. Wir müssen hier als Provisorium wieder unsere Alltagspsychologie bemühen und eventuell auf Charaktermerkmale der entsprechenden Personen zurückgreifen, die uns erste Anhaltspunkte geben können, wie stark z. B. die emotionale Komponente gegenüber dem rationalen Kalkulieren zu gewichten ist.

Wenn die Ökonomie uns sagt, dass Firmen ihre Gewinne maximieren, sollte jedenfalls eine Mikroanalyse erfolgen, in der wir herausfinden, wie (und ob) das Verhalten der Menschen in der Firma das erklären kann. Dazu müssen wir die verschiedenen Akteure (Vorstände, Geschäftsführer, Manager, Angestellte und Arbeiter) in ihren jeweiligen Funktionen mit ihren jeweiligen Motivationen und Ängsten etc. im Rahmen unserer psychologischen Kenntnisse betrachten. Wir werden nicht unbedingt die tatsächlichen intentionalen Profile ermitteln, aber doch wenigstens idealtypische annehmen können. Ob sich dann tatsächlich sinnvoll von einer Tendenz zur Gewinnmaximierung reden lässt oder ob doch die Interessen der Mitarbeiter im Rahmen der Anreizstrukturen einer bestimmten Firma viele Abweichungen von dieser Linie erwarten lassen, ist eine Aufgabe für die Mikroanalyse. So wird der Manager seinem vermeintlichen Konkurrenten innerhalb der Firma vielleicht bestimmte Informationen vorenthalten, damit dieser gerade nicht so erfolgreich ist. Das ist jedoch eher zum Schaden der Firma. Welche Anreizstrukturen innerhalb der Firmen helfen können, solche „Ineffizienzen" zu vermeiden, kann nur eine Mikro-Analyse aufdecken.

Damit wir von einer Erklärung einer Handlung sprechen können, müssen wir außerdem Anhaltspunkte haben, dass die genannten Motive tatsächlich kausal wirksam waren. Darauf hatte ich schon in Kapitel V.2 hingewiesen. Damit bietet sich auf der Mikroebene folgendes Bild für unsere Erklärungskonzeption: Es gibt eine Reihe von mehr oder weniger ausbuchstabierten nomischen Mustern, die sich mit den Schlagworten rationales Kalkulieren, soziale Normen, Emotionen, Gewohnheiten und kognitive Heuristiken ansprechen lassen, aus denen sich dann (kausale) Mechanismen zusammensetzen lassen, die bestimmte Verhaltensweisen erklären, wenn sie denn tatsächlich instantiiert sind. Bevor ich auf einige weitere positive Ansätze in diesem Bereich der Sozialwissenschaften zu sprechen kommen werde, möchte ich noch die Holisten zu Wort kommen lassen.

V.4 Funktionalistische Erklärungen

Ein klassischer holistischer Ansatz in der Sozialwissenschaft ist der *Funktionalismus*. Leitbild ist hier, dass der Staat als Ganzes eine Art von Organismus darstellt und seine Teile (Organe) eine wichtige Funktion (Aufgabe, Zweck) haben, derentwegen sie auch in diesem Organismus in ihrer jeweiligen Form zu finden sind. Funktionalistische Erklärungen sind typischerweise vor allem auf der Makroebene angesiedelt. Die Existenz von Institutionen wie Armee, Polizei, Feuerwehr, Justiz, Schulwesen etc. können wir demnach verstehen als wichtige stabilisierende Elemente, die für den Erhalt einer Gesellschaft und ihrer Ordnung erforderlich sind. Allerdings sind Funktionalisten nicht darauf festgelegt, nur solche offensichtlichen Funktionen zu Erklärungszwecken heranzuziehen, sondern besonders spannend wird es gerade dort, wo ein Sozialwissenschaftler latente Funktionen aufdeckt und in Erklärungen verwendet. Marxistische Sozialwissenschaftler erklären gesellschaftliche Institutionen typischerweise anhand ihrer Funktion, den Status quo der Gesellschaft und damit die Privilegien der herrschenden Klasse zu sichern. Das muss sich keineswegs mit den Äußerungen der Politiker decken, die diese Institutionen einführen oder gestalten.

So erklärte z.B. Szymanski (1978: 271) den sogenannten „New Deal" (eine Reformgesetzgebung von Roosevelt in den 1930iger Jahren) als Maßnahmenkatalog, um die herrschenden Besitzverhältnisse bei schwierigen sozialen und ökonomischen Verhältnissen zu sichern. Roosevelt versuchte nach eigenen Angaben die schweren Folgen der Weltwirtschaftskrise zu bewältigen und setzte insbesondere 1935 und 1938 wichtige Arbeits- und Tarifgesetze auch gegen den Widerstand der Großunternehmen durch. Darin wurden Mindestlöhne und Arbeitszeiten festgelegt, es kam zu Steuererhöhungen und einem Beschäftigungsprogramm mit vielen sozialen Komponenten. Marxisten können natürlich zu Recht darauf verweisen, dass das langfristig auch den Unternehmern zugute kommen konnte, selbst wenn sie sich heftig dagegen wehrten. Was ist nun die richtige Erklärung für diese Gesetzgebung? Waren es die sozialen Überlegungen Roosevelts, die für die Gesetzgebung ursächlich waren, oder sind es versteckte Funktionen, die letztlich zu diesen Gesetzen führten? Wenn Marxisten in solchen Beispielen nicht bloß behaupten wollen, dass die Gesetze (zumindest langfristig) auch positive Auswirkungen auf die Unternehmer hatten, sondern dass es gerade diese Auswirkungen waren, die den Anstoß für die Gesetze gaben (*derentwegen* die Gesetze verabschiedet wurden), so müssen sie eine bestimmte *kausale* Hypothese formulieren. Wir werden weiter klären müssen, was Funktionalisten jeweils genau behaupten.

Zumindest scheinen Funktionalisten sich so erfolgreich der Mikrofundierung entziehen zu können. Ihre Erklärungen sind ganz auf der

V.4 Funktionalistische Erklärungen

Makroebene angesiedelt. Allerdings zeigen sich schon bald einige Schwierigkeiten für den funktionalistischen Ansatz, die den Mikrofundierer wieder Hoffnung schöpfen lassen.

Biologie. Wir kennen funktionalistische Erklärungen vor allem aus der Biologie.

> (FE) Menschen besitzen eine Lunge, weil diese für die Aufnahme von Sauerstoff ins Blut erforderlich ist. Den benötigen wir wiederum in unseren Muskeln und Organen als wichtigen Energielieferanten, damit diese überhaupt ihre jeweiligen Funktionen erfüllen können. Nur so kann der gesamte Organismus letztlich weiterleben.

Doch selbst in der Biologie ist die Erklärung (FE) schon nicht ganz unproblematisch. Zunächst fällt auf, dass eine Lunge nicht wirklich erforderlich ist für das Weiterleben eines Organismus. Es gibt Organismen mit Kiemen oder mit Tracheen, die nicht auf Lungen angewiesen sind. Also müsste eine Erklärung für die Existenz der Lungen schon etwas komplexer aussehen als die Erklärung (FE). Sie könnte etwa die Ausgangs- und Umweltbedingungen der Lungenatmer zur Erklärung mit heranziehen. Man könnte auch erklären, inwiefern die Lungen zur Weiterexistenz eines Organismus mit Lungen (und ohne Kiemen) beitragen und so ihre Funktion in einer speziellen Situation für ihr Weiterbestehen erforderlich ist. Wir kommen gleich auf die funktionalistischen Erklärungen in der Biologie zurück.

Am einfachsten sind Beispiele von funktionalistischen (bzw. teleologischen) Erklärungen für *Artefakte*. Warum hat die Lampe einen kleinen Stift, den man eindrücken kann? Das ist der Schalter zum Ein- und Ausschalten. Das ist *die Funktion* dieses Stiftes. Die Erklärung bezieht sich auf die Absichten, die der Designer mit dem Stift verfolgte. Er hat die Lampe so geplant, dass der Stift genau wegen dieser Funktion eingefügt wurde. Das ist eigentlich eine Intentionalerklärung. Früher wandte man diesen Erklärungstyp ebenfalls in der Biologie an, mit Gott als dem Designer. Doch heutzutage versucht die Wissenschaft ohne Rückgriff auf einen Designer ihre Erklärungen zu entwerfen. Die Frage ist dann, wie sich diese Erklärungen in der Biologie ohne Designer verstehen lassen. Insbesondere geht es darum, ob sich diese Erklärungen auch als kausale Erklärungen mit der üblichen Zeitordnung verstehen lassen. Dafür darf aber nicht die Wirkung (das Angehen der Lampe) als Explanans für die Existenz des Stiftes herangezogen werden, denn kausale Erklärungen erklären die Wirkung anhand der Ursachen, aber nicht anders herum. Der Zweck oder das Ziel kann also nicht dazu dienen, das Auftreten des Stiftes zu erklären.

Dass hier Ursache und Wirkung in der Erklärung scheinbar vertauscht werden, ließ solche teleologischen Erklärungen immer schon problematisch erscheinen. So war Kant noch in der Kritik der teleologischen Urteilskraft § 75 der Meinung, dass es wohl keinen Newton des Grashalms geben werde. Er resignierte bezüglich der Einbettung der funktionalen Erklärungen in die normalen Ursache-Wirkungsschemata der Physik. Funktionale Erklärungen waren andererseits jedoch unverzichtbar in der Biologie und hatten für ihn daher den Charakter von wichtigen regulativen Idealen. Erst Darwin scheint uns schließlich den Weg zum Verständnis der funktionalen Erklärungen zu weisen. Der Darwinist erklärt bestimmte Merkmale wie lange Hälse oder kräftige Muskeln oder ein spezielles Immunsystem anhand ihrer positiven Auswirkungen auf die Fitness der Organismen. Sie bieten Vorteile bei der Nahrungssuche und dem Überleben, die sich in höheren Reproduktionsraten der Tiere niederschlagen, die dieses Merkmal aufweisen, und können sich so letztlich in einer Population durchsetzen. Hier sind die kausalen Bezüge wieder in Ordnung, allerdings müssen viele Randbedingungen angenommen werden, damit die Erklärung überzeugt. Es muss zu Variationen (etwa durch Mutationen) kommen, die Merkmale müssen weitervererbbar sein, die Umwelt muss eine gewisse Stabilität aufweisen und vieles mehr.

Daher finden wir schon in der Biologie einige Debatten über den genauen Status und den tatsächlichen Wert funktionalistischer Erklärungen (vgl. Sober 1993; Sterelny/Griffith 1999: Kap. 10). Unser Lidschlussreflex schützt unser Auge vor mechanischen Reizungen. Das ist vermutlich seine Funktion, derentwegen er im Rahmen der natürlichen Auslese ausgewählt wurde. Dazu müssen wir schon einige Annahmen über frühere Umwelten des Menschen treffen. Manche Merkmale verlieren im Laufe der Zeit ihre ursprüngliche Funktion, wie z. B. unser Blinddarm, der ursprünglich der Zelluloseverdauung diente, aber heute keine Funktion mehr aufweist, außer die Chirurgen reicher zu machen. Die Fähigkeit zum Lesen ist sicher heutzutage eine wichtige Adaptation an unsere Umwelt, ist aber vermutlich nur ein Nebeneffekt anderer kognitiver Fähigkeiten, die ihrerseits Anpassungen sind, ist aber selbst kaum direkt auf eine natürliche Auslese zurückzuführen. Diese fand überwiegend statt, als der Mensch noch als Jäger und Sammler in den Steppen unterwegs war und noch keine Neigung zum Lesen zeigte. All diese Beispiele geben Hinweise auf die Art von Spekulationen, auf die wir uns einlassen müssen, um annehmen zu können, dass wir jeweils die tatsächlichen Funktionen der jeweiligen Merkmale identifiziert haben.

Wir müssen außerdem grob unterscheiden zwischen *Ursprungs-* und *Gegenwartsfunktionen*. Welche Überlegungen nun *die* Funktionen eines Merkmals bestimmen, darüber streiten die Biologen und sprechen dabei von der *ätiologischen* und der *Propensitäten-Ansicht* der biologischen Funktionen – je nachdem, ob sie mehr die Evolution oder die Anatomie und Physiologie im Blick haben. Dazu erfinden sie z. T.

V.4 Funktionalistische Erklärungen

phantasievolle Gedankenexperimente, aber auch praxisnähere Beispiele. Wenn z. B. ein Bakterium DNS von einem anderen übernimmt, mit dem es ein neues Protein erzeugt, das ihm zu einer Resistenz gegenüber einem bestimmten Antibiotikum verhilft, so hätte dieses Protein nach der Ursprungsansicht-von-Funktionen eigentlich keine Funktion. Das scheint die Gegenwartsansicht von Funktionen besser erklären zu können. Die Bakterien mit diesem Protein haben nun bessere Überlebens- und damit Reproduktionschancen. Daher besitzt dieses Protein eine bestimmte Funktion für das Bakterium. Diese Debatte müssen wir nicht weiter verfolgen, sie belegt aber eine wichtige Unterscheidung, die wir in den Sozialwissenschaften wiederfinden.

Die Übersetzung der teleologischen Redeweise gelingt in der Biologie – wie schon angedeutet – einigermaßen anhand der Evolutionstheorie. Zwecke und Funktionen erschienen uns zunächst als Reste einer anthropomorphen Naturbeschreibung. In der Physik wären Behauptungen wie, dass die Sonne dazu da ist, um auf der Erde das Überleben von Tieren zu gewährleisten, kaum salonfähig. Zwecke haben dort nichts zu suchen. Auch die moderne Biologie kann es in ihren Erklärungsschemata dabei nicht belassen. Sie benötigt eine Übersetzung in eine kausale und unverdächtige Redeweise. Das scheint die darwinsche Theorie zu gewährleisten. Zunächst finden danach laufend zufällige Variationen im Erbgut und entsprechende auch im Phänotyp von Tieren statt. Die moderne Genetik kann diese Zusammenhänge sehr viel genauer erklären, als Darwin oder Mendel das auch nur ahnen konnten. Als Nächstes tritt die natürliche Auslese auf den Plan. Einige dieser Änderungen erweisen sich in der jeweiligen Umwelt als vorteilhaft für das Überleben und die Reproduktion. Die Tiere mit diesen Änderungen haben größere Reproduktionschancen als ihre Artgenossen (größere Fitness), so dass sich dieses Merkmal mit einer gewissen Wahrscheinlichkeit über mehrere Generationen hinweg in einer Art durchsetzt, weil die Tiere mit diesem Merkmal sich stärker vermehren als die ohne dieses Merkmal. Diese kausale Geschichte ist nicht mehr auf Funktionen oder Zwecke angewiesen.

Leider muss das grundlegende Erklärungsschema durch viele weitere Zusatzüberlegungen modifiziert werden. Zum Beispiel werden im Normalfall ganze Gene weitergegeben, die viele Merkmale zugleich kodieren. Diese sind dann nur im Paket zu haben. Oder bei der Ausbildung bestimmter Merkmale gibt es oft Zwischenstufen, die selbst eine größere Fitness aufweisen müssen, um nicht schnell wieder in der Versenkung zu verschwinden. So darf man kaum erwarten, dass der Schritt von federlosen/flügellosen Tieren zu Tieren mit ausgebildeten Flügeln, die sie tatsächlich zum Fliegen befähigen, was offensichtlich ein Fitnessvorteil sein kann, durch *eine* Mutation erfolgt ist. Vermutlich gab es eine Reihe von Zwischenstufen, in denen die aufgetretenen Federn vielleicht die Funktion hatten, eine bessere Wärmeregulation bereitzustellen. Das böte einen Fitnessvorteil. Aber Vorsicht: Das sind empirische Annahmen insbesondere über die entsprechende Umwelt in der Vergangenheit, die selbst wiederum einer epistemischen Stützung bedürfen.

Voltaire hat sich über die Funktionen lustig gemacht, indem er meinte, die Nase sei dazu da, die Brille zu tragen. Es gibt die Trivialisierungsgefahr, die wir auch in den Sozialwissenschaften wiederfinden, dass es uns mit etwas Phantasie immer gelingt, irgendeine „Funktion" für ein Merkmal zu finden. Funktionen sind zunächst einfach bestimmte Auswirkungen eines Merkmals. Allerdings könnten wir dann auch sagen, es sei die Funktion des Herzens, bestimmte Töne zu verursachen oder uns einfach etwas schwerer zu machen. In der Biologie verlangen wir von der *Funktion* eines Merkmals, dass es sich um solche Auswirkungen handelt, die auch für die Reproduktionsfähigkeit von Bedeutung waren oder sind, und dieses Merkmal aufgrund dieser Wirkungen ausgewählt wurde oder heutzutage wird. Doch gerade das ist nicht immer leicht zu ermitteln.

Denken wir an das Beispiel des männlichen Pfaus. Warum hat er so auffällige Federn, die Raubtiere auf ihn aufmerksam machen könnten und ihn beim Fliehen behindern? Das wird aufgewogen durch den Fitnessvorteil, dass er damit bei den weiblichen Pfauen besser ankommt. Doch warum bilden diese das Merkmal aus, auf Männchen mit großen Federn zu „fliegen"? Die Weibchen können sich nur begrenzt häufig paaren und müssen daher wählerisch sein, was die Auswahl ihrer Partner angeht (anders als die Männchen). Sie suchen daher sorgfältig nach den fittesten Männchen, um ihren Nachkommen die besten Gene mitzugeben. Doch wie erkennt man die fittesten Männchen? Dazu hat die Natur manchmal *fälschungssichere Indikatoren* für Fitness eingeführt, nämlich in diesem Fall die großen Federn. Nur wirklich fitte Männchen können damit überleben und werden deshalb von den Weibchen bevorzugt, obwohl ihre männlichen Nachfahren auch wieder mit der Bürde der schweren Federn leben müssen. Das kleine Beispiel zeigt, dass ein gewisser Erfindungsreichtum notwendig ist, um eine evolutionäre Erklärung für bestimmte Merkmale zu konstruieren, aber es belegt auch, welche epistemischen Lasten solche Erklärungen uns aufbürden. Wir müssen gute Indizien beibringen, dass diese Geschichte nicht nur gut ausgedacht ist, sondern sich tatsächlich so abgespielt hat. Ähnliche epistemische Lasten müssen wir für sozialwissenschaftliche funktionalistische Erklärungen schultern, weshalb einige Wissenschaftstheoretiker sie dort für nicht einsetzbar halten, weil das nie zu leisten sei. Doch dazu später mehr.

Es bleibt zumindest die Frage offen, wie gut die Ausleseerklärungen tatsächlich sind. In der Biologie wird hier eine Debatte über die unter-

V.4 Funktionalistische Erklärungen

schiedlichen Formen des *Adaptationismus* geführt. Das ist eine Position, die ungefähr besagt, dass der Mechanismus der Anpassung die meisten Merkmale erklärt oder auch die einzig sinnvolle Erklärungsstrategie für die Erklärung ihrer Existenz bietet. Wie allgegenwärtig ist dieser Mechanismus? Wie stark ist der Effekt der natürlichen Auslese, bzw. wie groß ist die Vereinheitlichungsleistung und wie gehaltvoll (informativ) sind die Ausleseerklärungen? Das entscheidet mit über die Güte dieser Erklärungen. Diese Fragen können letztlich nur in der Biologie selbst entschieden werden. Wichtig für uns ist schließlich der Zusammenhang dieser Debatten mit unseren Parametern für gute Erklärungen.

Diese Debatten sind leider recht diffizil. Ein Blick in ein Beispiel mag das illustrieren. Elliot Sober (1993) erläutert eine Strategie der Adaptationisten, nämlich den Einsatz *quantitativer Optimalitätsmodelle*. Gelingt es ihnen zu zeigen, dass der Ausleseeffekt sich in bestimmten Fällen quantifizieren lässt und die Theorie hier ein ganz bestimmtes Ergebnis als optimal vorausberechnen lässt, und wir dieses spezielle Ergebnis tatsächlich in der Natur vorfinden, so spricht das für die Theorie. Sie bietet hier eine gehaltvolle Erklärung (u. a. durch die Quantifizierung) der aufgetretenen Werte, die eine Konkurrenztheorie erst einmal übertreffen muss.

Sober (1993: 133 ff.) greift dazu das Beispiel der Dungfliege auf. Die männliche Dungfliege verweilt eine längere Zeit nach der Kopulation bei den weiblichen Dungfliegen, anscheinend um weitere Kopulationen mit anderen Männchen zu unterbinden. In komplizierten Experimenten hat man nämlich feststellen können, dass gerade weitere Kopulationen sonst oft mehr Eier befruchten als die ersten (z. B. erst 20% und dann 80%). Ansonsten entscheidet die Kopulationszeit über die Quote der befruchteten Eier. Würde die Kopulationszeit ca. 100 Minuten betragen, wären nahezu 100% der Eier befruchtet. Allerdings nimmt nach einiger Zeit die Anzahl zusätzlicher Eier, die pro Zeiteinheit noch befruchtet werden, langsam ab („abnehmender Grenznutzen" würden die Ökonomen sagen). Daher scheint es nicht ratsam für die männliche Dungfliege, die vollen 100 Minuten durchzuhalten. Die durchschnittliche *Such- und Bewachungszeit* wurde mit 156 Minuten gemessen. Anhand der Befruchtungsquote bei bestimmter Kopulationszeit lässt sich ein Optimalitätsmodell für die Kopulationszeit aufstellen, das als Resultat 41 Minuten lieferte. Bei dieser Zeit kann die männliche Dungfliege am meisten Eier befruchten. Die tatsächlich gemessene durchschnittliche Kopulationsdauer betrug 35 Minuten. Das betrachtete man (zu Recht) als einen Erfolg des Modells. Die Evolution hat einen Wert verwirklicht, der nahe dem Wert liegt, den das Modell als optimal vorhersagt. Das quantitative Modell hat sicher mehr Gehalt als die von Voltaire karikierte Evolutionskonzeption, nach der einfach alles eine

Funktion hat und wir uns recht beliebig eine ausdenken dürfen. Das Modell war empirisch testbar und hätte an der Wirklichkeit scheitern können. Wäre die Kopulationsdauer nur 10 Sekunden gewesen oder zwei Minuten, hätte man sicher sagen müssen, dass die Daten nicht zur Theorie passen.

Allerdings zeigt sich hier auch das große Problem praktisch aller Theorientests, nämlich die Hilfsannahmen, die wir verwenden müssen, und die Frage nach ihrer Plausibilität. Der Adaptationist geht in seinen Modellen davon aus, dass die mittlere Such- und Bewachungsdauer 156 Minuten beträgt. Die hängt zum Beispiel von der Dichte der Dung-Haufen ab, auf denen sich die Fliegen aufhalten, und vielen anderen Parametern. Wir wissen jedoch wenig über diese Parameter für die zurückliegenden Zeiten, in denen die Evolution der Dungfliege stattgefunden hat. Damit beruhen diese Erklärungen auf einigen recht spekulativen Annahmen.

Diese erkenntnistheoretischen Schwierigkeiten sollen uns jetzt nicht weiter interessieren, sondern vielmehr die Frage nach der *Erklärungsstärke* der evolutionären Erklärung und ihren Parametern. Hier scheinen mir zwei Aspekte erkennbar zu sein. Zum einen finden wir den schon erwähnten Aspekt der Bereichsinvarianz bzw. Vereinheitlichung. Das konkrete Modell ist zwar nur auf Dungfliegen anwendbar, aber die dahinterstehende Theorie des Adaptationismus behauptet natürlich eine sehr große Bereichsinvarianz. Praktisch sollen alle Merkmale als Lösungen für Optimierungsprobleme ausgewählt worden sein. Das ist das allgemeinste Muster (OP), das hier instantiiert sein soll. Ob die Bereichsinvarianz tatsächlich so groß ist, wie es die Adaptationisten behaupten, ist natürlich eine empirische Frage für die biologische Forschung. Was gewinnen wir jeweils durch das konkrete quantitative Modell (DF) für die Dungfliege? Es liefert uns wichtige spezifische Informationen über das Merkmal Kopulationsdauer der Dungfliegen. Es schließt viele Möglichkeiten aus, die ursprünglich denkbar waren, und erläutert uns auch, warum der tatsächliche Wert in einem ganz bestimmten Bereich liegt.

Die Qualität dieser Erklärung durch eine instantiierte Eigenschaft U hängt zum einen davon ab, wie grundlegend U in unserer Welt ist, was wir anhand der *Invarianz* der nomischen Muster OP sowie der Spezialisierung DF abschätzen. Je größer der Invarianzbereich ist, umso besser ist die Erklärung durch OP und DF. Andererseits soll es sich auch um einen starken Mechanismus handeln, der das Ergebnis so weit wie möglich determiniert und jedenfalls viele denkbare Szenarien ausschließt. Allgemeiner gilt: Je stärker ein Muster MU ist (das beschreibt, wie sich E aus U ergibt), je mehr Informationen liefert uns die Erklärung über das Ergebnis E. Wenn MU nur sagt, dass „E oder non-E" eintritt, dann liefert es uns keine Informationen und auch keine Erklä-

V.4 Funktionalistische Erklärungen

rung. Es liegt wieder eine Instanz eines Alleserklärers vor. Sagt es in unserem Beispiel, dass die Kopulationsdauer zwischen 2 und 200 Minuten liegt (evtl. noch mit einer Wahrscheinlichkeitsverteilung über diesen Bereich), dann ist die Erklärung schlechter als eine, die besagt, sie läge zwischen 30 und 50 Minuten. Das führt zu genaueren und besseren Vorhersagen.

Das Zusammenspiel der beiden Aspekte von Erklärung lässt sich auch anhand der Gleichungen vom Typ (G) $Y = f(X) + U$ darstellen. Je größer der Definitionsbereich von f ist, für den (G) gilt, umso invarianter ist (G), und umso kleiner die Varianz von U ist (für die verschiedenen Werte x aus dem Definitionsbereich), umso stärker und informativer ist (G).

Sozialwissenschaften. Doch zurück zu funktionalistischen Erklärungen in den Sozialwissenschaften. Für die biologischen funktionalistischen Erklärungen konnten wir anhand der darwinschen Evolutionstheorie den Trivialisierungseinwand von Voltaire widerlegen. Nicht jede (Aus-) Wirkung eines Merkmals kann als seine Funktion betrachtet werden, sondern nur die, die einen Fitnessvorteil bietet, *derentwegen* das Merkmal tatsächlich von der Evolution „ausgewählt" wurde. Es sind bestimmte kausale Folgen der Wirkungen, die darüber entscheiden, was die Funktion eines Merkmals ist. Quantitative Modelle bieten eine Möglichkeit, diese Konzeption auch gehaltvoll bzw. empirisch testbar zu gestalten. Allerdings blieben große erkenntnistheoretische Probleme zurück, weil wir spezielle Daten über die Vergangenheit benötigen.

Die Frage ist nun, wie wir den voltaireschen Einwand in den Sozialwissenschaften ausräumen können. Gibt es wenigstens in einigen Fällen harte Tatsachen in der Welt, die darüber entscheiden, ob der Marxist im Hinblick auf den New Deal Recht hatte? Das könnte gelingen, denn die tatsächlich wirksamen Motive von Roosevelt und seinen Mitstreitern (auch wenn wir die vermutlich ebenfalls schwer erschließen können) könnten die Frage vielleicht entscheiden.

Doch wie sieht das für funktionalistische Erklärungen aus, die sich nicht auf die Absichten und Entscheidungen bestimmter Personen zurückführen lassen? Das sind gerade die spannenden Fälle, denn nur sie gehen tatsächlich über die normalen Handlungserklärungen auf der Mikroebene hinaus. Die Sozialwissenschaften sind voller Beispiele für funktionale Erklärungen, die nicht im Verdacht stehen, nur versteckte individuelle Handlungserklärungen zu sein. Insbesondere in der Kulturanthropologie finden wir viele Anwendungen dieser Konzeption. Es ist auf jeden Fall ambitionierter für einen Sozialwissenschaftler, für alle beteiligten Akteure unzugängliche und versteckte Funktionen und Zusammenhänge aufzudecken, anstatt „nur" ihre wahren Absichten zu erforschen. Ein Beispiel, das der Wissenschaftstheoretiker Harold Kincaid (1996: 124 ff.) diskutiert, ist das für Hindus geltende Tabu, kein Rindfleisch zu essen. Oberflächlich sieht es nach einem irrationalen, religiös motivierten Tabu aus, selbst in Fällen von Hungersnöten keine Kühe zu schlachten und zu verspeisen. Marvin Harris (1985) gibt dafür aber eine funktionalistische Erklärung an, die diesem Tabu eine wichtige Funktion für das Überleben der Inder und ihren wirtschaftlichen Erfolg zuspricht. Kühe sind die wichtigsten Hilfsmittel, um kleine Äcker zu bestellen, ihr Dung ist eine wichtige Energiequelle, und die Verehrung der Kühe hilft die Kuhbestände sogar durch schwierige Zeiten zu bringen. Das Rindfleisch-Tabu gibt es nach Harris, weil es eine langfristig optimale Strategie für den wirtschaftlichen Erfolg im ländlichen Indien darstellt. Trotzdem finden wir vermutlich keinen „Planer", den wir für eine Erklärung des Tabus heranziehen könnten.

Die Kritiker der Erklärung von Harris konnten allerdings viele Schwachstellen seiner Überlegungen aufzeigen. Herumwandernde Kühe verursachen z. T. erhebliche Ernteausfälle. Kühe konkurrieren an vielen Stellen mit den Menschen um Nahrungsmittel (auch wenn Harris das herunterspielt). Was ist der ökonomische Nutzen alter und schwacher Kühe? Optimaler wäre hier vermutlich eine differenziertere Regel statt eines vollständigen Rindfleischverbots. Doch mir geht es hier um Grundsätzlicheres. Selbst wenn Harris' Optimalitätsüberlegungen stimmen würden, woher wissen wir, dass es gerade diese positiven Folgen des Tabus sind, die zur Einführung des Tabus und auch zur Beibehaltung des Tabus führen? Warum sind nicht Erklärungen besser, die es auf kulturelle und religiöse Traditionen zurückführen? Selbst Befürworter des funktionalistischen Ansatzes wie Kincaid verlangen an dieser Stelle einen konkreten Hinweis darauf, welche Mechanismen hier am Werk sind, die dazu führen, dass die positiven Folgen des Tabus dieses Tabu herbeiführen. Allgemeiner sind sich Kritiker wie Befürworter des Ansatzes im Wesentlichen einig, wie die Struktur korrekter funktionalistischer Erklärungen auszusehen hat. Wenn wir funktionalistisch erklären wollen, warum eine bestimmte Norm oder Institution I in einer Gesellschaft G existiert (eingeführt wurde oder weiterbesteht), und dafür die Funktion F, die I in G hat, verantwortlich machen, dann haben wir das Folgende zu zeigen (vgl. Little 1991):

(FE) 1. I besteht in G.
2. I verursacht F in G (I hat G zur Folge).
3. I's Verursachen von F führt dazu, dass I (weiter-) besteht.

Dabei ist auch das „führt dazu" in (3) kausal zu verstehen und verlangt etwa das Aufzeigen eines Mechanismus, wie (2) selbst Dinge in Gang bringt, die I befördern. (FE) bietet uns die Struktur von funktionalen Erklärungen und zeigt damit allerdings auch die erheblichen Beweislas-

V.4 Funktionalistische Erklärungen

ten für den Funktionalisten auf. Die meisten Funktionalisten belegen zunächst, dass I in G gilt, und führen uns auch noch vor Augen, welche Folgen I hat. Doch das genügt eben nicht. Voltaires Kritik macht uns klar, dass nicht jede Folge von I seine Funktion sein kann. Wir müssen zeigen, *dass I gerade wegen dieser Folge F besteht*, um F als die Funktion von F zu erweisen. Diesen dritten Schritt „vergessen" die Funktionalisten gerne, denn er ist meist besonders schwer nachzuweisen. Das passierte auch Harris. Er konnte uns halbwegs erfolgreich belegen, dass das Rindfleisch-Tabu positive materielle Auswirkungen hat, aber er lässt uns völlig im Dunkeln, durch welche geheimnisvollen Mächte diese Auswirkungen zu dem Tabu geführt haben. Diese Zusammenhänge besser zu verstehen, ist jedoch das Ziel des Erklärens. Das kann nach unserer allgemeinen Vorstellung vom Funktionieren der Welt nur durch das Aufdecken bestimmter kausaler Zusammenhänge geschehen. So kommen wir dahin, dass auch für die funktionalen Erklärungen das Vorliegen von Kausalität die Grundvoraussetzung darstellt. Das wird uns schließlich wieder zurück zur Mikrofundierung bringen.

In der Biologie wurde die Bedingung (3) mit Hilfe der Evolutionstheorie erklärt (mit den dort auftretenden Schwierigkeiten). Die Auswirkungen F eines Merkmals I haben sich deshalb in einer Population durchgesetzt, weil die Auswirkungen F einen Fitnessvorteil darstellten, der zu einer vermehrten Fortpflanzung und damit größeren Verbreitung von I geführt hat. Lassen sich vielleicht ähnliche evolutionäre Mechanismen auch für soziale Merkmale angeben? Trotz zahlreicher Versuche, hier ähnliche Ideen ins Spiel zu bringen, sehe ich darin keine großen Erfolgschancen. Insbesondere sind die Analogien nicht sehr stark, weil das vor allem voraussetzen würde, dass auch die kausalen Mechanismen ähnlich sind.

Im Falle des Rindfleischtabus könnte man sich das vielleicht so vorstellen, dass verschiedene gesellschaftliche Gruppen mit unterschiedlichen sozialen Regeln gegeneinander konkurrierten und die Gruppe mit dem Rindfleischtabu sich irgendwie durchgesetzt hat (stärker vermehrt hat/wirtschaftlich überlegen war?). Das erscheint aber allzu weit hergeholt. Welche Konkurrenzgruppen waren das? Insbesondere fehlt dieser Geschichte auch der stabilisierende Mechanismus. Im Falle der biologischen Evolution sorgen die Gene dafür, dass die Organismen weiterhin das entsprechende Merkmal aufweisen. Im Falle der „sozialen Evolution" müssen das andere Mechanismen übernehmen – etwa die Religion. Sonst verstehen wir nicht, wieso die Menschen in der konkreten Hunger-Situation nicht doch ihre Kühe schlachten. Man spricht hier von den *distalen* (entfernten evolutionären) Erklärungen und den *proximalen* (genetisch-physiologischen Mechanismen) Erklärungen. Beides muss für funktionale Erklärungen vorliegen. Doch die Religion als proximaler Mechanismus entfaltet eine andere Eigendynamik als die

Gene, und auch die Frage, wie die langfristigen ökonomischen Vorteile des Rindfleischtabus zu ganz bestimmten religiösen Vorstellungen geführt haben, wird dann weiter zu verfolgen sein. Dafür böte sich wieder die Mikroebene an. Ohne diese weitergehende Aufklärung erklärt der Funktionalist das eine rätselhafte Tabu durch einen noch rätselhafteren Zusammenhang mit bestimmten ökonomischen Folgen des Tabus. Von einem Verstehen des Tabus kann jedenfalls noch keine Rede sein.

Doch wenn wir in den Sozialwissenschaften nur von einer vagen *Analogie* zur Evolution sprechen möchten, besitzt der Hinweis auf diese Analogie kaum noch Erklärungskraft und sollte zugunsten der simplen Angabe des Mechanismus (ohne Analogie) aufgegeben werden. Wie sieht ein anderer möglicher Mechanismus in solchen Fällen aus? Und welche können wir als kausale Zusammenhänge ausweisen? Hier kommen wir kaum um die Mikrofundierer herum, die uns darauf hinweisen, dass wir wieder auf die ursprünglichen Schwierigkeiten, makrosoziale Kausalbeziehungen zu ermitteln, zurückgeworfen werden. Der Mechanismus sollte letztlich unterfüttert werden durch Überlegungen über die beteiligten Individuen und ihre Handlungen.

Wenn wir in unserem New-Deal-Beispiel nicht einfach nur Roosevelt konkrete unlautere Absichten unterstellen und der Marxist trotzdem seine Erklärung aufrechterhalten möchte, so muss er uns erläutern, was da im Einzelnen vorgegangen ist. Wenn er erklären möchte, wie eine bestimmte Gesetzgebung oder Gestaltung von Institutionen zustande gekommen ist, dann genügt es nicht, darauf hinzuweisen, dass sie den Interessen der Besitzenden diente. Jede solche funktionalistische Erklärung wird erst durch eine geeignete Beschreibung der Mikropfade informativ.

Zunächst gibt es schon das Problem der Unterbestimmtheit. Hilft das Gesetz den Gewerkschaften, kann der Marxist sagen, dass es ein hilfreicher Schachzug der Besitzenden ist, um eine größere Unruhe unter den Arbeitern zu verhindern. Ist es gegen den Einfluss der Gewerkschaften gerichtet, dient es offensichtlich dem Aufrechterhalten der bestehenden Herrschaftsverhältnisse. Doch mit einer derart liberalen Herangehensweise gewinnen wir kaum tiefergehende Einsichten. Sie erinnert vielmehr an die voltaireschen Trivialisierungen. Spannend wird es erst, wenn wir die tatsächlichen Mechanismen verstehen, wie die Beeinflussung der Gesetzgebung vor sich geht. Wie schaffen es manche „Kapitalisten", etwa über ihren Einfluss auf bestimmte Medien, die öffentliche Meinung oder Ideologie zu bestimmen bzw. zu verändern? Wie gewinnen sie durch Finanzierung von Parteien oder Abgeordneten Einfluss oder bringen über ihre Verbände und Lobbyisten sogar Vorschläge für Gesetzestexte ein, die dann umgesetzt werden? Eine gute Erklärung sollte möglichst viele von diesen Pfaden konkret (mit Namen) ausweisen, auf denen der Einfluss tatsächlich zum Tragen kam. Die

V.4 Funktionalistische Erklärungen

Forderung nach Mikrofundierung erweist sich eigentlich als ziemlich selbstverständlich und liefe in diesem Beispiel darauf hinaus, eine einfache rationale Erklärung zu finden, nach der Menschen mit konkreten Interessen nach Wegen suchen, diese möglichst gut umzusetzen.

Wie versuchen dagegen Befürworter einer rein makrosozialen funktionalistischen Erklärung wie Kincaid damit umzugehen? Nach der Analyse zweier missglückter Versuche funktionalistischen Erklärens gibt Kincaid (1996) auch zwei seiner Meinung nach positive Beispiele für funktionalistische Erklärungen an. Eines stammt aus der Organisationsökologie von Hannan und Freeman (1989). Die beiden Autoren wenden Konzepte aus der Ökologie auf das „Überleben" von Organisationen an (Autofirmen, Bekleidungshersteller, Regierungsorganisationen, Automobilclubs, Zeitungen etc.). Warum können manche bestehen, während andere eingehen? Organisationen kämpfen gegeneinander um Gelder (Zuschüsse, Spenden etc.), um Mitarbeiter oder Mitglieder, um Kunden, Ansehen oder andere Ressourcen. Wodurch lässt sich erklären, dass einige (Typen von Organisationen) dabei erfolgreich sind und andere nicht? Die ökologische Makrobeschreibung der beiden Soziologen führt das im Wesentlichen auf den besseren Zuschnitt der Organisationen im Hinblick auf ihre jeweilige Umwelt zurück. Grob gesagt sind die „Spezialisten" besser geeignet, in einer stabilen Umwelt zu bestehen, während die „Generalisten" erfolgreicher sind in sich schnell verändernden Umgebungen mit nicht zu kleinen Veränderungen. Den genauen Beschreibungen der Mechanismen des Konkurrenzkampfes in bestimmten Nischen (z. B. des Marktes) können wir hier nicht nachgehen, aber sie sind zumindest auf einer mittleren Ebene und nicht der Mikroebene angesiedelt und stellen damit eine Herausforderung für die Mikrofundierungsthese dar.

Wie begründen Hannan und Freeman nun, dass sie die richtigen bzw. relevanten Faktoren gefunden haben? Sie werten vor allem Studien über Halbleiterfirmen und über 1000 Restaurants statistisch aus. Dabei kontrollieren sie einige mögliche konfundierende Faktoren und belegen damit den Zusammenhang zwischen den spezialistischen Strategien (das bedeutet hier etwa: ein kleines Angebot an unterschiedlichen Waren) und dem Erfolg in stabilen Märkten und dem entsprechenden Zusammenhang von generalistischen Strategien in sich verändernden Märkten. Kincaid (1996: 136 ff.) verteidigt diese Vorgehensweise außerdem gegen die Forderungen der Mikrofundierer. Dazu bringt er eine Reihe von Einwänden gegen die MF-These vor, die wir uns der Reihe nach anschauen wollen.

Zunächst sei die Forderung nach Mechanismen vage, weil unklar sei, was ein Mechanismus ist. Das ist sicher richtig, aber noch kein sehr starkes Argument. Tatsächlich liefern uns Hannan und Freeman selbst einen Mechanismus, nämlich den Auslesemechanismus durch die Konkurrenzsituation auf den Märkten, der eine kausale Erklärung für das Vorliegen ganz bestimmter Organisationen darstellt. Dieser Mechanismus ist zwar nicht auf der Mikroebene angesiedelt, aber wir verfügen über gewisse Vorstellungen von einem solchen Mechanismus und wissen außerdem, wie er sich etwa durch die Analyse der Entscheidungssituationen typischer Konsumenten weiter ausbuchstabieren ließe. Die Forderung der Mikrofundierer wird zwar nicht erfüllt, scheint aber durch naheliegende Ergänzungen erfüllbar zu sein. Davon müssen wir im Folgenden absehen, wenn wir es als echtes Gegenbeispiel gegen (MF) betrachten wollen.

Kincaid meint zu Recht, dass wir kausale Behauptungen nicht nur durch Experimente belegen können, sondern auch durch Studien, in denen man die Daten auf konfundierende Faktoren hin auswertet. Wie stark die Begründungen im konkreten Fall sind, könnte nur eine weitere Debatte der Details und möglicher nicht kontrollierter Faktoren bzw. konkurrierender Erklärungen entscheiden. Derartige Konkurrenzerklärungen lassen sich im konkreten Fall meist finden und die Frage bleibt zu stellen, ob die vorliegenden reinen Beobachtungsdaten in solchen Fällen ausreichen, hier eine Entscheidung herbeizuführen. Das kann niemand definitiv ausschließen, aber zumindest bleibt das grundsätzliche Problem, dass wir in derartigen Fällen keine harten Daten für eine Kausalbeziehung aufgrund kontrollierter Intervention erhalten.

Wir verfügen nicht über prinzipielle Gründe gegen Makroerklärungen, sondern nur über erkenntnistheoretische Bedenken. Die werden in diesem Beispiel nicht ganz ausgeräumt und Kincaid gibt zu, dass weitergehende Erklärungen der Details sicher hilfreich wären. Das Beispiel der funktionalistischen Erklärungen in der Biologie zeigt zudem, auf wie viele zusätzliche Annahmen wir uns in Fällen von derartigen Optimalitätserklärungen stützen müssen. Ob die MF-These schließlich die Oberhand behält, ist eine empirische Frage über die Entwicklung in den Sozialwissenschaften, die nach einer weitergehenden Bewertung anderer solcher Beispiele verlangt. Das kann ich hier nicht weiterverfolgen, aber wir können wenigstens auf bestimmte Aspekte dieser Debatte hinweisen.

Kincaid hält die MF-Forderung deshalb für unsinnig, weil man sich dann auch der Forderung nach einer weitergehenden Mikrofundierung nicht mehr entziehen könne. Man müsse so gleich zu einer quantenmechanischen Beschreibungsebene übergehen. Doch die MF-Forderung wird „nur" erkenntnistheoretisch begründet. Man verlangt nur nach einer Ebene, auf der man auch einen geeigneten und insbesondere experimentellen Zugang zu Kausalbehauptungen hat. Das ist bereits auf der Ebene der Individuen einer Gesellschaft der Fall (dazu später mehr). Damit lässt sich ein angeblich drohender Regress zurückweisen.

Unsere grundsätzliche Vorstellung vom Erklären findet sich jedenfalls in all diesen Beispielen aus den Sozialwissenschaften wieder. Hannan und Freeman belegen, dass es innere dispositionale Eigenschaften von Organisationen sind (etwa ihre „Strategie" und innere Struktur und Größe), die sich unter geeigneten Bedingungen in bestimmten Wirkungen manifestieren. Eine Besonderheit ist nur, dass diese Eigenschaften auch bestimmen, welche Organisationen überhaupt überleben und welche eingehen. Das hat erkennbar eine große Vereinheitlichungskraft, aber hat es empirischen Gehalt? Was wird genau ausgeschlossen? Dazu müssten wir uns mit den Details dieser Theorien beschäftigen. Grob gesagt wird jedenfalls ausgeschlossen, dass Firmen mit wenigen Spezialprodukten in einer Nische des Marktes überleben, in der es eine hohe Firmendichte und grundlegenden Wandel gibt. Sehr stark ist der empirische Gehalt sicher nicht, aber es könnte natürlich weitere *Spezialisierungen* der Theorie geben, mit deren Hilfe sich der Gehalt der Theorie vergrößern ließe, wie wir das in ähnlicher Weise für physikalische Theorien finden. Die Konzeption von J. Miller McPherson (s. Turner 1998: 117) könnte schon ein solches Beispiel sein. Kincaid dürfte jedenfalls zumindest zustimmen, dass die meisten de facto vorgeschlagenen funktionalistischen Erklärungen in den Sozialwissenschaften die hohen Begründungsanforderungen an diese recht komplexe Erklärungsform nicht erfüllen können, und in solchen Beispielen eine Forderung nach der Angabe eines relevanten Mechanismus, um die Forderung (3) von (FE) nachzuweisen, sehr überzeugend ist.

V.5 Erklärungsansätze und Fortschritte auf der Mikroebene

Die Mikrofundierer sollten allerdings eine Antwort auf die Frage geben, welche Erklärungsformen bzw. Mechanismen wir auf der Mikroebene finden, die die Mühen einer Reduktion tatsächlich lohnen. Sehen wir dort schlecht aus, was die Theorien und die Datenlage angeht, dürfte die MF-These schnell wieder vom Tisch sein. Die Antworten der Mikrofundierer sind leider oft nicht sehr zufriedenstellend. Little scheint sich im Wesentlichen auf die rationale Entscheidungstheorie stützen zu wollen. Die kann aber kaum mehr überzeugen (vgl. V.3). Die empirischen Ansätze, die aus der Psychologie kommen, haben oft einen recht lokalen Charakter. Elsters (1998) Mechanismen greifen diese lokalen Ansätze auf. Gibt es darüber hinausgehende Theorien, die trotzdem eine gute Anbindung an die Empirie und kontrollierte Experimente zeigen? Dazu möchte ich auf einige z.T. vielversprechende Entwicklungen kurz zu sprechen kommen, die eine MF-These unterstützen können.

Eine klassische Debatte in den Sozialwissenschaften ist die um „Nature" versus „Nurture". Was ist grundlegender? Wird unser Verhalten eher von unseren Genen bestimmt oder eher von unserer Kultur? Diese Debatte kann ich natürlich hier nicht aufklären oder weiterführen, aber wir können einige Ansätze kurz ansprechen, die in den Sozialwissenschaften diskutiert werden. Innerhalb der Psychologie sind evolutionäre Überlegungen und Erklärungen inzwischen durchaus salonfähig, während die Soziobiologie noch immer darunter zu leiden hat, dass ihre ersten Vertreter wohl zu forsch zu Werke gegangen sind und behaupteten, dass bestimmte Verhaltensweisen und sogar soziale Normen direkt von den Genen vorgegeben würden. Heute formulieren Vertreter des evolutionären Ansatzes ihre Position deutlich vorsichtiger. Die Gene bestimmen demnach einige kognitive Mechanismen und grundlegende Fähigkeiten des Menschen. Was in bestimmten Umgebungen und Gesellschaften daraus wird, ist dadurch noch nicht festgelegt, hat aber durchaus Einfluss darauf (vgl. Müsseler/Prinz 2002: Kap. 5c; Pinker 2003).

Typische Anwendungsgebiete der evolutionären Ansätze sind etwa: die Entstehung von egoistischen Verhaltensweisen, aber auch von Kooperation bzw. altruistischem Verhalten. Das ist normalerweise ein schwieriges Problem für evolutionäre Ansätze, da es über die klassischen rationalen Handlungserklärungen hinausgeht. Subjekte der evolutionären Analyse sind zunächst die Gene, die sich möglichst umfassend zu verbreiten „suchen". Gute Replikationsvehikel sind dazu so konstruiert, dass sie vor allem an ihr Wohlergehen „denken" und ansonsten danach trachten, sich möglichst vielfach und insbesondere so fortzupflanzen, dass die Kinder ebenfalls gute Replikationsvehikel darstellen, also selbst überleben. Das macht schon deutlich, wo Ausnahmen zu egoistischem Verhalten zu erwarten sind und wo eher nicht. Wenn es um enge Verwandte geht, sind wir demnach zu Hilfsbereitschaft bereit, da sie zum Teil unsere Gene enthalten.

Das zeigen viele empirische Ergebnisse (vgl. Pinker 2003: 355 ff.), wonach wir deutlich schwerer zu motivieren sind, unseren Altruismus auf Nicht-Verwandte zu übertragen. Versuche, eine größere Solidarität und Gemeinsamkeit herzustellen, verwenden daher gerne den Gedanken der „großen Familie" oder sprechen vom „Vaterland", um an diese grundlegenden Mechanismen anzuknüpfen.

Jedenfalls scheint es einige ziemlich universelle Verhaltensweisen von Menschen zu geben, die sich gut evolutionär erklären lassen. Das geht hin bis zu Normen wie dem Inzesttabu, aber die evolutionären Einflüsse sind ebenso deutlich in der Partnerwahl und in der Ausgestaltung unserer Gefühle bis hin zu deren physiologischen Grundlagen wiederzufinden. Unsere Emotionen sind klassische Mechanismen, die das menschliche Verhalten schon lange mitbestimmen, und

V.5 Erklärungsansätze und Fortschritte auf der Mikroebene 169

sie erfüllen viele naheliegende Funktionen. Angst kann sehr schnelle Fluchtreaktionen oder Aggressionen auslösen, und das sind sicherlich sinnvolle Verhaltensweisen für den Steppenmenschen, der sich gefährlichen Raubtieren gegenübersieht. Auch andere heute eher schädlich wirkende menschliche Tendenzen, wie die, leicht in Wut zu geraten und gewalttätig zu werden, haben durchaus evolutionär wichtige Funktionen und dienten sogar dem Aufrechterhalten der Kooperation (vgl. Pinker 1998: Kap. 6). Heute führen sie leider immer wieder dazu, dass Menschen sich bei Streitigkeiten (selbst um einen Parkplatz) schließlich töten. Außerdem führen einige dieser Tendenzen dann, wenn Menschen nicht mehr eingebunden in eine funktionierende Zivilisation sind (etwa im Krieg), manchmal zu beliebig grausamen Gewalttakten. Wir reagieren darauf eher mit Bestürzung oder Befremden und nehmen an, dass es sich um Kranke oder Monster handelt. Tatsächlich erweisen sich die meisten Täter bei genauerer Betrachtung als Menschen wie du und ich, die sich nur in einer in manchen Hinsichten extremen Situation befinden. Niemand scheint dagegen gefeit, dass solche grundlegenden Mechanismen in der geeigneten Situation zu entsprechend unzivilisiertem Verhalten führen, was uns deutlich vor Augen führen sollte, dass hier noch archaische Verhaltensmuster schlummern.

Zwischen den „Nature" und den „Nurture" Positionen finden sich die Materialisten, die behaupten, es seien zumindest die grundlegenden materiellen Verhältnisse der Menschen und ihre Arbeitsbedingungen (oder Produktionsverhältnisse), die ihr Verhalten und ihren Geist bestimmen. Die marxistischen Ansätze betonen dazu den Konflikt zwischen zwei Klassen, nämlich zwischen denjenigen, die die Produktionsmittel besitzen, und denjenigen, die nur ihre Arbeitskraft einbringen können. Man wird sicher zugeben müssen, dass dieser Ansatz einige Pluspunkte aufzuweisen hat. Das belegen viele Beispiele, die Little (1998) analysiert, aber es kann dennoch kaum die Rede davon sein, dass das „Sein das Bewusstsein" bestimmt.

Für eine starke Determinationsthese wären jedenfalls sehr viele stärkere Belege zu erbringen. Man müsste nachzeichnen, wie sich alle kulturellen Entwicklungen auf die materielle Basis und speziell auf die Klassenkonflikte zurückführen lassen, ohne dabei ein echtes Eigenleben zu entwickeln. Doch etwa Religionen und die daraus resultierenden Konflikte scheinen typische Beispiele dafür zu sein, dass sich Entwicklungen nicht nur als ideologische Tricks von Unternehmern erklären lassen, die damit ihre Position als herrschende Klasse absichern wollen, denn dazu sind die Risiken etwa in einem Krieg auch die Produktionsmittel zu verlieren, häufig viel zu hoch, obwohl es natürlich immer einige Kriegsgewinnler gibt. Der Mensch entfernt sich in seiner Kultur schließlich weit von der Absicherung seiner Basisbedürfnisse, und es entsteht auch im Überbau eine Eigendynamik, die einer eigenständigen Erforschung bedarf.

Die Ansätze der evolutionären Psychologie bzw. der Soziobiologie bieten m. E. interessante Perspektiven für ein Zusammenbinden lokaler Hypothesen in einen größeren Rahmen, aber wie weit sie wirklich tragen, wird erst die Zukunft zeigen. Auch materialistische Ansätze starten mit sehr plausiblen Grundannahmen und versprechen somit wichtige Einsichten in die speziellen Motivlagen der Akteure in bestimmten ökonomischen Situationen.

Selbst in der Ökonomie, die bisher fast ausschließlich auf die rationale Entscheidungs- oder Spieltheorie gesetzt hat, die selbst als umfassender Rahmen auftrat, sind inzwischen einige Ansätze für ebenfalls etwas umfangreichere Handlungskonzeptionen erkennbar, die sich primär an empirischen Resultaten orientieren. Aufbauend auf dem Ultimatumspiel und unterschiedlichen Kooperationsspielen hat sich gezeigt, dass Menschen unter bestimmten Bedingungen zu Kooperation und zur Beteiligung an der Schaffung öffentlicher Güter tendieren. Allerdings folgen sie eben nur einer entsprechenden *bedingten* Norm, deren Bedingung lautet, dass auch die anderen Mitglieder der Gruppe sich daran halten.

Im Ultimatumspiel geht es in der Grundversion darum, dass ein bestimmter Geldbetrag (z. B. 10 Euro) vom Spieler 1 in zwei Beträge aufgeteilt werden kann (etwa 6 für sich zu 4 Euro für Spieler 2), und der Spieler 2 anschließend entscheiden muss, ob das Geld tatsächlich so ausgezahlt wird oder schlicht verfällt. Nach orthodoxer Spieltheorie könnte Spieler 1 seine Stellung dazu ausnutzen, eine 9 zu 1 oder noch extremere Aufteilungen vorzuschlagen und Spieler 2 müsste eigentlich akzeptieren, solange er immer noch einen kleinen Gewinn macht. Für ihn stellt sich die Situation schließlich so dar, dass er nur die Wahl hat, zwischen kein Geld erhalten oder wenigstens einen kleinen Betrag bekommen. Doch in der Wirklichkeit sieht die Lage ganz anders aus. Bleiben Spieler 2 weniger als 25% des Betrages, besteht nur eine geringe Chance, dass er zustimmt. Eine entsprechende Abweichung von den Vorhersagen der Spieltheorie hat sich als sehr stabil erwiesen. Das Experiment wurde in vielen Ländern mit sehr unterschiedlichen Kulturen (auch rückständigen Stämmen) und bis zum Dreifachen des Monatseinkommens durchgeführt und zeigte immer wieder analoge Resultate. Die genaue Höhe der vorgeschlagenen Aufteilungen war allerdings von regionalen Sitten abhängig. So gab es Stämme mit einer ausgefeilten Institution des sich Beschenkens, in denen dem Spieler 2 mehr als 50% zuerkannt wurden. Eine Halbe-halbe-Aufteilung war auch sehr oft zu finden.

Das Spiel wurde daneben in vielen Variationen gespielt, etwa mit mehreren Runden. Es geht dann schon in Richtung von *Kooperations-*

spielen. In solchen Spielen werden die Mitspieler (eine größere Gruppe) vor die Wahl gestellt, etwas zu einem öffentlichen Gut beizusteuern oder es zu lassen. Sie können z. B. einen Teil ihres Spielvermögens in einen Gemeinschaftstopf einzahlen und der wird vom Spielleiter zum Schluss noch einmal um 2/3 aufgestockt und danach gleichmäßig an alle verteilt. Damit ergibt sich die für öffentliche Güter typische Situation: Alle profitieren davon, aber am meisten profitieren diejenigen „free rider", die selbst nicht einzahlen, obwohl möglichst alle anderen einzahlen. Es zeigte sich (vgl. Fehr et al. 2002/3/4/5), dass Menschen typischerweise zunächst bereit sind zu kooperieren, die Kooperations- und Einzahlungsbereitschaft allerdings schnell abnimmt und schließlich auf Null sinkt, sobald die Spieler bemerken, dass es einige „free rider" gibt, die versuchen, sich auf ihre Kosten zu bereichern. Fehr und seine Kooperationspartner sprechen deshalb von einer *Norm der bedingten Kooperation*, wonach wir so lange kooperieren sollten, d. h. hier zum öffentlichen Gut beitragen sollten, solange wie die anderen Teilnehmer auch praktisch alle beitragen.

Dabei kommt den Sanktionsmöglichkeiten eine besondere Bedeutung zu. Gibt es funktionierende Sanktionsverfahren, steigt sogleich die Kooperationsbereitschaft, weil man erwartet, dass wieder alle mitmachen. Dafür sind die Teilnehmer zum altruistischen Bestrafen bereit, d. h., sie opfern etwa im Ultimatum-Spiel eigenes Geld, um Leute zu bestrafen, die anderen gegenüber nicht kooperiert haben, selbst wenn sie keine eigenen Spiele mit den Bestraften erwarten. Sie haben also selbst keine Vorteile von ihren Bestrafungen.

Interessant sind vor allem die Ergebnisse des Experiments von Gürerk et al. (2006), in denen die Teilnehmer 30 Runden in einem Kooperationsspiel absolvierten und jedes Mal wählen konnten, ob sie in einem mit Sanktionsmöglichkeiten teilnehmen oder in einem ohne. Obwohl in der ersten Runde nur etwa ein Drittel der Teilnehmer die erste Möglichkeit wählte, stabilisierte sich der Anteil derjenigen, die das Spiel mit Sanktionen wählten, zum Ende hin (etwa ab Runde 17) bei über 90% der Teilnehmer.

Das zeigt zunächst eine gewisse Fehleinschätzung der eigenen Präferenzen oder auch des Verhaltens der anderen Mitspieler in einem Spiel ohne Sanktionen. Es erklärt womöglich, warum Politiker so zögerlich darin sind, bestimmte Regeln in Form von sanktionsbewehrten Gesetzen durchzusetzen. Ihre Wähler schätzen vorgesehene Sanktionen zunächst nicht positiv ein. In dem Spiel sorgt erst die Migrationsmöglichkeit in andere Systeme langsam dafür, dass die Defektierer zunehmend unter sich bleiben und deren Welt dadurch zunehmend unattraktiver wird. In der realen Welt bestehen diese Wahlmöglichkeiten im Normalfall nicht, und wir leben immer in „Mischspielen", so dass keine klaren Vergleiche stattfinden können, die uns vor Fehleinschätzungen bewahren könnten. Jedenfalls liegen in diesem Bereich einige ermutigende experimentelle Resultate vor, die stabil in eine ähnliche Richtung weisen und als Grundlage weiterer Theoriebildung für die Sozialwissenschaften dienen können.

Ob diese Ergebnisse allerdings als gute Hinweise dafür gelten dürfen, dass unsere Institutionen durch eine Art von kultureller *Evolution* zu erklären sind (vgl. Henrich 2006), scheint mir weiterhin fraglich, denn bekanntlich verfügen wir im wirklichen Leben nicht über so einfache und gute Möglichkeiten der Migration in andere Gesellschaften. Doch zumindest belegen diese Arbeiten, wie wir Fortschritte im Verständnis sozialer Prozesse und des Entstehens von Kooperation sowie altruistischen Verhaltens auf der Mikroebene erreichen können. Wir sind weder einfach rationale Entscheider noch einfach Kooperierer, sondern verfolgen komplexere Strategien. Auf der Mikroebene sind hilfreiche Experimente dazu durchführbar, wie diese genauer beschaffen sind, wodurch die These der Mikrofundierung Unterstützung erhält. Allerdings bleiben noch viele Fragen offen, und wir sehen nur den Startpunkt einer möglichen Entwicklung. In vielen Fällen wird auch der Schritt zur Mikroebene bisher kaum die Unterbestimmtheit auflösen können, der wir überall in den Sozialwissenschaften begegnen. Das zeigt sich u.a. dann, wenn wir Vorhersagen geben möchten.

V.6 Die Überlagerung von Mustern

Es wird ganz zu Recht darauf hingewiesen, dass die Komplexität und Vielfalt der kausalen Faktoren in den Sozialwissenschaften bisher größeren Fortschritten im Wege steht. Das lässt sich in dem hier vertretenen Ansatz nachzeichnen, denn selbst wenn ein nomisches Muster instantiiert wurde, muss deshalb noch keine entsprechende Regularität auftreten. Das Muster wird dann nicht leicht aufzudecken sein. Das Problem kennen wir aus den Naturwissenschaften. Normalerweise wirken viele unterschiedliche Kräfte auf einen Körper ein, weshalb es schwer fällt, den genauen Beitrag der Gravitationskraft der Erde auszumachen. Aber es gelingt uns dort, im Experiment einzelne Kräfte approximativ zu isolieren (etwa die Luftreibung durch ein Experiment im Vakuum zu vermeiden), und außerdem verfügen wir über gute Theorien darüber, wie sich die Kräfte aufaddieren. Derartige Experimente sind in den Sozialwissenschaften nur selten möglich, und die Überlagerung von Mustern erschwert es erheblich zu bestimmen, ob sie instantiiert wurden.

Das möchte ich noch einmal an einem einfachen Beispiel erläutern. Nehmen wir an, jemand behauptet, dass Steuersenkungen eines be-

V.6 Die Überlagerung von Mustern

stimmten Typs X (Senkung von Unternehmenssteuern, Einkommenssteuern oder anderen) zu einem wirtschaftlichen Aufschwung etwa aufgrund erhöhter Investitionstätigkeit der Unternehmer oder aufgrund der verbesserten Kaufkraft der Konsumenten führen und damit letztlich eine Verringerung der Arbeitslosenquote Y bewirken.

> G: Steuersenkungen X bewirken eine (nennenswerte) Verringerung der Arbeitslosigkeit.

Eine solche Generalisierung G lässt sich am besten belegen, indem man zeigt, dass konkrete Steuersenkungen x vom Typ X gerade diesen Effekt y hatten. Doch wie will man das belegen? Nehmen wir an, es wurde eine solche Steuersenkung x zu t durchgeführt und im Laufe des nächsten Jahres sind die Arbeitslosenzahlen von 5 Millionen auf 4,7 Millionen zurückgegangen. Im Normalfall sind viele andere Dinge im relevanten Zeitraum von vielleicht 2 Jahren passiert. Es gab neue Tarifabschlüsse, neue Entwicklungen an den internationalen Märkten, politische Entwicklungen in anderen Ländern, in die Unternehmer gerne Arbeitsplätze verlagern, oder auch nur Änderungen in den Wahrnehmungen bestimmter Entwicklungen, die vermutlich alle einen gewissen Einfluss auf die Arbeitslosenzahlen hatten. Die regelmäßigen Klagen bestimmter Kreise über die schlechten Aussichten oder die positiven Beschwörungen der wirtschaftlichen Entwicklung können selbst schon entscheidenden Einfluss auf die Entwicklung nehmen. Man kann annehmen, dass es sich bei wirtschaftlichen Entwicklungen zu einem guten Teil um Psychologie handelt, denn Investitionen der Unternehmen und der Konsumenten sind immer auch geprägt von deren Erwartungen, was ihnen die Zukunft bringen wird.

Unsere Behauptung ist nun, dass x einer der *wichtigsten* Faktoren dabei war. G würde sogar eher geschwächt, wenn von den 300 000 Arbeitslosen weniger nur 10 000 auf das Konto von x gingen. Man müsste also eigentlich eine Art von Quantifizierung hinzufügen, um unsere Behauptung überhaupt gehaltvoll zu gestalten. Etwa der Art:

> (d) Die Steuersenkung x war (kausal) für mindestens 100 000 der 300 000 weniger Arbeitslose verantwortlich.

Was meint man mit d? Das lässt sich vermutlich am besten mit einem kontrafaktischen Konditional einfangen:

> (kd) Ohne die Steuersenkung x bei ansonsten gleichen Umständen wäre die Arbeitslosenzahl im selben Zeitraum höchstens um 200 000 zurückgegangen.

Doch kd zeigt wiederum die erkenntnistheoretischen Probleme, die uns hier erwarten. Aussagen des Typs kd ließen sich am besten durch Experimente überprüfen, in denen wir in derselben Situation nun die Steuersenkung unterließen. Doch dieselbe Situation ist nicht wieder realisierbar und das Experiment würde kaum viel Beifall finden.

Die Schwierigkeiten werden noch größer, wenn wir berücksichtigen, dass wir weiterhin mögliche negative Faktoren kontrollieren müssen. Selbst bei einer Zunahme der Arbeitslosenzahlen könnte G wahr sein. G behauptet genau genommen nur, dass sie ohne x noch erheblich größer ausgefallen wäre. Man könnte sagen, die Arbeitslosenzahlen (AZ) wären ohne x einfach um mindestens 100 000 größer als mit x bei sonst gleichen Bedingungen s. Also:

AZ (ohne -x und s) − AZ (mit -x und s) > 100 000.

Damit es sich dabei nicht nur um eine ganz spezielle und nicht weiter übertragbare Zufälligkeit handelt, sondern tatsächlich G eine brauchbare Generalisierung mit Erklärungskraft (und einem Beitrag zum Verstehen) darstellt, muss etwas Entsprechendes für viele Situationen s aus einer größeren Menge S gelten:

G': $\forall s \in S$: AZ (ohne -x und s) − AZ (mit -x und s) = größere Zahl

Betrachten wir G außerdem als probabilistische Behauptung, sieht die Lage noch schlechter aus. Wir müssen zunächst hinzufügen, dass es für alle diese s eine größere Zahl mit einer gewissen Wahrscheinlichkeit gibt. Wir erhalten so komplexere, teilweise quantitative, kausale Modelle, die sich direkt allerdings nur anhand einer größeren Menge von Anwendungsbeispielen testen lassen, etwa mit einer Versuchsgruppe und einer Kontrollgruppe und das womöglich jeweils für viele Situationen s. Das ist praktisch nicht möglich. Wir sind also auf sehr indirekte Hinweise für derartige Behauptungen angewiesen. Außerdem sind wir auf (quantitative) Einschätzungen der Effektgrößen angewiesen, um unsere Behauptung überhaupt sinnvoll formulieren zu können.[16]

Auf ein spezielles Problem möchte ich dabei noch hinweisen. Selbst wenn wir hinterher wüssten, dass die kommende Mehrwertsteuererhöhung um drei Prozent (m3) die Ursache für eine bestimmte Konjunkturabschwächung (ka) war, verfügten wir noch nicht über eine Erklärung für ka, denn wir wüssten noch nicht, welches Muster in diesem Fall vorlag. Mindestens zwei Muster kommen hier in Frage, die ich nur skizziere: (1) m3 verringerte die Kaufkraft der Konsumenten in vielen Fällen so stark, dass diese gezielte Konsumzurückhaltung übten. (2) Die immer wieder vorgetragenen Szenarien von einem Konjunktureinbruch aufgrund der Mehrwertsteuererhöhung verunsicherten die Verbraucher so sehr, dass sie ihre Sparquote erhöhten und von weiteren Anschaffungen zunächst Abstand nahmen. In beiden Fällen (wie auch immer sie genau ausgestaltet werden) war m3 die Ursache für ka, aber auf unterschiedlichen kausalen Wegen (bzw. es waren unterschiedliche kausale Mechanismen am Werk). Wir erhalten jeweils ganz verschiedene Erklärungen für ka und auch andere Interventionsmöglichkeiten für das Verhindern von Konjunkturabschwächungen. Das ist ein weiteres Beispiel für die These, dass es für ein Erklären nicht genügt, Ursachen anzugeben, sondern wir außerdem darauf angewiesen sind, die instantiierten Muster oder Mechanismen anzugeben. Das belegt außerdem, wie wichtig die Kontrolle bestimmter Faktoren in einem Experiment wäre, um die richtige Erklärung zu ermitteln. Und es zeigt weiterhin, wie unmöglich in unserer Gesellschaft ein derartiges Experiment wäre. Schon der simple Punkt, dass keine demokratische Regierung alle öffentliche Kritik an ihren Maßnahmen untersagen kann, verhindert ein solches Experiment.

An dieser Stelle müssen wir wiederum auf die Mikrofundierung Bezug nehmen. Auf der Mikroebene könnten wir zumindest im Prinzip schon eine Reihe kontrollierter Experimente vornehmen und daher am ehesten Aussagen des Typs kd begründen oder durch Befragungen ermitteln, ob Mechanismus (1) oder (2) am Werk war. Tatsächlich sind wir jedoch auch auf der Mikroebene in diesen Fällen weit davon entfernt, über die erforderlichen Daten zu verfügen. Daher kommen wir auch hier nicht weiter. Die Situation stellt sich vermutlich für alle Beteiligten als eine Überlagerung verschiedener Muster dar, deren Effektgrößen wir nicht einschätzen können. Welcher Konsument wird schon genau sagen können, ob die tatsächlichen Preiserhöhungen oder die Propaganda der Kritiker den größeren Einfluss auf sein Kaufverhalten hatte? Experimente dazu im Kleinen sind wenigstens denkbar, unterliegen aber ebenfalls den Problemen der Abschirmung oder Kontrolle konfundierender Faktoren.

Ein anderer Bereich, der aufgrund seiner besonderen Bedeutung immer wieder mathematisch ausgewertet wurde, zeigt das sehr deutlich. So versuchen wir aus naheliegenden Gründen, Börsenentwicklungen zu erklären, um sie vorhersagen zu können. Da gibt es zum einen die sogenannten Fundamentalisten, die sich auf die fundamentalen Daten der Unternehmen und der Märkte, in denen sie tätig sind, konzentrieren. Man könnte sagen, das seien die ganz normalen Versuche, intentionale Erklärungen in den Sozialwissenschaften zu entwickeln oder einfache Extrapolationen davon zu betreiben. Dabei werden zur Analyse der Anreizstruktur der Anleger etwa der Geschäftsklima-Index, die Dividendenrendite und das Kurs-Gewinn-Verhältnis der Firmen betrachtet. Leider sind die Erfolge dieser Vorhersagemethoden nicht größer als die anderswo in den Sozialwissenschaften.

Einen etwas anderen Weg gehen die Chartisten. Sie glauben, dass alle relevanten Informationen jeweils schon Eingang gefunden haben in die Kurse der Aktien und man daher aus einer genauen Beobachtung dieser Kurse Vorhersagen treffen kann. Auch sie suchen nach Mustern (Trendlinien, Widerstandslinien, gleitenden Durchschnitten etc.), die in diesem Fall bestimmte Dispositionen der Anleger aufdecken sollen.

Anders als in der Fundamentalanalyse, in der man versucht, die Überlegungen und Handlungen einzelner Anleger anhand der Informationen zu rekonstruieren und dann vorherzusagen, bemüht sich die Chartanalyse darum, Trends innerhalb der ganzen Gemeinschaft der Anleger aufzuspüren, mit alten Mustern zu vergleichen und zu extrapolieren. Wie man beobachten konnte, gab es zwar einige stabile Muster, aber eben doch kaum spannende Muster, mit denen sich längere Entwicklungslinien vorhersagen ließen.

Wenn es um Erklärungen für Haussen oder Baissen geht, finden sich daher typische post-hoc-Erklärungen von fundamentalistischer Art. Typische sehr „kleine" Muster, die dabei häufiger genannt werden, sind etwa:

(a) Kündigt Firma X Maßnahmen für Einsparungen an (Rationalisierungsmaßnahmen oder Stellenstreichungen bzw. Mitarbeiterentlassungen, Verlagerung von Produktionszweigen ins billigere Ausland etc.), so steigt ihr Aktienkurs.
(b) Steigt der Preis für bestimmte Rohstoffe wie Rohöl, fällt der Kurs in bestimmten Branchen, die darauf angewiesen sind, wie etwa Fluggesellschaften und Touristikunternehmen.
(c) Fällt der Kurs des Euro, so steigt der Kurs der exportorientierten Unternehmen in Euroland.
(d) Veröffentlicht ein Unternehmen aus einer klar definierten Branche (Halbleiterproduktion, Medikamente etc.) unerwartet schlechte Daten oder Prognosen, so sinkt deren Kurs, aber auch der Kurs der anderen Firmen in derselben Sparte. etc.

Es kam jedoch immer wieder vor, dass der Kurs einer Firma sinkt, trotz ihrer Ankündigung umfangreicher Stellenkürzungen. Börsianer „erklären" das hinterher damit, dass andere Mechanismen überwogen haben: die Befürchtung vor staatlichen Auflagen für diese Branche, die Befürchtung vor der zunehmenden Kaufzurückhaltung der Deutschen, Mitnahmeeffekte und anderes. Hier sind der Phantasie keine Grenzen gesetzt.

Sind das wirklich „Erklärungen"? Kritiker würden sicher einwenden, dass diese Erklärungsverfahren praktisch keine Vorhersagekraft aufweisen, sondern wir es wieder mit der Alles-Erklärer-Strategie zu tun haben. Ein wirkliches Verständnis dessen, was dort passiert ist, stellt sich dadurch nicht ein. Die Erläuterungen wirken rein post-hoc. Man findet hinterher immer irgendeine Geschichte, was der Grund für diese Entwicklung gewesen sein könnte, es gibt aber kaum Anhaltspunkte dafür, welche korrekt ist und welche eben nur eine nette Geschichte darstellt. Es scheint keine methodologischen Grenzen gegen völlige Beliebigkeit zu geben.

Selbst auf der Mikroebene tun wir uns allerdings schwer. Individuelle Kaufentscheidungen hängen vor allem davon ab, ob wir annehmen, dass die anderen Börsenteilnehmer eher kaufen oder verkaufen werden. Deren Verhalten ist wiederum von ähnlichen Annahmen über das Verhalten der anderen Mitspieler abhängig. Bei so interaktiven Zusammenhängen sind zumindest gute Vorhersagen individuellen Verhaltens kaum möglich. Es scheint vielversprechender, sich an Stimmungen und an Daumenregeln (recht schwachen Mustern) wie den oben genannten zu orientieren.

Fazit: Für das Erklären in den Sozialwissenschaften ergeben sich einige Besonderheiten, aber auch einige Gemeinsamkeiten zum Erklären in den Naturwissenschaften. Wir erklären soziale Zusammenhänge und Geschehnisse ebenso anhand genereller Eigenschaften und Tendenzen menschlicher Gesellschaften (etwa in den funktionalistischen Ansätzen) oder auf der individuellen Ebene aufgrund entsprechender Eigenschaften von Menschen. Allerdings wird im Unterschied zu den Naturwissenschaften für Makroerklärungen immer eine Mikrofundierung erforderlich, die zumindest skizziert und verständlich macht, warum etwas Entsprechendes auf der individuellen Ebene passiert. Dort finden wir bestimmte typische Muster: (1) Menschen kalkulieren ihren Vorteil und suchen nach den Handlungsmöglichkeiten, von denen sie glauben, dass sie dadurch ihre Ziele am besten erreichen können. (2) Sie werden durch bestimmte Emotionen direkt zu bestimmten Handlungen „gedrängt". (3) Sie versuchen, bestimmten (sozialen) Normen zu folgen und diese auch bei anderen durchzusetzen. (4) Sie verhalten sich gemäß bestimmter Gewohnheiten, die so etwas wie fest abgespeicherte Handlungsabläufe darstellen. Das ist zumindest eine repräsentative Auswahl von Erklärungsansätzen in den Sozialwissenschaften. Das Wirken bestimmter Normen versuchen wir teilweise weiter zu reduzieren auf andere Tendenzen bzw. ihre Zusammenhänge zu bestimmten Emotionen (vgl. Elster 1999: Kap. III.2), die ihrerseits recht basal und universell als eine Art von (möglicherweise angeborenen) probabilistischen Dispositionen zu bestimmten Verhaltensweisen erscheinen.

Insgesamt zeigte sich bereits in unseren kleinen Beispielen, wie wichtig es für das Erklären ist, Handlungen auf grundlegende Muster und Dispositionen zurückzuführen. Die Erklärungen werden besser, wenn es uns gelingt, zentralere stabilere Muster dazu heranzuziehen. Zunächst finden wir das für die Mikrofundierung (die zudem eine Reduktion auf vertrautere Muster darstellt), und ähnlich sieht es auf der individuellen Ebene für die Bezugnahme auf möglichst basale Muster menschlichen Verhaltens aus, die wir z. T. als evolutionär geprägte Muster erkennen können. Inwieweit das tatsächlich gelingt und inwieweit sogar die zugrunde liegende physiologische Basis aufgeklärt werden kann, die in der gegenwärtigen Psychologie eine immer größere Rolle einnimmt, muss die weitere Forschung in den entsprechenden Disziplinen entscheiden. Hier sind viele Fragen etwa darüber offen, wie die unterschiedlichen Muster zusammenspielen und im Detail funktionieren. Trotzdem gibt es schon eine Reihe von ermutigenden Resultaten, die dafür sprechen, dass auf diesem Weg gute Erklärungen menschlichen Verhaltens möglich sind. Es zeigt sich dabei wiederum die Erklärungsstrategie, das Verhalten der zu erklärenden „Objekte" auf bestimmte intrinsische Eigenschaften dieser Objekte (der Menschen und ihrer Gesellschaften) zurückzuführen.

Little konnte zeigen, dass selbst marxistische Erklärungen wesentlich die Mikroebene bemühen, obwohl sie auf den ersten Blick funktionalistisch aussehen. Allerdings scheint Little noch anzunehmen, wir kämen dort mit der rationalen Entscheidungs- und Spieltheorie weiter. Leider sieht die Mikroebene deutlich vielgestaltiger bzw. inhomogener aus. Trotzdem gibt es erste Ansätze für experimentell gestützte Mikrotheorien, die wertvolle Einsichten in das Entstehen von Kooperation und Normen zu bieten scheinen, von denen ich einige kurz erwähnt habe. Allerdings sind den Mikro-Erklärungen trotzdem enge Grenzen gesetzt.

Aber sie sind immer noch vielversprechender als manche Makro-Theorie, denn diese leiden darunter, dass wir kaum ermitteln können, welche Muster tatsächlich exemplifiziert wurden bzw. welche Ereignisse ursächlich für welche anderen waren. Die vorliegende Überlagerung vieler Faktoren durch andere erschwert auch die Bestimmung von Mustern anhand von statistischen Korrelationen, zumal wir auf der Makroebene kaum Experimente durchführen können, in denen sich die anderen Faktoren kontrollieren ließen. Daher ist Littles Forderung plausibel, dass wir ohne eine zusätzliche Mikrofundierung keine Einsichten auf der Makroebene erwarten dürfen. Der Schritt zur Mikroebene ist allerdings selbst nicht einfach und wir fanden sogar in der Biologie zahlreiche analoge Schwierigkeiten. Die hier vertretene Erklärungskonzeption erläutert zumindest einige der Gründe (etwa die Überlagerung von Mustern) für diese Schwierigkeiten und weist den Weg zu besseren Erklärungen.

Eine kurze Anmerkung für die Philosophen sei noch hinzugefügt. Steht den vorgestellten Ansätzen zu sozialwissenschaftlichen Erklärungen nicht die Auffassung entgegen, dass wir zumindest in einigen Fällen *frei* entscheiden können, wie wir handeln? Dieses Thema aus der Philosophie des Geistes kann ich hier nicht vertiefen, möchte aber wenigstens auf zwei Aspekte hinweisen, die den Verfechter der Willensfreiheit beruhigen können. Für die Inkompatibilisten (für die Willensfreiheit und Determinismus nicht zusammenpassen) sei darauf hingewiesen, dass hier explizit probabilistische Dispositionen für das Erklären zugelassen sind. Für den Kompatibilismus (mit dem auch der Autor liebäugelt) dürfte die Konzeption noch leichter akzeptierbar sein. Für den Kompatibilisten ist eine Handlung dann frei, wenn sie auf

V.6 Die Überlagerung von Mustern

die geeignete Weise und von den „richtigen" Motiven verursacht wurde, so dass sie sich als vernünftig aus der Sicht des Akteurs rekonstruieren lässt und nicht von außen aufgezwungen wurde oder sich durch unkontrollierbare innere Zwänge ergab. Man sagt dafür auch, die *Person* selbst sei Ursache der Handlungen. Das ist typischerweise für die „kalkulierten" Handlungen der Fall und verlangt insbesondere nicht, dass diese unter kein kausales Muster fallen dürfen.

VI. Vereinheitlichendes Erklären

Der große Konkurrent der kausalen Erklärungsansätze war immer der Vereinheitlichungsansatz, wonach eine Erklärung von E durch eine Theorie T vor allem aufzeigt, wie sich E aus einer *systematisierenden* Theorie T ergibt (meist: deduktiv ableiten lässt). T gibt das Grundgesetz oder Grundmuster an, aus dem sich möglichst viele Ereignisse ableiten lassen. Dieser Ansatz steht in der Tradition der empiristischen Wissenschaftstheorie und findet sich in David Lewis' Auffassung von Gesetzen als Regularitäten mit möglichst großer deduktiver Systematisierungskraft wieder. Außerdem erhalten wir eine gute Ergänzung der DN-Konzeption, die nun in der Lage ist, Erklärungen eine unterschiedliche Güte zuzuerkennen, während das klassische DN-Modell noch eine einfache ja/nein-Angelegenheit war. Im Vereinheitlichungsansatz genügt es nicht, dass sich ein Ereignis aus einer Theorie deduzieren lässt, sondern für eine gute Erklärung wird zusätzlich verlangt, dass die Theorie möglichst viele andere Ereignisse abzuleiten gestattet.

Man hoffte, mit dieser Ergänzung einige Schwächen des DN-Schemas wie die *Asymmetrieproblematik* und *Irrelevanzbeispiele* überwinden zu können. Auch der Autor ließ sich lange von dieser Hoffnung leiten. Schließlich waren etliche Erfolge zu verzeichnen. Die *Asymmetrie* zwischen Erklärungen und bloßen Ableitungen resultiert demnach daher, dass ein Gesetz für bestimmte Phänomene in der einen Richtung eine große Systematisierung bietet (etwa die geometrischen Gesetze für die Ermittlung der Schattenlänge), in der anderen Richtung aber nicht (die Turmhöhen und andere Größen resultieren in systematischer Weise aus den Planungen der Architekten). Leider hat der kausale Erklärungsansatz trotz aller Erfolge der Vereinheitlicher in diesem Punkt sicher mehr zu bieten als diese, wenn er die Erklärungsasymmetrie auf die Asymmetrie der Kausalität zurückführt. Allerdings hatten wir gesehen, dass der Verweis auf die Asymmetrie der Kausalbeziehung ebenfalls nicht alle Beispiele zufriedenstellend erklären kann. Zu jeder guten Erklärung gehört ebenso die Angabe des Musters, das den Zusammenhang zwischen Ursache und Wirkung beschreibt, zwingend dazu. Auf dieses Muster und seine Zentralität in unserer Welt konzentrieren sich nun die Vereinheitlicher und können diesen Aspekt des Erklärens besser einfangen als die Konkurrenzansätze.

Ähnlich verläuft die Debatte um die Irrelevanz. Die Vereinheitlicher versuchen irrelevante Gesetze mit mäßigem Erfolg als die mit weniger guter Systematisierungsleistung auszuweisen. Kausalerklärer be-

VI. Vereinheitlichendes Erklären

haupten hingegen, die Relevanzbeziehung würde durch die Kausalzusammenhänge geliefert. Das letztere wirkt zunächst plausibel, hat aber den Nachteil, dass viele Ursachen eines Ereignisses (z. B. der Big Bang) keine Erklärungskraft für das Ereignis aufweisen. Daher greifen selbst Kausalerklärer wie Strevens (2004) an dieser Stelle wieder auf die Vereinheitlichungskonzeption zurück.

Überhaupt leben die Vereinheitlicher von einigen Schwächen bzw. Kontroversen des Kausalansatzes, die ich noch einmal kurz zusammenstellen möchte:

1. Was genau ist die Kausalbeziehung?
2. Welche der vielen Ursachen eines Ereignisses E können E erklären?
3. Welche Rolle spielt in diesem Ansatz das vermittelnde Gesetz oder Muster?
4. Wie können wir von Erklärungen unterschiedlicher Güte sprechen?
5. Warum benutzen wir in Erklärungen oft Idealisierungen und halten die resultierenden Erklärungen für besser als solche, die die kausalen Details genauer nachzeichnen?
6. Wie können wir Gesetze (wie die keplerschen anhand der newtonschen) erklären?
7. Inwiefern sind manche Erklärungen (Gleichgewichtserklärungen, geometrische (strukturelle) Erklärungen) überhaupt als Kausalerklärungen zu verstehen?
8. Wie fein darf oder soll die Individuierung der Ereignisse (und Muster) jeweils gewählt werden?

Der Vereinheitlicher hofft, darauf Antworten geben zu können. (1) Statt von der metaphysischen Kausalbeziehung zu sprechen, muss er nur die im Wesentlichen mit logischen Hilfsmitteln darstellbare Vereinheitlichungsbeziehung explizieren. (2) Nur *die* Ursachen bzw. Eigenschaften oder Ereignisse können erklären, die in einem systematisierenden Muster auftreten, das dann das Explanandum-Ereignis abzuleiten gestattet. (3) Das vermittelnde Gesetz steht für den Vereinheitlicher ganz im Zentrum der Erklärung. (4) Die Güte einer Erklärung bestimmt sich daraus, wie groß die Systematisierungsleistung des Gesetzes ist. (5) Idealisierungen dienen dem Zweck, zugrunde liegende und stark vereinheitlichende Muster zum Erklären heranzuziehen, die durch die detaillierte Angabe aller tatsächlich vorliegenden Faktoren eher verdeckt werden. (6) Gesetze werden selbst erklärt, indem man sie aus tiefer liegenden (stärker vereinheitlichenden) Gesetzen ableitet. (7) Gleichgewichtsgesetze leisten oft gute Systematisierungsarbeit und können daher erklären, ohne dass wir annehmen müssen, es handele sich um typische Kausalerklärungen. (8) Die Angabe der relevanten Ereignisse (auch im Hinblick auf ihre Individuierung) richtet sich danach, mit welchen wir die beste Systematisierung erreichen. Auf all diese Probleme kann auch der Kausalerklärer gewisse Antworten geben, aber hier hat im Normalfall der Vereinheitlicher die Nase vorn.

So weit, so gut für den Vereinheitlicher. Leider belegen Beispiele wie das Arsen-Beispiel von Achinstein (s. o. II.2), dass einer großen Schwäche des DN-Ansatzes durch die Vereinheitlichung kaum beizukommen ist, nämlich der Frage, ob die logische Ableitung eines Ereignisses aus einer Theorie reale Strukturen oder Prozesse nachzeichnet oder nur *mögliche* Abläufe beschreibt, die nicht tatsächlich exemplifiziert sind. Unser Arsengesetz mag die beste Vereinheitlichungskraft aufweisen, die uns in diesem Gebiet möglich ist, und trotzdem stirbt Fritz tatsächlich, weil er vom Bus überfahren wird. Kein Erklärungsansatz kommt daher ohne eine Bezugnahme auf eine vorliegende Kausalbeziehung oder die Instantiierungsbeziehung für das betreffende Gesetz aus. Für gute Empiristen begibt er sich damit schon in metaphysische Gefilde, was im vorletzten Kapitel explizit akzeptiert wurde.

Trotzdem hat die Vereinheitlichungskonzeption weiterhin eine wichtige Aufgabe zu erfüllen, die selbst Vertreter der kausalen Erklärungskonzeption wie Michael Strevens (2004) zugestehen. Der möchte ich im Folgenden nachgehen.[17]

VI.1 Nomische-Instanzen-Erklärung

Damit ein Explanans X eine Erklärung von E darstellt, muss X sich auf eine tatsächliche Ursache U von E beziehen bzw. ein nomisches Muster M angeben, das tatsächlich instantiiert wurde und bei dem sich E als Resultat ergibt. Das sind die metaphysischen Komponenten, die vorliegen müssen, damit wir überhaupt von Erklärung sprechen können. Allerdings bleibt die Frage offen, wie *gut* diese Erklärungen jeweils sind. Woran können wir die Qualität einer Erklärung festmachen? Die Ursachen U sind einfach vorhergehende Ereignisse. Das erlaubt zunächst keine weitere Qualifizierung. Nur im Falle beitragender oder indeterministischer Ursachen können wir sagen, dass unsere Erklärung besser wird, wenn der probabilistische Beitrag durch U größer wird. Die Frage der Erklärungsgüte verlangt also geradezu nach einer Bewertung von M. In M wird der genaue Zusammenhang zwischen U und E ausgedrückt. Beschreibt M einen starken Zusammenhang, so verbessert das die Erklärung. Beschreibt M außerdem noch einen tiefliegenden und allgegenwärtigen Zusammenhang in unserer Welt, verbessert das ebenfalls die Erklärung. Wir zeigen damit, dass E das Resultat eines generellen Musters in unserer Welt war und nicht nur eine Ausnahmeerscheinung. Das ist besonders für die von Woodward so betonte praktische Bedeutung des Erklärens wesentlich. Nur wenn M auch eine gewisse Bereichsinvarianz aufweist, lässt es sich heranziehen, um damit in anderen Situationen etwas zu verändern. Am besten sind in diesem Punkt

Muster, die tiefliegende dispositionale Eigenschaften vieler natürlicher Arten beschreiben. Leider müssen wir uns diese Bereichsinvarianz meist durch einen Verlust an Aussagekraft von M erkaufen.

(NIE) **Nomische Instantiierungserklärung**
Einfaches Erklärungsschema für E:
1) Ein Objekt oder System S weist eine stabile intrinsische dispositionale Eigenschaft D auf, die dem nomischen Muster M = „U führt zu E" entspricht.
2) U liegt vor und M wurde instantiiert (bzw. U verursachte E)
also: E trat in S ein.

Erläuterung: In einfachen Fällen, in denen wir uns zum Erklären nur auf ein nomisches Muster stützen müssen, beschreibt (NIE) die Bedingungen, die für eine Erklärung erfüllt sein müssen. Zunächst muss das betrachtete System die zugrunde liegende Eigenschaft D aufweisen, die mit den genannten Vorbehalten für Dispositionen dazu führt, dass ein konditionales Vermögen M vorliegt, das in erster Näherung durch (DE) beschrieben wird. M besagt: Wenn die Auslösebedingung U auftritt, dann tritt E ein. Meist wird es sich um ein Kausalgesetz handeln, aber es gab auch andere erklärende Gesetze, und außerdem ist der probabilistische Fall zu berücksichtigen, in dem das Auftreten von U nur die Wahrscheinlichkeit für das Auftreten von E erhöht. Wird dieses Muster tatsächlich instantiiert (d. h. im kausalen Falle, dass U eine wesentliche Ursache von E ist), erklärt das E. Allerdings muss das nicht die beste Erklärung sein, denn es könnte noch andere Ursachen bzw. nomische Muster geben, die zu E führten. Je stärker das Muster ist, d. h., umso mehr andere Möglichkeiten durch das Muster ausgeschlossen werden, umso besser wird die Erklärung. Ist das Muster noch besonders invariant, verbessert das ebenfalls seine Erklärungskraft.

Die bisherigen Forderungen an Erklärungen betreffen die tatsächlichen Zusammenhänge, die für eine Erklärung vorliegen müssen, gleichgültig, ob wir in der Lage sind festzustellen, ob sie vorliegen oder nicht. Doch wie sieht es um die epistemische Seite der Angelegenheit aus? Welche Indizien sprechen dafür, dass die entsprechende Situation NIE vorliegt? Das ist nicht ganz so einfach zu sagen und verlangt nach einem Aufrechnen aller Anhaltspunkte im Einzelfall. Zunächst sagen uns unsere besten Theorien, welche Eigenschaften bestimmten Objekten intrinsisch zukommen. Des Weiteren können wir experimentell testen, ob es sich dabei um stabile Muster handelt. So können wir die funktionale Invarianz und die Bereichsinvarianz empirisch testen. Die Invarianz spricht dafür, dass es sich um ein nomisches Muster handelt. Die Testverfahren sind im Wesentlichen die, die wir verwenden, um zu ermitteln, ob eine Ursache-Wirkungs-Beziehung vorliegt. Wir vergleichen zwei Situationen, die einander genau gleichen, nur dass im einen Fall die Auslösebedingung U auftritt und im anderen Fall nicht. Dann sollte sich der Unterschied zeigen, wonach auch nur im ersten Fall E auftritt. Leider lassen sich solche idealen Experimente nicht immer verwirklichen (gerade in den Sozialwissenschaften nicht), und wir sind deshalb auf indirektere Indizien für das Vorliegen von M bzw. einer Kausalbeziehung angewiesen. Wir fragen etwa nach Korrelationen und versuchen andere Zusammenhänge als M (andere Ursachen für E außer U) auszuschließen. Das kann uns auf eine grundlegendere Ebene führen, auf der wir fragen, welches der Muster plausiblerweise durch die dort gegebenen Eigenschaften hervorgebracht werden kann. Das entspricht der Idee der Mikrofundierung in der Sozialwissenschaft. Natürlich gibt es keine Erfolgsgarantien für das Verfahren. Wann bestimmte Daten hinreichend für eine konkrete Erklärung sprechen, ist ein eigenständiges komplexes Thema. Hier gehe ich überwiegend davon aus, dass sich diese epistemischen Fragen auf den skizzierten Wegen in befriedigender Weise beantworten lassen.

Betrachten wir nun ein konkretes Beispiel. Wir möchten erklären, warum sich ein Gegenstand (oder sogar alle Instanzen des Typs „materieller Gegenstand") auf eine bestimmte Weise auf die Erde zu beschleunigt, wenn keine Hindernisse auftreten und wir zunächst von der Luftreibung absehen können. Dann werden wir uns darauf beziehen, dass alle Körper eine bestimmte schwere Masse aufweisen und diese andere Massen gemäß dem newtonschen Gravitationsgesetz anzieht. (Danach ist die Kraft zwischen den Körpern $F(K_1, K_2) = \gamma \, m_1 \cdot m_2/r^2$ mit der Gravitationskonstante γ, den Massen m_i und dem Abstand r zwischen den Körpern.) So können wir die resultierende Geschwindigkeit v eines Körpers auf die Erde zu (anhand der Erdmasse) mit v=gt beschreiben, wobei g = 9,81 m/s^2 die Erdbeschleunigung und t die Zeit beschreibt, die der Körper beschleunigt wurde. Eine konkrete Geschwindigkeit von 29,4 m/s^2 lässt sich also dadurch erklären, dass die Erdbeschleunigung 3 Sekunden lang ohne Gegenkräfte auf den Körper eingewirkt hat.

Im nächsten Schritt müssen wir die Überlagerung durch andere Muster wie das der Luftreibung oder solche durch andere Kräfte mit berücksichtigen. Für kleine Geschwindigkeiten ist der Luftwiderstand proportional zur Geschwindigkeit, für größere Geschwindigkeiten wächst er mit dem Quadrat. So entstehen komplexere Muster oder Mechanismen, die genauere Vorhersagen geben können bzw. geringere Ungenauigkeiten oder Approximationen aufweisen. Die Vereinheitlichungsleistung solcher Komplexe von aufeinander aufbauenden Mustern ist nicht leicht zu bestimmen. Jedes der Muster hat einen ganz bestimmten Invarianzbereich. Das Grundmuster v = gt wirkt zwar in allen dieser komplexeren Muster, kann aber alleine nur einen kleinen Bereich von Phänomenen erklären, nämlich die für den freien Fall mit kleinen Geschwindigkeiten (funktionale Invarianz) und Körper in Erdnähe mit kleiner Oberfläche relativ zur Masse oder Körper im Vakuum (Bereichsinvarianz). Auch dabei sind schon erste Idealisierungen oder Approximationen zu berücksichtigen, die aber genau genommen immer vorliegen. Bei Berücksichtigung eines linearen Terms für den Luftwiderstand (mit Konstante k) ergibt sich das schon etwas komplexere Muster $v(t) = mg/k\,(1 - e^{-kt/m})$, das auch die Masse m des Körpers explizit mit einbezieht und für einen größeren Anwendungsbereich präzise Erklärungen liefert. Allerdings sind nun die für den Körper spezifischen Größen k und m in dem Muster in Rechnung zu stellen. Indem wir sie als Variablen unseres Musters betrachten, gewinnt es eine höhere Vereinheitlichungskraft (und ist nicht nur für einen konkreten Körper und andere mit derselben Masse anwendbar), aber dadurch verliert es auch an Aussagekraft für den Einzelfall (es sei denn, wir ergänzen es um weitere Muster, die nun die Variablen k und m anderweitig zu bestimmen gestatten). Dieses Zusammenspiel von Grundgesetzen und Spezialgesetzen ist typisch für hoch entwickelte Theorien in der Physik und findet sich in Ansätzen auch in sozialwissenschaftlichen Theorien wieder. Die Grundmuster tragen zu einer insgesamt großen Vereinheitlichung bei, während die hinzukommen Spezialgesetze vor allem dafür sorgen, dass die Erklärungen auch im konkreten Einzelfall informativ sind (vgl. Bartelborth 1996).

Der sogenannten strukturalistischen Theorienauffassung gelingt es am besten, diese Zusammenhänge präzise zu rekonstruieren. Danach bestehen entwickelte Theorien aus einem Netz von Theorie-Elementen, die sich durch Spezialisierungen aus einem Basiselement ergeben. Die Systematisierungsleistung erzielt ein solches Theorien-Netz im Zusammenspiel der unterschiedlichen Ebenen der Spezialisierung. Dabei wird das Basiselement so gestaltet, dass es für alle intendierten Anwendungen der Theorie gilt, dabei jedoch recht inhaltsschwach bleibt, während die informativeren Aussagen in den Spezialisierungen getroffen werden, die aber wieder nur für einen kleineren Teil der Anwendungen gelten (vgl. Bartelborth 1996a, 1999c, 2002b, Balzer et al. 1987). Diese Konzeption wissenschaftlicher Theorien hat sich in zahlreichen Rekonstruktionen wissenschaftlicher Theorien aus praktisch allen Bereichen der Wissenschaft bewährt und kann dazu dienen, die Vereinheitlichungsleistung einer Theorie präzise zu charakterisieren. Das verlangt allerdings einen gewissen formalen Aufwand, den ich hier nicht betreiben möchte. Die verschiedenen Aspekte von Vereinheitlichung im Hinblick auf die resultierende Erklärungskraft lassen sich auch informell angeben.

Doch bevor wir dazu kommen, sei noch eine Warnung ausgesprochen. Schon in der Chemie ist die Ermittlung der Eigenschaften von komplexeren Systemen aus den Eigenschaften der Teile nicht mehr so einfach wie in unserem Beispiel des freien Falls und ist sicher keine Addition. Wenn wir bedenken, welch aggressives Reaktionsverhalten Wasserstoff und Sauerstoff für sich aufweisen, ist zunächst kaum zu erwarten, dass H_2O so reaktionsträge ist. Oder denken wir an Natrium und Chlor, die z. T. heftige Reaktionen auslösen, während NaCl (Kochsalz) sich ganz anders verhält. Hier superveniert sicher das Verhalten der komplexeren Systeme über den Eigenschaften seiner Teile, aber es lässt sich nicht einfach ausrechnen, wenn wir nicht weitere Theorien über die komplexeren Systeme hinzuziehen. Das ist der Hintergrund, vor dem Mikrofundierer wie Little davor warnen, immer eine *Mikroreduktion* zu verlangen.

Diese Problematik sollte Putnams berühmtes Pflockbeispiel belegen. Er fragt: *Warum geht ein Pflock mit einer quadratischen Grundfläche von 1 m Kantenlänge nicht durch ein rundes Loch von 1,2 m Durchmesser*? Das liegt daran, dass die Grundfläche einen größten Durchmesser von Wurzel aus zwei Metern (also ca. 1,4 m) aufweist, der größer ist als 1,2 Meter. Hier kommt das nomische Muster M zum Tragen:

> M = Gegenstände mit einem Durchmesser (in jeder Ebene) größer x gehen nicht durch (runde) Löcher mit Durchmesser y, wenn y < x ist.

Dieses Muster besitzt große funktionale und große Bereichsinvarianz. M liefert zunächst trotzdem keine einfache Kausalerklärung. Es geht nicht darum, die kausalen Vorgeschichten von vielen Versuchen, den Pflock durch das Loch zu bugsieren, zu erzählen. Diese kausalen Details geben in diesem Fall nicht die erklärungsrelevante geometrische Eigenschaft an. Das führt ebenfalls dazu, dass wir uns von einer Mikroreduktion in solchen Beispielen keine Verbesserung der Erklärung erwarten. Wenn wir die zahllosen möglichen Wege der Moleküle des Pflocks betrachten, wird sich unser Verständnis der Situation nicht verbessern. Wenn wir nur diese Mikroperspektive zur Verfügung hätten, schiene es sich sogar zu verschlechtern, weil wir dann den Wald vor lauter Bäumen nicht mehr sähen. Die entscheidende Eigenschaft, weshalb der Pflock nicht durch das Loch geht, liegt hier auf der Makroebene der (physikalisch-) geometrischen Zusammenhänge. Das Beispiel bietet nebenbei Material, um zu untermauern, dass es klüger ist, sich für das Erklären nicht nur auf die *kausalen* Muster festzulegen.[18]

Wenn die Mikroreduktion der Muster und der daraus resultierenden Erklärungen (nicht nur der Ontologien) schon für die naturwissenschaftliche Welt so problematisch ist, dürfen wir das auch für die Sozialwissenschaften erwarten. Auf der Mikroebene suchen wir nach grundlegenden Dispositionen von Menschen, um ihr Verhalten zu erklären. Sie suchen typischerweise nach ihrem Vorteil, reagieren auf bestimmte Auslösereize hin ärgerlich, verhalten sich zunächst kooperativ etc. Diese Dispositionen nutzen wir in Verhaltenserklärungen.

Wir suchen ebenso nach speziellen Eigenschaften von größeren Gruppen oder Institutionen, um Erklärungen auf der Makroebene zu

VI.1 Nomische-Instanzen-Erklärung

geben. In den Gruppen oder Institutionen gelten verschiedene soziale Normen oder Spielregeln, die direkten Einfluss auf das Verhalten der Individuen darin haben. Wir beziehen uns weiterhin auf andere makrosoziale Muster wie etwa: In einer freien Marktwirtschaft tendieren die Preise von Waren zu steigen, wenn die Nachfrage nach diesen Gütern wächst. Manche der Muster lassen sich auf die Mikroebene *reduzieren* (wie vermutlich das letzte Beispiel), andere aber nicht. Deshalb sollte sich eine Erklärungstheorie nicht ohne Not auf die Mikroebene festlegen. Schon bei der Bereitschaft zur Kooperation fanden wir komplexe Muster von gegenseitigen Abhängigkeiten. So waren die Mitspieler bereit zur Kooperation, solange sie überzeugt waren, dass alle anderen Mitspieler auch kooperierten. Solche Muster können in unvorhersehbarer Weise instabil sein. Denken wir an die Börsen, an denen man Aktie X kauft, wenn man glaubt, dass auch viele andere X kaufen werden (und bei entsprechender Lage verkauft). Hier finden sich wieder solche Muster gegenseitiger Abhängigkeiten. All diese Dispositionen sind darüber hinaus keine strikten Dispositionen, sondern wir haben es vielmehr mit probabilistischen Mustern zu tun.

In komplexeren Fällen müssen wir das Schema (NIE) also ergänzen, doch hier sind viele unterschiedliche Situationen oder Mechanismen denkbar, die wir kaum alle mit einem einfachen Schema erwischen werden. Trotzdem soll aufgezeigt werden, in welche Richtung wir weitergehen können. Zunächst können verschiedene Muster bzw. kausale Faktoren an der Erklärung beteiligt sein. Da sie nicht deterministisch wirken, können wir nur wie Humphreys zwischen positiven und negativen Faktoren unterscheiden, die alle mit ihrem jeweiligen Vorzeichen aufgezählt werden müssen. Wir erhalten dann ein komplexeres Schema für Erklärungen:

(NIE+) Nomische Instantiierungserklärung
Komplexeres Erklärungsschema für E:
1) Ein Objekt oder System S weist einige intrinsische dispositionale Eigenschaften D_i auf, die dem nomischen Muster M_i = „U_i führt tendenziell zu E" oder dem Muster N_j = „U_j steht E tendenziell entgegen" entsprechen.
2) Die U_k liegen vor und die M_i und N_j wurden instantiiert (bzw. die U_k hatten kausalen Einfluss auf E)
3) Zusammengenommen erhöhte sich die Wahrscheinlichkeit für E durch das Auftreten der U_k.
   also: E trat in S ein (wegen der M_i und trotz der N_j).

In (NIE+) hat die Bedingung (3) allerdings nur dann einen praktischen Gehalt, wenn die einzelnen Muster quantitativen Charakter haben und wir wissen, wie sie sich zusammenrechnen lassen. Haben wir ein entsprechendes übergeordnetes Muster, werden wir das gleich für unsere Erklärung einsetzen können und können uns mit etwas Glück wieder auf das Grundschema (NIE) zurückziehen. Dafür wollen wir nun untersuchen, wie sich die Erklärungsstärke bestimmen lässt. Die hängt vor allem von der Stärke des Musters M ab. Das Muster muss zum einen möglichst starke Behauptungen über den Einzelfall E aufstellen (und möglichst viele Alternativen ausschließen bzw. für unwahrscheinlich erklären) und muss zum anderen ein stark vereinheitlichendes Muster darstellen.

VI.2 Dimensionen der Vereinheitlichung

Das vereinheitlichende Erklären ist nicht nur eine Sache einer formalen Vereinheitlichung, wonach sich etwa die *Erklärungsschemata* in ihrer Form gleichen müssen – wie etwa bei Kitcher 1989. Diesen Punkt macht schon Woodward (2003: 360 ff.) stark, indem er verlangt, dass wir uns auf die substantiellen Gemeinsamkeiten des Erklärens beziehen. Wir suchen das objektive nomische Muster, das mehreren Phänomenen zugrunde liegt. Der Grad der Vereinheitlichung durch dieses Muster, d. h. der Umfang der Phänomene, die durch ein solches Muster erklärt werden können, ist ein Maß dafür, wie grundlegend dieses Muster ist, und damit auch ein wichtiger Indikator dafür, wie grundlegend eine Erklärung anhand dieses Musters ist. Es ist *ein* Indikator für die Stärke dieser Erklärungen.

Einen Vertreter der Vereinheitlichungskonzeption finden wir in Popper. In „Die Zielsetzung der Erfahrungswissenschaft" (in Popper 1993: 198–213) erklärt er uns, was er unter der *Tiefe einer Theorie* und der Güte einer Erklärung versteht. Zunächst gehört zur Tiefe einer Theorie ihre Universalität. Poppers Beispiele dafür ist, wie Newtons Theorie die von Kepler und Galilei vereinigt. Sie bildet aber nicht einfach eine Konjunktion aus beiden, sondern berichtigt sie und führt sie in einer neuen Einheit zusammen. Die alten Theorien sind dann Annäherungen an die Newtonsche Theorie. (In meiner Redeweise besagt das, dass die Modelle der Keplerschen und der Galileischen Theorie approximativ in die der Newtonschen Theorie einzubetten sind.) Außerdem nennt Popper explizit zwei Bestandteile, die für die Tiefe einer Theorie wesentlich sind, nämlich „ein reicher Gehalt und eine gewisse intuitive Einheitlichkeit oder Geschlossenheit (oder ein ‚organischer Charakter')"(Popper 1993: 205). Leider sind seine Ausführungen nicht so klar und ausgearbeitet, dass wir uns weitergehend auf ihn stützen können, aber sie weisen bereits auf wichtige Aspekte des Erklärens hin.

Es geht mir allerdings im Unterschied zu Woodward vor allem um eine genaue Beschreibung der *Bereichsinvarianz*. Während die funktionale Invarianz primär dafür sorgen soll, dass die Theorie überhaupt empirischen Gehalt aufweist, bedeutet die globale oder Bereichsinva-

VI.2 Dimensionen der Vereinheitlichung

rianz das, was wir typischerweise unter der Vereinheitlichung durch eine Theorie verstehen. Erst Theorien, die beide Arten von Invarianz aufweisen, bieten spannende Erklärungen. Eine Theorie sollte über jeden Einzelfall möglichst viele Informationen bieten, insbesondere viele W-Fragen dazu beantworten, da sie uns die Einflüsse der unterschiedlichen Faktoren auf das Ergebnis offenlegen und so aufdecken, wie wir in den Prozess eingreifen können, um bestimmte Resultate zu verwirklichen. Je mehr dieser „Was-wäre-wenn"-Fragen wir für eine bestimmte Situation beantworten können, umso besser verstehen wir, was dort vorgefallen ist.

Wissenschaft sucht nach möglichst generellen Mustern, da nur die sich auf andere Fälle übertragen lassen. Überhaupt können wir Muster in Experimenten nur aufdecken, wenn sie sich in einer Reihe von gleichartigen Anwendungsfällen zeigen. Nur so können wir größere Gruppen in Behandlungs- und Kontrollgruppe aufteilen und dadurch die erforderlichen kontrafaktischen Informationen erwerben, schließlich kann ich nicht tatsächlich andere mögliche Welten untersuchen.

Die Übertragung ist also schon deshalb wichtig, weil sie für die praktische Anwendung unserer Resultate erforderlich ist. Eine Wissenschaft ohne diesen Anspruch fände wohl kaum dieselbe Aufmerksamkeit. Nehmen wir an, ein Arzt würde (auf magische Art und Weise?) ermitteln, wie ein bestimmter Patient X auf unterschiedliche Dosierungen eines Medikaments M reagiert, würde aber nicht annehmen oder hoffen, ähnliche Zusammenhänge für andere Patienten zu finden. Vielleicht würde er noch nicht einmal annehmen, dass X zu anderen Zeitpunkten in derselben Weise auf M reagieren würde. Seine Forschung wäre auf singuläre Ergebnisse für einzelne Patienten zu einem bestimmten Zeitpunkt abgestellt. Eine Veröffentlichung würde sich nicht lohnen, er müsste im besten Fall anderen Ärzten, die X weiterbehandeln, die Informationen zur Verfügung stellen. Stirbt X, könnte man die Behandlungsmethode getrost vergessen und alle Aufzeichnungen dazu vernichten. Es ist – so hoffe ich – deutlich geworden, dass hier die typischen Ziele der Wissenschaft verfehlt werden.[19] Wenn Erklärungen für uns von so großer wissenschaftlicher Bedeutung sind, dann nur deshalb, weil sie übertragbar sind und auf solche nomischen Muster Hinweise bieten, die in unserer Welt tatsächlich von größerer Bedeutung sind.

Wie ist das dann mit der Erklärung historischer (singulärer) Ereignisse? Sind das nicht singuläre Erklärungen ohne Bezugnahme auf stabile Generalisierungen? Auch dabei verwenden wir nomische Muster und zeigen exemplarisch, wie sie für das Erklären und Verstehen solcher Ereignisse eingesetzt werden können. Wir stützen uns unter anderem auf psychologische und soziologische Muster, selbst wenn diese vielleicht nur aus der Alltagspsychologie stammen. Die Invarianz von

Mustern stellt ein Kontinuum dar von echten Naturgesetzen bis hin zu einfachen Generalisierungen, die eventuell primär für bestimmte Typen von Personen gelten und so hauptsächlich in Alltagserklärungen vorkommen. Da finden wir Beispiele wie: „Fritz kam heute zu spät, weil er eigentlich immer zu spät kommt." Wir kennen das als ein Verhaltensmuster bei Fritz und dürfen uns in Alltagserklärungen ein Stück weit darauf berufen, wenn wir sein heutiges Verhalten verstehen möchten. Es ist aber offensichtlich noch keine sehr tiefschürfende Erklärung. Trotzdem zeigt sie, wie unsere Erklärungskonzeption auch solche Grenzfälle noch richtig einordnet. Die Invarianz dieses Musters ist sehr klein. Es ist zunächst nicht bereichsinvariant und selbst für Fritz wenig stabil. Es lassen sich vermutlich schnell Möglichkeiten (z. B. Belohnungen) finden, um Fritz zum pünktlichen Erscheinen zu bewegen.

Ein Problem ist hier allerdings immer die Trivialisierungsgefahr. Vereinheitlichung im Sinne einer Systematisierung ist nicht alles, was ein Muster leisten sollte. Nehmen wir als extremes Beispiel:

(AM) In jeder Situation Y tritt irgendeine Eigenschaft X auf.

Das „Allmuster" AM hat in gewisser Weise eine große Vereinheitlichungskraft, weil alle Situationen und alle Ergebnisse darunter fallen. Doch man kann mit dem Allmuster nichts erklären. Ein erklärendes Muster sollte vor allem spezifische Informationen über die Welt bieten, die viele Weltverläufe ausschließen. Eine Erklärung für E sollte uns das Muster nennen, das möglichst exklusiv zu E geführt hat und jedenfalls viele Alternativen zu E ausschließt.

(M1) Wenn jemand 20 Jahre lang stark raucht (X), so entwickelt er einen Lungenkrebs (Y).

Das Muster M1 nennt uns die Eigenschaft X, die Y herbeiführt und (in der starken Form M1) alle Situationen ausschließt, in denen kein Lungenkrebs auftritt, sobald X vorliegt. Obwohl M1 noch keine treffliche Erklärung bietet, so ist es deutlich gehaltvoller und damit besser als alle Erklärungen, die AM uns liefern kann. Für einen konkreten Raucher Fritz können wir mit M1 (sollte es wahr und instantiiert sein) die relevante Ursache für seinen Lungenkrebs angeben. Allerdings ist M1 in der genannten Form recht unrealistisch und sollte daher etwa ersetzt werden durch:

(M2) 80% aller starken Raucher (20 Jahre geraucht) entwickeln einen Lungenkrebs.

M2 lebt zunächst davon, dass M1 potentiell erklärend ist, und stellt eine Abschwächung dar, die allerdings mit den oben genannten Problemen statistischer Erklärungen belastet ist. Aber auch M2 liefert uns die/eine relevante Ursache eines konkreten Falls von Lungenkrebs und kann so

VI.2 Dimensionen der Vereinheitlichung

zu Erklärungszwecken herangezogen werden. Allerdings schließt es nicht mehr einzelne Situationen definitiv aus, sondern kann nur behaupten, dass man bestimmte Fälle (von 1000 starken Rauchern entwickelt niemand einen Lungenkrebs) *praktisch ausschließen* kann. Sie haben nur eine sehr geringe Wahrscheinlichkeit. M1 und M2 besitzen so einen gewissen empirischen Gehalt, der wesentlich für ein informatives Erklären ist und uns verstehen lässt, was in diesen Fällen passiert ist.

Damit haben wir zwei Aspekte von Erklärungsstärke kurz noch einmal benannt: 1. die Vereinheitlichung möglichst vieler Phänomene und 2. das Ausschließen möglichst vieler Situationen. Um zu einer einheitlicheren Begrifflichkeit zu kommen, bezeichne ich die Zusammenschau aller Dimensionen der Vereinheitlichung mit „Vereinheitlichung" und den Aspekt, dass möglichst viele Phänomene subsumiert werden, als „Systematisierungsleistung" einer Theorie oder eines Musters. Für den zweiten Aspekt spreche ich vom empirischen Gehalt der Theorie bzw. des Musters. Die beiden Aspekte (Systematisierungsleistung und empirischer Gehalt) stehen in einem gewissen Spannungsverhältnis zueinander. Gesetze, die möglichst viele Situationen ausschließen, erhalten wir normalerweise nur, wenn wir uns auf eine kleinere Gruppe von Phänomenen beschränken. Newtons zweites Axiom $F = m \cdot a$ gilt uneingeschränkt für einen großen Bereich von Phänomenen. Die Gesetze, die dann die Kraftfunktion in konkreten Fällen bestimmen, wie Newtons Gravitationsgesetz oder das hookesche Gesetz für Federn (vgl. III.5), gelten dagegen nur noch für wenige Phänomene.

(HG) $\forall f \, \exists k_f \, \exists B$ (reelles Intervall) $\forall x \in B : F = -k_f \, x$

Das besagt, dass es für jede Feder f eine Federkonstante k_f gibt, so dass die von der Feder auf einen Gegenstand ausgeübte Kraft jeweils umgekehrt proportional zur Auslenkung x ist. Genau genommen müssen wir diese Gleichung zusätzlich auf einen bestimmten Bereich B für x einschränken. Jedenfalls gilt (HG) in dieser Form für praktisch alle Federn. Allerdings stellt es dort nur recht allgemeine Existenzbehauptungen auf. Für eine konkrete Feder können wir die Konstante k_f und den Bereich B explizit angeben und erhalten so konkretere Aussagen, die für diesen Fall dann mehr Situationen ausschließen können. Mehr Gehalt und größere Systematisierungskraft ziehen also in unterschiedliche Richtungen. Wir hatten zu Beginn des Kapitels schon über die Methode hochentwickelter Theorien gesprochen, die beides unter einen Hut bringen können. Jedenfalls haben wir damit zwei unterschiedliche Dimensionen der Vereinheitlichung durch Theorien kennen gelernt.

Eine weitere muss noch kurz angesprochen werden, weil sich die beiden genannten Forderungen (Gehalt und Systematisierungsleistung) sonst wieder trivialisieren ließen. Auf diese Weise könnten wir einfach alle Werte für alle Federn als große Konjunktion zusammenfügen.

(KHG) (Feder f1 zeigt Kraft a1 bei Auslenkung s1) & (Feder f2 zeigt Kraft a2 bei ...) & ...

Mit der Konjunktion KHG könnten wir alle relevanten Einzelsituationen beschreiben und damit für alle gegebenen Federn und Auslenkungen die jeweils auftretenden Kräfte aufschreiben. Doch KHG hätte keine Erklärungskraft, obwohl alle auftretenden Kräfte ableitbar wären. Es ist jedenfalls so lange nicht-erklärend, wie nicht deutlich ist, dass KHG ein nomisches Muster zugrunde liegt. Eine beliebige reine Konjunktion kann jedenfalls die einzelnen Konjunktionsglieder offensichtlich nicht erklären. Wenn wir „Theorien" vom rein konjunktiven Typ KHG akzeptieren würden, wäre die Theoriebildung ein recht einfaches akkumulatives Unternehmen, allerdings ohne Prognosemöglichkeiten. Manchmal habe ich den leisen Verdacht, dass empiristische Philosophen sich unser Wissen und die Wissenschaft so ähnlich vorstellen. Spätestens für kontinuierliche Größen zeigen sich die Grenzen dieser Vorgehensweise, denn es bedarf jeweils einer weiteren Aussage pro Wertepaar, also letztlich unendlich vieler Aussagen.

Um derartige Konjunktions-Tricks jedoch generell auszuschalten, benötigen wir einen neuen Parameter (eine weitere Dimension) der Bewertung von Vereinheitlichung, den ich die *(organische) Einheitlichkeit* der Theorie genannt habe. Dabei geht es darum, ob die Theorie tatsächlich ein einzelnes nomisches Muster darstellt oder nur eine Konjunktion daraus oder sogar nur eine Konjunktion aus Einzeltatsachen bildet. Das ist nicht leicht zu präzisieren. Eine uneinheitliche Theorie T, erkennt man unter anderem daran, in wie viele echte Konjunkte T zerfällt. Natürlich lässt sich jede Aussage als Konjunktion formulieren, aber eine gute Theorie bietet zusätzlich einen Informationstransfer über einzelne Anwendungen hinweg, der dabei verloren gehen kann.

Schauen wir uns dazu ein Beispiel von Wesley Salmon an. Wir vergleichen zwei Theorien:

T1: Alle Körper ziehen sich gemäß Newtons Gravitationsgesetz NG an.

Das Gesetz besagt, dass die Kraft F zwischen zwei Körpern x und y gerade proportional zum Produkt der Massen geteilt durch das Quadrat des Abstandes ist:

(NG) $\exists \gamma \; \forall x, y : F(x, y) = \gamma \, m(y) \cdot m(y)/r(x,y)^2$

mit einer Massenfunktion m, die den Objekten x und y eine Masse zuordnet, und der Gravitationskonstanten γ. Nun entwerfen wir eine zweite Theorie aus drei Teilen:

T2: a: Alle schweren Körper erfüllen NG untereinander.
    b. Alle gravitativen Wechselwirkungen von schweren und leichten Körpern erfüllen NG.
    c: Alle leichten Körper erfüllen NG untereinander.

VI.2 Dimensionen der Vereinheitlichung

Die neue Theorie T2 sei eine Konjunktion der drei Teile a–c. Auf den ersten Blick ist nicht erkennbar, warum T2 minderwertig gegenüber T1 sein sollte. Die Defizite von T2 bringt erst eine genauere Analyse der Theorie und ihrer Komponenten ans Licht (vgl. Bartelborth 2002b), deren Resultate ich informell wiedergeben möchte.

In a–c kommen bestimmte Verbindungen zwischen den einzelnen Anwendungen der Theorie nicht zum Ausdruck. So ist T1 bei richtiger Rekonstruktion etwa so zu verstehen, dass die Massefunktion m jedem Objekt in allen Anwendungen immer dieselben Werte zuweist. Das ist für a-c nicht gewährleistet, wenn wir nicht über a-c hinausgehend entsprechende zusätzliche Forderungen einführen. (Im Rahmen der angeführten strukturalistischen Theorienauffassung werden diese als Identitätsconstraints eingeführt.) Außerdem ist für T2 nicht gewährleistet, dass die Gravitationskonstante γ, deren Existenz von der Theorie behauptet wird, in allen drei Bereichen dieselbe ist. Damit ist die Aussagekraft von T1 stärker als die von T2. Ähnliche Phänomene finden wir für alle entwickelten Theorien, die schon über gewisse Verknüpfungen (Constraints) ihrer Anwendungen verfügen. Einheitliche Theorien lassen sich dann nicht mehr in unabhängige Teiltheorien zerlegen. Das lässt sich im Rahmen der strukturalistischen Theorienauffassung weitergehend formal präzisieren (vgl. Bartelborth 1996: Kap. 9).

Intuitiv besteht eine gute Vereinheitlichung unterschiedlicher Phänomene also darin, dass

Vereinheitlichung durch eine Theorie
(1: Systematisierungsleistung) möglichst viele Anwendungen der Theorie, die zu unterschiedlichen Phänomenenbereichen gehören, sich erfolgreich als Instantiierungen der Theorie erweisen lassen und *(2: empirischer Gehalt)* die Theorie dabei möglichst viele Situationen ausschließt, also einen hohen empirischen Gehalt besitzt und *(3: Einheitlichkeit)* die Theorie diese Vereinheitlichung nicht auf konjunktivem Wege herbeiführt, sondern dabei auf möglichst wenige voneinander unabhängige nomische Muster zurückgreift.

Sind die Phänomene dann aus einer erklärenden Theorie *deduktiv ableitbar*? Viele Beispiele und eine längere Debatte darum haben gezeigt, dass das zu viel verlangt wäre. Deshalb spreche ich hier von Exemplifizierung oder Instantiierung eines Musters. Formal lässt sich das auch darstellen als die Einbettung von Submodellen in Modelle. Diese Beziehung ist deutlich schwächer und erlaubt es außerdem, Phänomene wie Approximationen und den Umgang mit theoretischen Termen mit einzubeziehen (vgl. Bartelborth 2002b).

VI.3 Formale Vereinheitlichung

Uneinigkeit besteht vor allem in der Frage, was man genau unter *Vereinheitlichung* zu verstehen hat. Grundsätzlich liegt eine Theorie T vor, die eventuell aus vielen Aussagen $t_1,..., t_n$ besteht, und eine Menge P von möglichst unterschiedlichen Phänomenen $p_1,..., p_k$, die ihrerseits konkrete Instanzen $I_1(p_i),..., I_l(p_i)$ aufweisen. Für eine Vereinheitlichung sollte die Theorie möglichst viele der Phänomene erklären können, und dabei gilt ein Phänomen wiederum nur dann als erklärt durch T, wenn sich praktisch alle Instanzen des Phänomens von T erklären lassen. Dabei sollte aber auch T eine möglichst einfache Form haben (also etwa aus nur wenigen unzerlegbaren Aussagen t_i bestehen) und nicht einfach nur eine Konjunktion $p_1 \& ...\& p_k$ von Phänomenbeschreibungen darstellen. Solche Konjunktionen haben keine vereinheitlichende Wirkung und offensichtlich keine Erklärungskraft.

Man denke zum Beispiel an die newtonsche Partikelmechanik. Sie sollte nach Newton so unterschiedliche Phänomene wie die Planetenbewegung (und die anderer Himmelskörper), den schiefen Wurf, Pendelbewegungen, den freien Fall, sich stoßende Körper, Lichtreflexion und -beugung, Ebbe und Flut und einiges andere erklären können. Jedes dieser Phänomene hat wiederum viele konkrete Instanzen. Im Laufe der Zeit finden viele schiefe Würfe auf der Erde statt, und die Planetenbewegung unseres Sonnensystems beinhaltet (neuerdings) 8 Planeten und viele Intervalle, in denen die Planeten Gelegenheit bekommen, sich nach den newtonschen Gesetzen zu richten oder auszubrechen. Tatsächlich gab es zahlreiche Debatten um einzelne Planeten und Anomalien in ihren Bewegungen. Immer wieder musste man einzelne Planeten aus der Anwendungsmenge der newtonschen Theorie herausnehmen, bis schließlich die Perihelanomalie des Merkur sich dabei als so hartnäckig erwies, dass die Theorie nun nur noch als Näherungslösung betrachtet wird, die durch die allgemeine Relativitätstheorie zu ersetzen ist. Zunächst versprach Newtons Theorie (und das über einige Jahrhunderte hinweg) eine noch nie erreichte Vereinheitlichung. Sie war ein Musterbeispiel solcher Vereinheitlichung. Doch letztlich zählen nur alle tatsächlichen Vereinheitlichungen einer Theorie für Phänomene in unserer Welt. Mit dem Verlust vieler Erklärungsbeispiele hat die newtonsche Theorie an Ansehen verloren. Allerdings müssen wir zwischen Fällen unterscheiden, in denen sie ganz versagt (wie bei der Lichtbeugung) und solchen (wie der Planetenbewegung), in denen sie zumindest weiterhin eine sehr gute Approximation liefert.

Mit diesem Musterbeispiel vor Augen können wir uns nun an konkrete Konzeptionen von Vereinheitlichung wagen. Um die Vereinheitlichung etwas besser dingfest machen zu können, beschränken wir uns

VI.3 Formale Vereinheitlichung

auf eine einfache Theorie, die nur aus einem nomischen Muster eines bestimmten Typs besteht:

(G) $Y = f(X) + U$

Das Muster sei kausal zu interpretieren, wobei die abhängige Größe Y von X abhängt und U den probabilistischen Anteil angibt. Hier sind X, Y und U jeweils Funktionen, die bestimmten Dingen x zu einem Zeitpunkt t meist reelle Werte (eventuell Vektoren) zuweisen. X und Y geben typischerweise Ausprägungen von Eigenschaften irgendwelcher Objekte oder Systeme an, und U liefert echte Zufallszahlen, die gemäß einer bestimmten Verteilung P_U mit bestimmten Wahrscheinlichkeiten auftreten. Dabei kann U dazu dienen, einen möglichen (Mess-) Fehler zu charakterisieren oder auch um genuin probabilistische Zusammenhänge zwischen X und Y auszudrücken, oder es soll den Einfluss nicht aufgeführter Größen beschreiben, die wir in unserer Darstellung vernachlässigen oder nicht genau genug kennen, um sie explizit aufnehmen zu können. U beschreibt also die Abweichungen, die Y vom Wert f(X) nach G zeigen wird, wobei von U vorausgesetzt wird, dass der Erwartungswert 0 ist, also Y nicht systematisch nach einer Seite von f(X) abweicht. Oft nimmt man an, dass U an jeder Stelle (wie wir das für Fehler erwarten) normalverteilt (gaußsche Glockenkurve) ist, und manchmal vereinfacht man U noch weiter dahingehend, dass man annimmt, es läge an jeder Stelle (x, t) dieselbe Normalverteilung vor. Die Funktion f beschreibt den genauen Zusammenhang oder Mechanismus zwischen X und Y. Häufig geht man davon aus, dass es sich um einfache lineare Zusammenhänge (oder einfache Polynome) handelt, und oft wird die Zeit nicht als expliziter Parameter mit eingebracht. Dazu ein Beispiel, das wir schon erwähnt haben: Nehmen wir an, wir möchten wissen, wie sich das Pflanzenwachstum bzw. die Höhe (Y) bestimmter Pflanzen x aus der Menge an Wasser und Dünger ergibt, die sie zu t erhält:

(PW) Höhe(x, t) = $a_0 + a_1$ Wasser(x, t) + a_2 Dünger(x, t) + U(x, t)

In (PW) wird behauptet, dass für einen bestimmten Bereich, den wir noch genauer zu bestimmen hätten, das Wachstum der Pflanzen linear (mit den Koeffizienten a_1 und a_2) von der Zugabe von Wasser und Dünger abhängt. Eine bestimmte Grundhöhe a_0 der Pflanzen wird dabei vorausgesetzt. Die funktionale Invarianz wird dabei durch den Wertebereich der Funktionen „Wasser" und „Dünger" bestimmt, für den die Gleichung noch gilt, während die Bereichsinvarianz durch die Menge der Pflanzen bestimmt wird, für die das Schema (PW) die korrekte Beschreibung ihres Wachstums angibt.

Mit dem Schema (G) können auch qualitative Beispiele leicht erfasst werden (s. Pearl 2000: 28 ff.). Eines der ersten Beispiele aus den Sozialwissenschaften schildert Freedman (1997), in dem Yule 1899 die Ursachen der Zahl der Armen in England etwa durch politische Maßnahmen bestimmt. Typische Beispiele finden sich in der Ökonomie, etwa bei Siebert (2003, 59):

$q_x^N = f(p_x, y, p_z, s)$,

wobei die Nachfrage nach Gut x (q_x^N) gerade abhängt vom Preis (p) für x und für andere Güter, die Einfluss auf die Nachfrage für x haben (wie Substitute und Komplemente), dem Einkommen y und dem Präferenzsystem s. Der Fehleranteil U wird hier nicht explizit erwähnt. Viele andere (Teile von) Theorien aus allen Bereichen ließen sich ebenfalls leicht in diese Form bringen, wobei allerdings die quantitativen Theorien unsere spannenderen Beispiele sind, da sie im Normalfall die gehaltvolleren Muster aufweisen.

Die Behauptung lautet hier nur, dass sich viele nomische Muster auf diese Art präsentieren lassen. Damit ist nicht gesagt, dass viele Hypothesen dieser Form, die in den Sozialwissenschaften durch Regression gewonnen werden, gute nomische Muster für Erklärungszwecke abgeben. Die übliche Art der Hypothesengewinnung, bei der größere Mengen an Daten auf signifikante Korrelationen hin abgesucht werden, lässt da leider großen Raum für Zweifel. Doch das ist hier nicht mein Thema.

Wie lassen sich die drei unterschiedlichen Aspekte der Vereinheitlichung nun an G wiederfinden? Zuerst geht es um die *Systematisierungsleistung*. Die hängt davon ab, für welche Objekte x die Gleichung gilt (Bereichsinvarianz) und für welchen Wertebereich von X (funktionale Invarianz) sie gilt. Je größer dieser Geltungsbereich von G ist, umso größer ist ceteris paribus auch der *empirische Gehalt* von G, allerdings hängt das auch von U ab. Wenn überhaupt nur ein endlicher Wertebereich in Frage kommt und U darauf eine Gleichverteilung vorgibt, so macht G eigentlich keine Aussage und schließt keinen möglichen Wert aus. Je kleiner der Fehlerbereich also ist, umso größer ist der empirische Gehalt von G. Da den einzelnen zu erklärenden Ereignissen $E_1,…,E_n$ von G eine Wahrscheinlichkeit zuerkannt wird, können wir zwei Muster G und G' im Hinblick auf ihren empirischen Gehalt vergleichen:

Gehalt (G) < Gehalt (G') gdw. $P(E_1 \& … \& E_n/G) < P(E_1 \& … \& E_n/G')$

So erhalten wir für diesen Fall ein Maß für den empirischen Gehalt. Das entspricht unseren Überlegungen in III.7, wo wir dafür plädiert haben, dass eine Erklärung besser wird, wenn die Wahrscheinlichkeit für das Explanandum größer wird.

Wie sieht es dann um die *Einheitlichkeit* von G aus? Im Rahmen der Modellierung durch kausale Modelle, deren grundlegende Mechanismen durch Gleichungen vom Typ G beschrieben werden, wird das im Zusammenhang mit den schon erwähnten Stichworten der Autonomie bzw. Modularität diskutiert.

VI.3 Formale Vereinheitlichung

Komplexe Systeme werden durch Gleichungssysteme dargestellt, die die verschiedenen wirksamen Mechanismen des Systems beschreiben.

(G1) $Y = aD + U$

(G2) $X = bE + V$

(G3) $(X + Y) = aD + bE + (U + V)$

Modular oder autonom sind die Gleichungen eines solchen Systems etwa bestehend aus G1 und G2, wenn es jeweils Interventionen an G1 und G2 gibt, die nicht zwingend auch die andere Gleichung verändern (also etwa die Intervention $X = x$ und trotzdem bleibt die Gleichung G1 bestehen). Die Gleichung 3 könnten wir so deuten, dass sie die Ursachen für einen neuen Faktor Z ($= X + Y$) beschreibt. Dann ließe sie sich allerdings in zwei autonome Komponenten G1 und G2 aufspalten. Die würden eine bessere Darstellung des Systems abgeben (vgl. Woodward 2003: 327 ff.). Um die Einheitlichkeit der Beschreibung abschätzen zu können, sollte man möglichst atomare Zerlegungen in noch autonome Gleichungen betrachten. Je komplexer die Gleichungssysteme dabei werden, desto uneinheitlicher ist die Beschreibung. Das mag als erster Hinweis auf die Einheitlichkeit gute Dienste leisten.

Man sollte an dieser Stelle auch nicht zu viel von einer Bewertung von Erklärungen erwarten. Erklärungen sind sehr vielgestaltig und z.T. qualitativ, z.T. quantitativ ausgestaltet. Es gibt unterschiedliche Aspekte der Erklärungsgüte, die man nicht einfach miteinander verrechnen kann und die sich auch nicht immer einfach quantifizieren lassen. Deshalb dürfen wir kaum mehr erwarten, als die *Bewertungsdimensionen* für das Erklären genauer anzugeben und so die Grundlage zu schaffen für einen Vergleich in konkreten Fällen. Demnach besteht eine Erklärung eines Ereignisses E in der Angabe eines nomischen Musters M, das instantiiert wurde und zu E geführt hat. Die Erklärung durch M ist umso besser, je mehr Phänomene sich durch M erklären lassen und je invarianter M dabei ist, je größer der empirische Gehalt der M-Erklärungen ist und je einheitlicher M ist. Komplexere Erklärungen setzen sich in Form von Mechanismen oder umfangreicheren Theorien aus entsprechenden Mustern zusammen.

Da die unterschiedlichen Dimensionen der Erklärungsgüte in unterschiedliche Richtungen weisen können (T1 ist besser bzgl. der Systematisierungsleistung, während T2 besser ist im Hinblick auf den Informationsgehalt der Erklärungen), kann es in der Theorienbewertung und somit auch bei Anwendung des Schlusses auf die beste Erklärung zu einer Art von Kuhnscher Inkommensurabilität kommen. Doch das muss nicht der Fall sein und oft genug ist eine Theorie der klare Sieger. Denken wir etwa an Snows Theorie der Cholera gegenüber der Miasma-Theorie.

VI.4 Unterschiede und Vergleiche zur Konkurrenz

Für die hier vertretene Konzeption der nomischen-Instanzen-Erklärung (NIE) oder nomischen-Instantiierungserklärung besteht eine Erklärung von E darin aufzuzeigen, wie sich E als Konsequenz der Instantiierung eines nomischen Musters verstehen lässt, das möglichst große Vereinheitlichungskraft besitzt. Diese Auffassung soll noch dadurch erläutert werden, dass wir sie von den konkurrierenden Ansätzen abgrenzen, die als Vorbilder herangezogen wurden.

Da war zunächst der deduktiv-nomologische Ansatz. Erhalten blieb die Idee, dass wir in Erklärungen auf Generalisierungen angewiesen sind und wir nicht etwa aufgrund einer singulären Kausalbeziehung ein Ereignis erklären können. Allerdings wurde diese Bedingung abgeschwächt. Statt echte Naturgesetze zu verlangen genügen nun stabile Generalisierungen, die einen deutlich eingeschränkten Anwendungsbereich haben. Immerhin müssen sie zumindest einige kontrafaktische Fragen beantworten können und auf bestimmte dispositionale Eigenschaften verweisen. Deshalb nenne ich sie (bzw. ihre Wahrmacher) „nomische Muster". Auch die Deduzierbarkeit des Explanandums wird nicht mehr gefordert. Instantiierung ist in dieser Hinsicht eine schwächere Beziehung, die am besten durch eine Einbettungsbeziehung von Modellen wiedergegeben werden kann (vgl. Bartelborth 1996/1996a). Indes verlangt sie in metaphysischer Hinsicht mehr als die Deduktion, da diese nicht die erforderliche Relevanz des Explanans für das Explanandum gewährleisten konnte, wie das „Preemption"-Beispiel von Achinstein eindrucksvoll belegt.

Hier setzen auch die kausalen Erklärungsansätze wie der von Woodward an. Sie verlangen, dass im Explanans vor allem die tatsächlichen Ursachen des Explanandumereignisses genannt werden. Es bleibt jedoch das Problem, dass zunächst das Konzept der Kausalität keineswegs klarer oder metaphysisch harmloser als das der Instantiierung ist und dass außerdem nicht alle Fälle und Typen von Erklärungen damit erfasst werden können. Als hartnäckig erweist sich ebenfalls das Problem, die erklärenden von den nicht erklärenden Ursachen zu trennen. Hier müssen wir deutlich über den kausalen Ansatz hinausgehen. Pragmatische Faktoren können dabei helfen, diese Unterscheidung zu treffen (vgl. II.7), aber wir erwarten eigentlich tiefergehende Einsichten dazu. Diese finden wir in der Vereinheitlichungskonzeption. Dazu

VI.4 Unterschiede und Vergleiche zur Konkurrenz

müssen wir uns den Generalisierungen bzw. Mustern zuwenden, die einer kausalen Erklärung zugrunde liegen. Ihre Vereinheitlichungsleistung bestimmt jeweils, wann informative und zugleich systematisierende Theorien vorliegen, die tatsächlich etwas erklären können und wann nur lokale Beziehungen vorliegen, die dazu weniger geeignet erscheinen.

Bei Bird fanden wir schon die Idee der Instantiierung von Gesetzen und ihren Zusammenhang zu der gewöhnlichen Instantiierung von Eigenschaften. Außerdem bietet er eine weitergehende ontologische Analyse dazu, was die Wahrmacher für das Vorliegen von Gesetzen sind. Die stärkste Position finden wir im dispositionalen Essentialismus, doch die schwächere Position von Lowe passt ebenso zum NIE-Ansatz. Sie kommt ohne eine starke modale Analyse von Dispositionen aus. Im NIE-Ansatz gehen wir außerdem von Gesetzen zu dem sinnvolleren Konzept der nomischen Muster über und bieten zudem eine Explikation der Erklärungsstärke anhand der Systematisierungsleistung und des Informationsgehalts der erklärenden Muster an. Diese Konzeption lässt sich sogar auf statistische Muster übertragen, wobei die jeweils angegebenen Wahrscheinlichkeiten für das Explanandum einen wichtigen Anhaltspunkt für die Informativität des Musters bieten.

Alle Konzeptionen haben wichtige Einsichten zu bieten, behalten aber wesentliche Schwächen. Der NIE-Ansatz hilft diese zu vermeiden, ohne die Stärken dabei zu verlieren.

VII. Fazit

Das Erklären eines Ereignisses E oder einer Tatsache E besteht darin, aufzuzeigen, dass sich dieses Ereignis oder diese Tatsache als Instanz eines nomischen Musters (einer Verknüpfung von Eigenschaften) erweist. Wir zeigen, welche intrinsische Disposition eines Objekts oder Systems unserem Explanandum zu Grunde liegt. Diese wird durch eine invariante (lokale und globale) Generalisierung G oder sogar ein Naturgesetz G beschrieben. Wir erläutern so, wie sich E zusammen mit bestimmten Randbedingungen als Instanz von G erweist. Dabei muss E aber nicht ableitbar sein aus G, sondern ist eher eine Instanz oder Exemplifizierung von G (und damit einbettbar in G), und es sind auch nicht die inferentiellen Beziehungen zwischen G und E, die die Erklärungsleistung tragen, sondern die zugrunde liegende (kausale) Struktur, die durch diese Beziehungen lediglich nachgezeichnet wird. Nur wenn diese faktischen Zusammenhänge gegeben sind, liegt eine Erklärung vor.

Das lässt sich nicht aus den inferentiellen Beziehungen oder anderen Dingen ableiten. Diese sind bestenfalls wichtige Indikatoren für uns, dass ein nomisches Muster instantiiert wird, was bedeutet, dass, wenn wir die Auslösebedingungen für das Muster verändern, sich dadurch das Ergebnis E entsprechend verändert. Und dieser Zusammenhang (der möglichst durch eine geeignete Gleichung beschrieben wird) sollte zudem invariant sein unter vielen Veränderungen der Randbedingungen sowie gezielten Interventionen. Das ist unser primärer Anhaltspunkt, dass tatsächlich ein stabiles kausales Muster vorliegt, das wir zum Erklären heranziehen können. Wenn dieses Muster vereinheitlichend und gehaltvoll ist, wir also Grund zu der Annahme haben, dass es vielen Vorgängen zugrunde liegt, so ist das ein Hinweis auf die Stärke und Bedeutung dieses Musters und damit ein Maß für die Güte unserer Erklärung. Je vereinheitlichender das Muster ist, umso grundlegendere Eigenschaften unserer Welt haben wir in der Erklärung herangezogen und umso grundlegender ist dann die Erklärung selbst.

Auf der Ebene unserer Modelle (also unserer Beschreibung) der Welt können wir dieses Maß an Vereinheitlichung genauer bestimmen, doch wenn keine tatsächliche Instantiierung eines Musters vorliegt, verfügen wir auch nicht über eine Erklärung, selbst wenn die entsprechenden Korrelationen zu beobachten sind. Daher haben die Empiristen Recht behalten, die das Erklären für etwas Metaphysisches hielten. Es ist immer verbunden mit substantiellen ontologischen Annahmen über die Welt (ihren Eigenschaften, deren notwendiger Verknüpfung

VII. Fazit

sowie ihrer Instantiierung). Eine Reduktion dieser Beziehungen auf logische Beziehungen ist nicht möglich, und die Hoffnung darauf erscheint geradezu als ein Kategorienfehler. Wir schauen nur auf die Eigenschaften unserer Darstellung der Welt, statt die Frage zu stellen, ob diese reale intrinsische Zusammenhänge bestimmter Systeme wiedergeben oder bloß zufällige Zusammentreffen beschreiben. Wenn wir unsere Redeweisen vom Erklären ernst nehmen und untersuchen, was die Wahrheitsbedingungen dafür sind, landen wir jedenfalls zwangsläufig bei bestimmten ontologischen Annahmen über unsere Welt, die einer Erklärung zugrunde liegen.

Anmerkungen

[1] In der Philosophie des Geistes findet in diesem Kontext die entsprechende Debatte über die richtige Form der Alltagspsychologie (Theorie oder Simulation) statt.
[2] In derartigen Beispielen gebe ich hier nur dezente Hinweise und Erinnerungshilfen auf die Komplexität der erheblich umfangreicheren Erklärungen, die die Wissenschaft tatsächlich anzubieten hat. Der Leser möge die Beispiele bei Bedarf bitte selbst weiter recherchieren.
[3] So sollten im Normalfall nur konkrete Ereignisse als Ursachen für konkrete Ereignisse in Frage kommen, nicht aber Typen von Ereignissen.
[4] Popper nannte solche Eigenschaften von Objekten oder experimentellen Anordnungen „Propensitäten" bzw. Verwirklichungstendenzen, die in Zufallsexperimenten zu bestimmten relativen Häufigkeiten führen. Für ihn waren sie eine gute Deutung dafür, was wir mit objektiven Wahrscheinlichkeiten meinen. Sie spielen in statistischen Erklärungen die entscheidende Rolle (s. u.).
[5] Einen guten Überblick bietet Fara (2006).
[6] Mit „gdw." ist „genau dann, wenn" gemeint. Es soll ausdrücken, dass die Aussagen rechts und links davon äquivalent sind.
[7] Außerdem verlangt man eventuell noch, dass (DE) bzw. (DE+) selbst begrifflich notwendig sind.
[8] Dabei unterscheide ich der Einfachheit halber meist nicht explizit zwischen den realen Zusammenhängen in der Welt und der Beschreibung dieser Muster in Form einer Generalisierung G. Der Kontext sollte zeigen, welche Lesart jeweils angebracht ist.
[9] In Halpern/Pearl 2005 wird auch der Zusammenhang zu Mögliche-Welten-Semantiken behandelt. Was in diesem Zusammenhang die nächsten möglichen Welten sind, wird durch die Konzeption von Interventionen weiter erläutert.
[10] Mit (G) können übrigens auch probabilistische Zusammenhänge ausgedrückt werden. Die Wahrscheinlichkeitsverteilungen verstecken sich in der Funktion U, auf die ich an dieser Stelle aber nicht weiter eingehen kann.
[11] Die Größen können mathematisch gesehen als Funktionen $Y: D \times R \rightarrow R$ aufgefasst werden, die den Objekten aus D zu einem Zeitpunkt t einen meist reellen Wert zuordnen, der angibt, in welchem Ausmaß sie die Eigenschaft aufweisen, die durch Y angegeben wird (etwa die Masse eines Objekts).
[12] Die Wahrscheinlichkeiten $P(E/A)$ sind dabei sogenannte bedingte Wahrscheinlichkeiten für das Auftreten von E, gegeben, dass A vorliegt.
[13] Ein erster Versuch wäre etwa: Wenn die Menschen in einer bestimmten Gruppe das Stück Papier als Zahlungsmittel betrachten (bzw. als gültigen Vertrag), dann ist es Geld (bzw. ein Vertrag). Doch das lässt zumindest außer Acht, dass diese Dinge auch einen gesetzlich kodifizierten Charakter haben.
[14] Viel weitergehende Anwendungsmöglichkeiten hat bereits Schelling (1978) beschrieben.
[15] Allerdings gibt es sogar begründete Zweifel daran, ob die RET eine geeignete normative Theorie der Rationalität darstellt.
[16] Die dafür oft eingesetzten Korrelationskoeffizienten sind nicht wirklich geeignet, weil sie nur die tatsächlich auftretenden Variationen einer Größe beschreiben und diese mit denen von anderen Größen in Beziehung setzen. Wir sind stattdessen auf kontrafaktische Daten angewiesen, die wir oft nicht durch direkte Datenerhebungen begründen können.

[17] Der ebenfalls wichtige Zusammenhang der Vereinheitlichung zum Verstehen wird z. B. in Schurz (1997, 1999) erörtert.
[18] Die Debatte um Mikroreduktionen und die dabei auftretenden Mehrfachrealisierungen ist allerdings weit komplizierter. Den Einzelheiten können wir hier nicht nachgehen (s. dazu Bickle 2006).
[19] Das richtet sich natürlich wieder gegen Woodward (2003), der die Bereichsinvarianz explizit als unerheblich einstuft.

Literatur

Achinstein, Peter (1983): *The Nature of Explanation*, Oxford: Oxford University Press.
Albert, Max (1992): „Die Falsifikation statistischer Hypothesen", in: *Journal for General Philosophy of Science* **23**, 1–32.
Armstrong, David (1983): *What Is a Law of Nature?*, Cambridge: Cambridge University Press.
Armstrong, David (1993): „The Identification Problem and the Inference Problem", in: *Philosophy and Phenomenological Research* **53**, 421–422.
Arntzenius, Frank (2005): „Reichenbach's Common Cause Principle", in: *Stanford Encyclopedia of Philosophy* (http://plato.stanford.edu).
Balzer, Wolfgang/Moulines, C. Ulises/Sneed, Joseph D. (1987): *An Architectonic for Science,* Dordrecht: Reidel.
Bartelborth, Thomas (1993): „Hierarchy versus Holism. A Structuralist View on General Relativity", in: *Erkenntnis* **39**, 383–412.
Bartelborth, Thomas (1994): „Modelle und Wirklichkeitsbezug", in: Hans J. Sandkühler (Hrsg.), *Theorien, Modelle und Tatsachen. Konzepte der Philosophie und der Wissenschaften*, Frankfurt a. M.: Peter Lang 1994, 145–154.
Bartelborth, Thomas (1996): *Begründungsstrategien. Ein Weg durch die analytische Erkenntnistheorie*, Berlin: Akademie Verlag.
Bartelborth, Thomas (1996a): Scientific Explanation, in: Wolfgang Balzer/C. Ulises Moulines (1996), *Structuralist Theory of Science. Focal Issues, New Results*, Berlin u. New York: Walter de Gruyter, 23–43.
Bartelborth, Thomas (1999a): „Coherence and Explanation", in: *Erkenntnis* **50**, 209–224.
Bartelborth, Thomas (1999b): „Verstehen und Kohärenz. Ein Beitrag zur Methodologie der Sozialwissenschaften", in: *Analyse und Kritik* **21**, 97–116.
Bartelborth, Thomas (1999c): „An Axiomatization of Classical Electrodynamics", in: Wolfgang Balzer/Joseph Sneed/C. Ulises Moulines (Hrsg.) (1999), *Structuralist Knowledge Representation. Paradigmatic Examples,* Amsterdam: Rodopi, 333–351.
Bartelborth, Thomas (2001): „Abduktion und Verstehen", in: Thomas Rentsch (Hrsg.), *Sprache, Erkenntnis, Verstehen. Grundfragen der theoretischen Philosophie der Gegenwart*, Dresden: Thelem, 77–102.
Bartelborth, Thomas (2002a): „Abduktion, Verstehen, Implikaturen", in: Mark Siebel (Hrsg.), *Kommunikatives Verstehen*, Leipziger Universitätsverlag, 183–197.
Bartelborth, Thomas (2002b): „Explanatory Unification", in: *Synthese* **130**, 91–108.
Bartelborth, Thomas (2004): „Wofür sprechen die Daten?", in: *Journal for General Philosophy of Science* **35**, 13–40.
Bartelborth, Thomas (2005): „Is the Best Explaining Theory the Most Probable One?", in: *Grazer Philosophische Studien* **70**, 1–23.
Bartelborth, Thomas & Scholz, Oliver R. (2002): „Understanding Utterances and Other Actions", in: Günther Grewendorf/Georg Meggle (Hrsg.) (2002), *Speech Acts, Mind, and Social Reality. Discussions with John R. Searle*, Dordrecht: Reidel, 165–186.
Beckermann, Ansgar (1999): *Analytische Einführung in die Philosophie des Geistes*, Berlin u. New York: Walter de Gruyter.
Bickle, John (2006): „Multiple Realizability", in: *Stanford Encyclopedia of Philosophy* (http://plato.stanford.edu).

Literatur

Bird, Alexander (2001): „Necessarily, salt dissolves in water", in: *Analysis* **61**, 267–274.
Bird, Alexander (2002): „On whether some laws are necessary", in: *Analysis* **62**, 257–270.
Bird, Alexander (2004): „Antidotes All the Way Down?", in: *Theoria* **19**, 259–269.
Bird, Alexander (2005): „Explanation and Metaphysics", in: *Synthese* **143**, 89–107.
Bird, Alexander (2005a): „The Dispositionalist Conception of Laws", in: *Foundations of Science* **10**, 353–370.
Bird, Alexander (2005b): „Laws and Essences", in: *Ratio* **18**, 437–461.
Black, Robert (2000): „Against quidditism", in: *Australasian Journal of Philosophy* **78**, 87–104.
Bogen, James (2005): „What We Talk About When We Talk about Causality", preprint.
Carnap, Rudolf (1968): Einführung in die Philosophie der Naturwissenschaften, Ullstein Materialien.
Carrol, John W. (2003): „Laws of Nature", in: *Stanford Encyclopedia of Philosophy* (http://plato.stanford.edu).
Cartwright, Nancy (1983): *How the laws of physics lie*, Oxford: Oxford University Press.
Cartwright, Nancy (1989): *Nature's Capacities and their Measurement*, Oxford: Oxford University Press.
Dixit, Avinash K./Nalebuff, Barry J. (1997): *Spieltheorie für Einsteiger*, Stuttgart: Schäffer-Poeschel.
Dowe, Phil (2004): „Causal Processes", in: *Stanford Encyclopedia of Philosophy* (http://plato.stanford.edu).
Eagle, Antony (2004): „Twenty-One Arguments Against Propensity Analyses of Probability", in: *Erkenntnis* **60**, 371–416.
Earman, John/Roberts, John/Smith, Sheldon (2002): „Ceteris Paribus Lost", in: *Erkenntnis* **57**, 281–301.
Ellis, Brian/Lierse, Caroline (1994): „Dispositional Essentialism", in: *Australasian Journal of Philosophy* **72**, 27–45.
Elster, Jon (1989): *The Cement of Society: A Study of Social Order*. Cambridge: Cambridge University Press.
Elster, Jon (1998): „A plea for mechanisms", ch. 3 (pp. 45–73) in: Peter Hedstrøm and Richard Swedberg (Hrsg.) (1998), *Social Mechanisms: An Analytical Approach to Social Theory*, Cambridge: Cambridge University Press.
Elster, Jon (1999): *Alchemies of the Mind. Rationality and the Emotions*, Cambridge: Cambridge University Press.
Fara, Michael (2006): „Dispositions", in: *Stanford Encyclopedia of Philosophy* (http://plato.stanford.edu).
Fehr, Ernst/Fischbacher, Urs/Gächter, Simon (2002): „Strong reciprocity, human cooperation, and the enforcement of social norms", in: *Human Natur* **13**, 1–25.
Fehr, Ernst/Fischbacher, Urs (2003): „The nature of human altruism", in: *Nature* **425**, 785–791.
Fehr, Ernst/Fischbacher, Urs (2004): „Social norms and human cooperation", in: *Trends in Cognitive Sciences* **Vol. 8 No. 4**, 185–190.
Fehr, Ernst/Fischbacher, Urs (2005): „Human Altruism—Proximate Patterns and Evolutionary Origins", in: *Analyse & Kritik* **27**, 6–47.
Fetzer, James (2002): „Propensities and Frequencies: Inference to the Best Explanation", in: *Synthese* **132**, 27–61.
Føllesdal, Dagfinn/Walloe, Lars/Elster, Jon (1988): *Rationale Argumentation*, Berlin u. New York: Walter de Gruyter.

Franklin, James (1986): „Are Dispositions Reducible to Categorical Properties?", in: *The Philosophical Quarterly* **36**, 62–64.
Freedman, David (1997): „From Association to Causation via Regression", in: Vaughn R. McKim and Steven Turner (Hrsg.) *Causality in Crisis? Statistical Methods and the Search for Causal Knowledge in the Social Sciences,* Notre Dame: University of Notre Dame Press, 113–161.
Freedman, David/Pisani, Robert/Purves, Roger (1998): *Statistics*, New York: W. W. Norton & Company.
Geertz, Clifford (1973): *The Interpretation of Cultures*, New York: Basic Books.
Gillies, Donald (2000): „Varieties of Propensity", in: *British Journal of Philosophy of Science* **51**, 807–835.
Glennan, Stuart (1996): „Mechanisms and the Nature of Causation", in: *Erkenntnis* **44**: 49–71.
Gray, Jeffrey A. (1991): *The psychology of fear and stress.* Cambridge: Cambridge University Press.
Grice, Herbert-Paul (1989): *Studies in the Way of Words*, Cambridge: Cambridge University Press.
Grünbaum, Adolf (1988): *Die Grundlagen der Psychoanalyse*, Stuttgart: Reclam.
Gürerk, Özgür/Irlenbusch, Bernd/Rockenbach, Bettina (2006): „The Competitive Advantage of Sanctioning Institutions", in: *Science* **312**, 108–111.
Hajek, Alan (2003): „Interpretations of Probability", in: *Stanford Encyclopedia of Philosophy* (http://plato.stanford.edu).
Halonen, Ilpo/Hintikka, Jaakko (2005): „Toward a Theory of the Process of Explanation", in: *Synthese* **143**, 5–61.
Halpern, Joseph Y. /Pearl, Judea (2005): „Causes and Explanations: A Structural-Model Approach. Part I: Causes & Part II: Explanations", in: *British Journal for the Philosophy of Science* **56** (4), I: 843–887 & II: 889–911.
Hannan, Michael & Freeman, John (1989): *Organizational Ecology*, Cambridge (Mass.): Harvard University Press.
Harris, Marvin (1985): *Good to Eat*, New York: Simon and Schuster.
Hausman, Daniel (1992): *The Inexact and Separate Science of Economics.* Cambridge: Cambridge University Press.
Heil, John (2003): *From an Ontological Point of View*, Clarendon Press, Oxford.
Heil, John (2005): „Dispositions", in: *Synthese* **144**, 343–356.
Henrich, Joseph (2006): „Cooperation, Punishment, and the Evolution of Human Institutions", in: *Science* **312**, 60–61.
Hempel, Carl-Gustav/Oppenheim, Paul [1948] 1965: „Studies in the Logic of Explanation", Reprint, in: Carl G. Hempel, *Aspects of Scientific Explanation and Other Essays in the Philosophy of Science,* New York: Free Press, 245–290.
Hempel, Carl-Gustav (1965): „Aspects of Scientific Explanation." in: *Aspects of Scientific Explanation and Other Essays in the Philosophy of Science,* New York: Free Press, 331–496.
Hempel, Carl-Gustav (1977): *Aspekte wissenschaftlicher Erklärung*, Berlin u. New York: Walter de Gruyter.
Henderson, David (1993): *Interpretation and Explanation in the Human Sciences*, New York: Suny Press.
Hitchcock, Christopher (2005): „… and Away from a Theory of Explanation Itself", in: *Synthese* **143,** 109–124.
Hitchcock, Christopher/Woodward, James (2003): „Explanatory Generalizations, Part 2: Plumbing Explanatory Depth", in: *Nous* **37**, 181–99.
Humphreys, Paul (1989): *The Chances of Explanation. Causal Explanation in the Social, Medical, and Physical Sciences*, Princeton: Princeton University Press.

Literatur

Kanitscheider, Bernulf (1991): „Astrologie in wissenschaftstheoretischer Perspektive", in: Gerald L. Eberlein (Hrsg.), *Schulwissenschaft – Parawissenschaft – Pseudowissenschaft,* Edition Universitas. Stuttgart: S. Hirzel, Wissenschaftliche Verlagsgesellschaft.
Kincaid, Harold (1996): *Philosophical Foundations of the Social Sciences,* Cambridge: Cambridge University Press.
Kitcher, Philip (1989): „Explanatory Unification and the Causal Structure of the World", in: Philip Kitcher/Wesley Salmon (Hrsg.), *Scientific Explanation,* Minneapolis: University of Minnesota Press, 410–505.
Kunda, Ziva (2000): *Social Cognition. Making Sense of People*, Cambridge: MIT Press.
Lewis, David (1973): „Causation", in: *Journal of Philosophy* 70, 556–567 (wiederabgedruckt in Lewis 1986).
Lewis, David (1980): „A Subjectivist's Guide to Objective Chance", in: *Studies in Inductive Logic and Probability,* Vol II., University of California Press, wiederabgedruckt in David Lewis 1986, *Philosophical Papers Volume II*, Oxford: Oxford University Press.
Lewis, David (1983): „New Work for a Theory of Universals", in: *Australasian Journal of Philosophy* 61, 343–377.
Lewis, David (1986): „Causal Explanation", in: *Philosophical Papers* vol. II, Oxford: Oxford University Press.
Lewis, David (1994): „Humean Supervenience Debugged", in: *Mind* 103, 473–490.
Lipton, Peter (1991): *Inference to the Best Explanation*, London: Routledge.
Little, Daniel (1991): *Varieties of Social Explanation: An Introduction to the Philosophy of Social Science*. Boulder, Colorado: Westview Press.
Little, Daniel (1998): *Microfoundations, Method, and Causation Essays in the Philosophy of the Social Sciences*, Transaction Publishers.
Loux, Michael J. (2002): *Metaphysics. A Contemporary Introduction*, London: Routledge.
Lowe, E. Jonathan (2006): *The Four-Category Ontology. A Metaphysical Foundation for Natural Science*, Oxford: Clarendon Press.
Machamer, Peter/Darden, Lindley/Craver, Carl (2000), „Thinking about Mechanisms", in: *Philosophy of Science* 67, 1–25.
Martin, Charlie B. (1994): „Dispositions and Conditionals", in: *Philosophical Quarterly* 44, 1–8.
Menzies, Peter (2001): „Counterfactual Theories of Causation", in: *Stanford Encyclopedia of Philosophy* (http://plato.stanford.edu).
Müsseler, Jochen/Prinz, Wolfgang (Hrsg.) (2002): *Allgemeine Psychologie*, Berlin: Spektrum Akademischer Verlag.
Nagel, Ernest (1979): *The Structure of Science,* New York: Harcourt, Brace, and World.
Niehenke, Peter (1991): „Astrologie ein altes Menschheitswissen", in: Gerald L. Eberlein, (Hrsg.): *Schulwissenschaft – Parawissenschaft – Pseudowissenschaft*, Edition Universitas. Stuttgart: S. Hirzel, Wissenschaftliche Verlagsgesellschaft.
Olson, Mancur (1965): *The Logic of Collective Action: Public Goods and the Theory of Groups*, Cambridge: Harvard University Press.
Opp, Karl-Dieter (1995): *Methdologie der Sozialwissenschaften*, Opladen: Westdeutscher Verlag.
Pearl, Judea (2000): *Causality: Models, Reasoning and Inference.* Cambridge: Cambridge University Press.
Pinker, Stephen (1998): *Wie das Denken im Kopf entsteht*, München: Kindler Verlag.

Pinker, Stephen (2003): *Das unbeschriebene Blatt. Die moderne Leugnung der menschlichen Natur*. Berlin: Berlin Verlag.
Popper, Karl R. (1993): *Objektive Erkenntnis*, Hamburg: Hoffmann und Campe.
Rosenthal, Jacob (2004): *Wahrscheinlichkeiten als Tendenzen. Eine Untersuchung objektiver Wahrscheinlichkeitsbegriffe*, Paderborn: Mentis.
Russo, J. Edward/Schoemaker, Paul J. H. (1989): *Decision Traps, The Ten Barriers to Brilliant Decision Making and how to Overcome Them*, New York: Simon and Schuster.
Salmon, Wesley (1984): *Scientific Explanation and the Causal Structure of the World*, Princeton: Princeton University Press.
Salmon, Wesley (1998): *Causality and Explanation*, New York: Oxford University Press.
Sankey, Howard (1997): „Induction and Natural Kinds", in: *Principia* 1, 2, 239–254.
Schaffer, Jonathan (2000): „Trumping Preemption", in: *Journal of Philosophy* 97, 165–181.
Schelling, Thomas C. (1978): *Micromotives and Macrobehavior*. New York: Norton.
Scholz, Oliver R. (1999): *Verstehen und Rationalität*, Frankfurt a. M.: Klostermann.
Schurz, Gerhard (1983): *Erklärung. Ansätze zu einer logisch-pragmatischen Wissenschaftstheorie*, Graz: dbv-Verlag für die TU Graz.
Schurz, Gerhard (1995): „Scientific Explanation: A Critical Survey", in: *Foundations of Science* **Vol.** I, No. 3, 429–465.
Schurz, Gerhard (1997): „Unification and Understanding", in: G. Meggle (Hrsg.), *Analyomen 2*. Proceedings of 2nd Analyomen Conference. Vol. I, Berlin u. New York: Walter de Gruyter, 481–494.
Schurz, Gerhard (1999): „Explanation as Unification", in: *Synthese* 120, 95–114.
Schurz, Gerhard (2001): „Pietroski and Rey on Ceteris Paribus Laws", in: *The British Journal for the Philosophy of Science* 52, 359–370.
Schurz, Gerhard (2002): „Ceteris Paribus Laws: Classification and Deconstruction", in: John Earman, Clark Glymour and S. Mitchel (Hrsg.), *Ceteris Paribus Laws, Erkenntnis* 57, No. 3 (special volume), 351–372.
Scriven, Michael (1959a): „Explanation and Prediction in Evolutionary Theory", in: *Science* 30, 477–482.
Scriven, Michael (1959b): „Truisms as the Grounds of Historical Explanations", in: Patrick L. Gardiner (Hrsg.), *The Nature of Historical Explanation*, Oxford: Oxford University Press, 443–75.
Snow, John (1855): *On the Mode of Communication of Cholera*, London: John Churchill.
Sober, Elliott (1983): „Equilibrium Explanation", in: *Philosophical Studies* 43, 201–210.
Sober, Elliott (1993): *Philosophy of Biology*, Boulder: Westview Press.
Spirtes, Peter/Glymour, Clark/Scheines, Richard (2000): *Causation, Prediction, and Search*, Cambridge: MIT Press.
Sterelny, Kim/Griffith, Paul E. (1999): *Sex and Death. An Introduction to Philosophy of Biology*, The University of Chicago Press.
Strevens, Michael (2000): „Do Large Probabilities Explain Better?", in: *Philosophy of Science* 67, 366–390.
Strevens, Michael (2004): „The Causal and Unification Accounts of Explanation Unified – Causally", in: *Nous* 38, 154–179.
Swoyer, Chris (1982): „The Nature of Natural Laws", in: *Australasian Journal of Philosophy* 60, 203–223.
Swoyer, Chris (2000): „Properties", in: *Stanford Encyclopedia of Philosophy* (http://plato.stanford.edu).

Thagard, Paul (1999): *How Scientists Explain Disease*, Princeton: Princeton University Press.
Thompson, Ian J. (1988): „Real Dispositions in the Physical World", in: *British Journal for the Philosophy of Science* **39**, 67–79.
Thompson, Ian J. (1993): *Philosophy of Nature and Quantum Reality* (http://www.generativescience.org/books/pnbp.pdf).
Turner, Jonathan H. (1998): *The Structure of Sociological Theory*, Belmont: Wadsworth Publishing Company.
Vaillant, George (1983): *The natural history of alcoholism*, Cambridge, Mass.: Harvard University Press.
von Mises, Richard (1928): *Wahrscheinlichkeit, Statistik und Wahrheit*, Wien: Springer Verlag.
Weatherson, Brian (2005): „Intrinsic vs. Extrinsic Properties", in: *Stanford Encyclopedia of Philosophy* (http://plato.stanford.edu).
Wikipedia (2005): DB Sonderband Frühjahr 2005.
Woodward, James (2000): „Explanation and Invariance in the Special Sciences", in: *The British Journal for the Philosophy of Science* **51**, 197–254.
Woodward, James (2002a): „What Is a Mechanism? A Counterfactual Account", in: *Philosophy of Science* **69**, S366–S377.
Woodward, James (2002b): „There Is No Such Thing as a Ceteris Paribus Law", in: *Erkenntnis* **57**, 303–328.
Woodward, James (2003): *Making Things Happen. A Theory of Causal Explanation*, Oxford: Oxford University Press.
Woodward, James/Hitchcock, Christopher (2003): „Explanatory Generalizations, Part 1: A Counterfactual Account", in: *Nous* **37**, 1–24.

Sachregister

Symbole
(BW) 79
(CCP) 107
(DE) 65
(DUE) 85
(G) 84, 195
(HG) 89
(KA) 103
(MECH) 121
(MF) 134
(MK) 111
(MKE) 116
(NIE) 183
(NIE+) 187

Abduktion 5
Adaptationismus 159
akzidentellen Regelmäßigkeiten 70
Alles-Erklärer 126, 176
Allmende-Dilemma 150
Allmuster 190
Alltagspsychologie 129
altruistisches Bestrafen 171
Antidot 55
Aristotelische Physik 67
Arsen 55
Artefakte 155
Aspekte der Vereinheitlichung 160, 185, 188–198
Astrologie 2
Asymmetrie 118
Atommodell 22
Auslesemechanismus 165
Autounfall 101

beitragende Ursache 97
Bereichsinvarianz 89, 188
Börsenentwicklungen 175
Börsenexperte 14
Brückenprinzipien 77–82

capacities 52
chance 73
Chartisten 175
Choleraepidemie 2
Common-Cause-Prinzip 107

Completer 34
Completer-Ansatz 61
coulombsches Kraftgesetz 66
CP-Bedingungen 55, 61–63, 83, 93

Detektivarbeit 7
Determinationsthese 169
DH-Schlussverfahren 8
difference condition 38
Differenzbedingung 38
Disposition 27, 47, 53, 55, 57
dispositional 59
dispositionaler Essentialismus 65, 112, 199
Drohungen 150
Dungfliege 159

Eigenschaften 22
Einbettungstheorie 45
Einheitlichkeit 196
Einzeldinge 54
Einzelfallwahrscheinlichkeit 73
Elastizität 58
elektrische Ladung 65
Elektro-Fink 55
Elektronen 65, 71
Emotionen 152, 168
empirischer Gehalt 196
Empiristen 26, 49
Entropie 112
Ereignisse 54
Erklärung
– Alltags- 1
– Asymmetrie 25, 101, 113
– Begriffsklärung 10
– Choleraepidemie 2
– deduktiv-nomologisch 21, 23
– elliptische 29
– evolutionäre Ansätze 15, 168
– funktionalistische 16, 154–167
– genetische 28
– induktiv-statistische 30
– interrogativer Ansatz 35
– in Philosophie 12
– kausale 101
– kontrastiv 36

Sachregister

- Mikroebene 167
- nichtkausale 112
- Nomische-Instanzen 182–188
- partiell 30
- Pragmatik 35
- Preemption 25
- probabilistische 73
- Randbedingungen 24
- singuläre 101–103
- SR-Modell 32
- unvollständige 62
- Vereinheitlichung 180
- Vereinheitlichungsansatz 180
- Wahrscheinlichkeit 30

Erklärungsmehrdeutigkeit 31
Erklärungsschemata 13
Erklärungsstärke 45, 88, 93, 100, 126, 160, 191
evolutionäre Psychologie 170
Evolutionstheorie 157
Exemplifizierung 54
Experimente 130
Experiment von Gürerk 171
Explanandum-Ereignis 25
externe Kohärenz 146

failure of faithfulness 87
Fallgesetz 15
Fitness 156
Fundamentalisten 175
Funktion 158, 162
funktionale Gleichung 116
funktionale Invarianz 89
Funktionalismus 95, 154

Galileis Fallgesetz 62
Gase 113
Gegengift 55
gegenläufige Mechanismen 124
gegenwirkende Faktoren 40
Gene 168
Geschichtswissenschaft 28, 33
Gesetze
- Ceteris-paribus 33, 34, 61, 64, 66, 83, 119
- Disposition 27, 42–60, 64–67, 72–82, 84, 93, 129, 130, 150, 175, 177, 178, 183, 186, 187, 199, 200
- Eigenschaften 60
- N-Beziehung 63
- N-Relation 60
- nomische Muster 83

- Regularitätenansatz 60
- Wahrmacher 60

Gleichgewichtserklärungen 117
Goldklumpenbeispiel 46
Gravitationsgesetz 66
Grenzwert 75
grue-Beispiel 95
Grundgesetze 185

Haecceitismus 70
Hahnenkämpfe 144
Häufigkeitskonzeption 74
Hauptprinzip 77
hemmende Faktoren 97
Heuristiken 152
Humphreys Beispiel 51, 75
Humphreys Konzeption 97
Humpty-Dumpty-Theorie 145

indeterministische Welt 82
Induktionsschluss 6
inkompatible Kontraste 38
instantiiert 67
Instantiierung von Gesetzen 42
intentionales Profil 148
Intervention 86
Interventionsvariable 86
intrinsische Eigenschaften 45, 56, 58
Invarianz 45, 84, 128
irreguläre Welt 92
IS-Erklärung 31

Kamelien 125
kausaler Mechanismus 119
kausale Ketten 104
Kausalität
- early preemption 104
- fragile Ereignisse 105
- Intervention 110
- kontrafaktische 103
- Manipulation 110
- mark transmission 109
- Mechanismen 15, 102, 110, 118–131, 136, 153, 163, 174
- Preemption 104
- Prozess 109
- Pseudoprozesse 110
- Scharfschützen 105
- Schwächen 181
- transitiv 104
- trumping preemption 105
- Unterlassen 106
- Wahrscheinlichkeit 106

Kognitionswissenschaft 18
kognitive Dissonanzen 22
Konditionalsätze 26
kontrafaktisches Konditional 55, 103
kontrafaktische Abhängigkeit 43
kontrafaktische Behauptungen 39
kontrafaktische Fragen 46
kontrastive Fragen 37
Kooperationsspiele 170
Korrelationen 107
Korrespondenzregeln 80
korrespondierendes Ereignis 38
Kreuzablass 28
Kulturanthropologie 161
kulturelle Evolution 172

Leib-Seele-Problem 13
Leukämieraten 99
Lidschlussreflex 156
Lückenproblem 74, 76
Luftwiderstand 63
Lunge 155
Lungenkrebs 98, 107

M-Kollektiv 75
Magengeschwüre 7, 122
Makroebene 186
Makroökonomie 149
Manifestation 57
Manipulierbarkeitsansatz 115
Markovprinzip 107
Marxismus 169
Maskieren 56
Materialismus 169
Mechanismen 22, 62, 68, 84, 102, 129, 134, 139, 151, 162–165, 167–169, 175, 176, 184, 187, 196, 197
Medizin 16
methodologischer Individualismus 128
Miasma-Theorie 2
Mikro-Analyse 153
Mikroebene 175
Mikrofundierung 151, 175
Mikroreduktion 186
Modularität 120
Mögliche-Welten-Semantik 103
Muster 22

N-MUSTER 86
Naturgesetz 23, 27
natürliche Art 5, 48, 65, 71, 94–96, 183

natürliche Auslese 21, 156, 157, 159
neutraler Zustand 97
New-Deal 154, 164
Nomische Instantiierungserklärung 183
nomische Muster 44, 83
Normen 147, 151
notwendige Wahrheit 65
Notwendigkeit 71

Ökonomie 12, 153
Ontologie 53
Ontologische Reduktion 135
Operationalisierbarkeit 77
Opiumtheorie 67
Optimalitätsmodelle 159
Organisationsökologie 165
organische Einheitlichkeit 192

Peer Gynt 144
Pendel 113
Penicillinresistenz 61
Periodensystem 94
Pflanzenwachstum 85
Phillips-Kurve 48
Placeboeffekt 88
Poppers Beispiel 75
Prinzip der Nachsicht 145
Propensität 50, 59, 72–82, 96, 97, 99, 104, 108, 109, 131
Pseudoerklärung 43
Psychoanalyse 14
Psychologie 3, 17
Putnams Pflockbeispiel 186

Quantenmechanik 23, 47
Quidditismus 65, 69

Regularitätenanalyse 62
Relativitätstheorie 114
Reputation 150
Rindfleisch-Tabu 162

Salz 57
schwere Masse 47
Sozialwissenschaften 18, 62, 132
 – Free Rider Probleme 137
 – Holismus 132
 – Interpretation 140
 – Makroebene 132
 – Mikroanalyse 137
 – Mikrofundierung 132, 134
 – Motive 142

Sachregister

- Naturalisten 143
- Naturgesetze 132
- Operationalisierung 138
- Rituale 142
- Sprachhandlungen 141
- Unterbestimmtheit 139
- Verstehen 141

sozial konstruiert 146
Soziobiologie 170
Spezialgesetze 185
Spieltheorie 149
SR-Modell 96
stabile Vermögen 92
Starrheit der Atome 57
statistisches Modell 113
statistische Erklärungen 99
statistische Gesetze 27
statistische Relevanz 32, 98
Steuersenkungen 172
Stockholm-Syndrom 62
Streptokokkeninfektion 31
strukturalistische Theorienauffassung 85
symbolische Interpretation 145
Systematisierungsleistung 185

Testintervention 88
theoretische Größen 77
Theorien-Netz 185
Tiefe einer Theorie 188
Trivialisierungsgefahr 190
Tropen 71

Tschebyscheffsche Ungleichung 78
Tunneleffekt 73

Überlagerung von Mustern 139, 172–179, 184
Ultimatumspiel 170
unabhängige Größe 85
unerwünschte Metaphysik 49
Universalien 54, 64, 71
Unterbestimmtheit 134
Uran-235 46
Ursachen 36

Vereinheitlichung 160, 188, 193
Vereinheitlichungsleistung 184
Vermögen 49, 66
Versprechen 150
Verstehen 11, 19, 68, 143
Vertrautheit 21
von Misesche Kollektive 51
Vortäuschen 56

W-Fragen 88
Wahrscheinlichkeit 33, 50, 74
Wirbelstürme 100

Zaubertricks 3
Zerfallsprozesse 73
zufällige Korrelation 48
Zwillingsparadoxon 114
Zwischenwertsatz 115
Zwölffingerdarmgeschwüre 121

Namenregister

Achinstein, P. 24–26, 35, 182, 198
Albert, M. 80
Armstrong, D. 60, 63, 64
Arntzenius, F. 107

Balzer, W. 185
Bartelborth, T. 2, 5, 8, 9, 19, 20, 42, 45, 82, 117, 140, 141, 145, 185, 193, 198
Beckermann, A. 12
Bickle, J. 203
Bird, A. 37–41, 47, 48, 55, 57, 65, 70, 84, 199
Black, R. 69
Bogen, J. 121, 122, 124

Carnap, R. 26, 49, 50, 77, 79
Cartwright, N. 15, 52, 59, 60, 63, 64, 121, 125

Dixit, A. K. 150
Dowe, P. 110

Eagle, A. 81
Earman, J. 34, 61, 83
Ellis, B. 65
Elster, J. 119, 121, 124–130, 133, 151, 167, 177

Fara, M. 56, 202
Fehr, E. 171
Fetzer, J. 82
Føllesdal, D. 144, 145
Franklin, J. 57
Freedman, D. 49, 195

Geertz, C. 144
Gillies, D. 74, 81
Glennan, S. 119
Gray, J. A. 127
Grice, H. P. 145
Griffith, P. E. 156
Grünbaum, A. 14
Gürerk, Ö. 171

Hajek, A. 81
Halonen, I. 35
Halpern, J. Y. 112, 116, 202
Hannan, M. 165, 167
Harris, M. 162, 163
Hausman, D. 34, 61, 83, 149
Heil, J. 57, 58
Henrich, J. 172
Hempel, C. G. 21, 23, 25–32, 34, 36, 44, 49, 101, 118
Henderson, D. 146
Hitchcock, Ch. 42, 86, 88
Humphreys, P. 40, 51, 52, 75, 80, 97, 98, 108, 109, 187

Kanitscheider, B. 3
Kincaid, H. 133, 138, 162, 165–167
Kitcher, P. 188
Kunda, Z. 18

Lewis, D. 37, 38, 57, 63, 64, 77, 103–105, 180
Lipton, P. 36, 38, 39, 122
Little, D. 133, 135, 136, 141, 162, 167, 169, 178, 186
Loux, M. J. 55, 59, 67
Lowe, E. J. 71, 72, 94, 95, 199

Machamer, P. 119
Martin, C. B. 55
Menzies, P. 105
Müsseler, J. 150, 168

Nagel, E. 80
Niehenke, P. 3

Opp, K.-D. 151

Pearl, J. 81, 86, 107, 111, 112, 116, 118, 195
Pinker, S. 150, 168, 169
Popper, K. R. 14, 15, 23, 51, 72, 75, 80, 126, 188

Rosenthal, J. 75, 77
Russo, J. E. 18

Namenregister

Salmon, W. 31, 32, 96–98, 100, 109, 110, 192
Sankey, H. 95
Schaffer, J. 105
Schelling, T. C. 202
Scholz, O. R. 20, 141, 144, 145
Schurz, G. 24, 33, 34, 61, 203
Scriven, M. 28
Snow, J. 2, 198
Sober, E. 113, 156, 159
Spirtes, P. 134
Sterelny, K. 156
Strevens, M. 100, 181, 182
Swoyer, Ch. 59, 60, 65, 66

Thagard, P. 4, 5, 7, 122
Thompson, I. J. 53
Turner, J. H. 18, 167

Vaillant, G. 124
von Mises, R. 51, 74–76

Weatherson, B. 56
Woodward, J. 34, 35, 45, 48, 83–91, 93, 101, 111, 112, 116, 118–131, 182, 188, 197, 198, 203